Zwischen Schweigen und Schreiben

LITERARISCHES LEBEN HEUTE
Herausgegeben von Kai Bremer

Band 3

PETER LANG
Frankfurt am Main · Berlin · Bern · Bruxelles · New York · Oxford · Wien

Norman Ächtler / Monika Rox-Helmer (Hrsg.)

Zwischen Schweigen und Schreiben

Interdisziplinäre Perspektiven
auf zeitgeschichtliche Jugendromane
von Kirsten Boie und Gina Mayer

PETER LANG
Internationaler Verlag der Wissenschaften

Bibliografische Information der Deutschen Nationalbibliothek
Die Deutsche Nationalbibliothek verzeichnet diese Publikation
in der Deutschen Nationalbibliografie; detaillierte bibliografische
Daten sind im Internet über http://dnb.d-nb.de abrufbar.

Umschlaggestaltung:
Olaf Glöckler, Atelier Platen, Friedberg

Umschlagabbildung:
Roderich Helmer, Wetzlar

Gedruckt mit freundlicher Unterstützung
des Zentrums für Medien und Interaktivität (ZMI)
der Justus-Liebig-Universität Gießen.

ISSN 1868-954X
ISBN 978-3-631-63757-9
© Peter Lang GmbH
Internationaler Verlag der Wissenschaften
Frankfurt am Main 2013
Alle Rechte vorbehalten.

Das Werk einschließlich aller seiner Teile ist urheberrechtlich
geschützt. Jede Verwertung außerhalb der engen Grenzen des
Urheberrechtsgesetzes ist ohne Zustimmung des Verlages
unzulässig und strafbar. Das gilt insbesondere für
Vervielfältigungen, Übersetzungen, Mikroverfilmungen und die
Einspeicherung und Verarbeitung in elektronischen Systemen.

www.peterlang.de

INHALT

NORMAN ÄCHTLER / MONIKA ROX-HELMER
Einleitung 7

I. Anmerkungen zur Kinder- und Jugendliteratur

CARSTEN GANSEL
„Einem Kind wäre schon ein einziges Opfer als Anblick zuviel gewesen."
Der Nationalsozialismus als Gegenstand in der Literatur für Kinder und
Jugendliche. 15

II. Interdisziplinäre Sichtweisen auf *Die verlorenen Schuhe* und *Ringel, Rangel, Rosen*

NORMAN ÄCHTLER
„Nachbohren, recherchieren – und erfinden."
Die verlorenen Schuhe und *Ringel, Rangel, Rosen* in gattungstheoretischer
und narratologischer Perspektive mit einem literaturdidaktischen Ausblick. 41

MONIKA ROX-HELMER
„Geschichte durch Romane rüberbringen?"
Historisches Lernen durch Identifikation und Irritation am Beispiel
Die verlorenen Schuhe und *Ringel, Rangel, Rosen*. 61

JEANNETTE VAN LAAK
Historische Diskurse in Historischen Jugendromanen.
Eine exemplarische Analyse zu den Romanen *Die verlorenen Schuhe* und
Ringel, Rangel, Rosen. 85

LUDWIG DUNCKER
Historische Jugendromane in pädagogischer Sicht.
Ein Essay über Muster und Inhalte jugendlichen Erfahrungserwerbs. 103

LISA SCHÜLER / KATRIN LEHNEN
Schweigen zur Sprache bringen.
Überlegungen zu Sprachlosigkeit und Schweigen in Kirsten Boies Roman
Ringel, Rangel, Rosen. 115

III. Interviews

„Geschichte kann in einem Roman realistischer rübergebracht werden."
Ein kommentiertes Gespräch mit Jugendlichen über *Die verlorenen Schuhe* und *Ringel, Rangel, Rosen*.   143

GINA MAYER / NORMAN ÄCHTLER / MONIKA ROX-HELMER
„Als Autorin von Jugendromanen hat man auch eine gewisse Verantwortung." Ein Gespräch über das historische Schreiben zwischen Recherche und Imagination.   159

KIRSTEN BOIE / NORMAN ÄCHTLER / MONIKA ROX-HELMER
„Spröde, sperrig, kompliziert." Ein Gespräch über Möglichkeiten und Grenzen literarischer Gestaltung von historischer Erfahrung.   171

IV. Fazit

VADIM OSWALT
Die anderen lesen anders! – Ein Experiment.   187

BEITRÄGERVERZEICHNIS   191

Einleitung

NORMAN ÄCHTLER / MONIKA ROX-HELMER

Der Historische Jugendroman kann als eine tragende Gattung innerhalb des weiten Felds der Kinder- und Jugendliteratur (KJL) gelten. Auch in Zeiten einer heterogenen Medienlandschaft mit ihren vielfältigen elektronischen Angeboten für jugendliche Zielgruppen erfreuen sich Erzähltexte im Buchformat, die vergangene Epochen und historische Themen mit jugendrelevanten Problemkomplexen verknüpfen, nach wie vor einer großen Beliebtheit. Die breit rezipierten und bis heute immer wieder aufgelegten Romane von Klaus Kordon, Willi Fährmann oder Mirjam Pressler sind dafür ein einschlägiger Beleg. Auf die anhaltende Konjunktur verweist auch das Angebot der großen Jugendbuchverlage. Allein die Herbstprogramme 2011 von vier großen Häusern verzeichnen achtzehn Texte, die *Geschichte* vermittels mehr oder weniger fiktiver *Geschichten* und *Gestalten* lebendig machen.

Die beiden Romane, die der vorliegende Band behandelt, Kirsten Boies *Ringel, Rangel, Rosen* (Hamburg 2010) und Gina Mayers *Die verlorenen Schuhe* (Stuttgart, Wien 2010), stehen dabei für zwei eng miteinander verbundene Trends, die für die Entwicklung der Kinder- und Jugendliteratur spätestens seit Beginn der 1980er Jahre kennzeichnend sind und sich seit einiger Zeit auch im Bereich des Historischen Jugendromans verstärkt bemerkbar machen: Wirkungsästhetisch hat die Darstellung psychologisch komplexer Konfliktsituationen gegenüber einer einseitigen ‚literarpädagogischen' Vermittlung geschichtlicher Problemkomplexe an Bedeutung gewonnen. Universale wie zeitspezifische Merkmale von Kindheit, Jugend und Adoleszenz treten neben die historiographischen Gegenstände. In diesem Zusammenhang nähern sich zudem die literarischen Verfahren den Schreibweisen der Erwachsenenliteratur an. Mittlerweile schöpfen die Autorinnen und Autoren von Historischen Jugendromanen aus der gesamten vielfältigen Palette sprachlicher und narrativer Stilmittel, etwa zugunsten von vielschichtigen Charakterdarstellungen.

Betrachtet man die geschichtlichen Themenfelder, die zu Gegenständen literarischer Verarbeitung werden, so ist seit einigen Jahren eine weitere Veränderung zu beobachten. Wohl sind Texte über den Nationalsozialismus und den Holocaust im Segment ‚deutsche Zeitgeschichte' nach wie vor führend; allerdings wenden sich vor allem deutschsprachige Autorinnen und Autoren zunehmend auch der jüngsten Vergangenheit zu und nehmen verstärkt Aspekte der Nachkriegszeit oder das Leben in Ost- und Westdeutschland bis hin zur Wiedervereinigung in den Blick. Dies trifft auch auf die beiden Romane von Kirsten Boie und Gina Mayer zu. *Die verlorenen Schuhe* (in den Beiträgen dieses Bands zitiert unter dem Kürzel *DvS*) erzählt die Geschichte von der Flucht zweier junger Frauen aus Schlesien und ihren Erfahrungen in der amerikanischen Besatzungszone. Dabei kontrastieren die alternierenden Perspektiven der

Deutschen Inge und der Polin Wanda auf das Geschehen. Mit dieser deutschpolnischen Doppelperspektive beugt Gina Mayer einer Fort- bzw. Neuschreibung einseitiger Opferzuschreibungen im Kontext von Flucht und Vertreibung auf literarisch versierte Weise vor. *Ringel, Rangel, Rosen* (in den Beiträgen zitiert unter dem Kürzel *RRR*) thematisiert am Schicksal der jugendlichen Protagonistin Karin die Hamburger Sturmflut von 1962, verknüpft das Zeitgeschehen jedoch mit der Vermittlung einer der mentalitätsprägenden Erfahrungen dieser Altersgruppe, dem Bewusstwerden über die deutschen Verbrechen und die Verwicklung der Elterngeneration in die Vorgänge während der NS-Diktatur. Aus der subjektiven Sicht der dreizehnjährigen Hauptfigur geschrieben, spielt Kirsten Boie gezielt mit historischen Leerstellen und animiert darüber zu einer aktiven Lektüre.

Angesichts der poetologischen und themenbezogenen Transformationen, die sich im Bereich des Historischen Jugendromans in den letzten Jahren und Jahrzehnten abzeichnen, erscheint es lohnenswert, die Gattung einer näheren Untersuchung zu unterziehen, zumal dies bislang nur einseitig erfolgt ist. Die literaturwissenschaftliche Forschung zum Historischen Jugendroman beschränkt sich im Großen und Ganzen auf Themengeschichte. Erst seit kurzem spielen für die Gattungstheorie auch ästhetische Kriterien eine größere Rolle. Anregende Impulse kommen inzwischen von der Geschichtsdidaktik, die Historische Jugendromane als Teil der Geschichtskultur begreift und das Potential des Genres als Medium zur Vermittlung von historischem Wissen auslotet. Vor diesem Hintergrund setzt der vorliegende Band einen interdisziplinären Akzent.

Hervorgegangen ist der Band aus einem Projekt der Sektion 2 ‚Medien und Didaktik' des Zentrums für Medien und Interaktivität (ZMI) der Justus-Liebig-Universität (JLU) Gießen. Das ZMI betreibt anwendungsorientierte und praxisnahe Grundlagenforschung. Innerhalb dieses Rahmens richtet die Sektion 2 ‚Medien und Didaktik' ihr Interesse auf Fragen der Medialität und Medialisierung kultureller Prozesse im Spannungsfeld von Literatur, Sprache und Geschichte; auf Aspekte ihrer didaktischen Vermittlung und Konzepte der Aneignung und Entwicklung von Medienkompetenz in unterschiedlichen Lernkontexten. Im Zentrum der interdisziplinären Forschungen der Sektion steht unter anderem die deutschsprachige Gegenwartsliteratur. Dem Historischen Jugendroman kommt in diesem Zusammenhang eine besondere Bedeutung zu, da das Genre eine Schnittmenge unterschiedlicher wissenschaftlicher Interessenfelder auf sich vereint. Diese sind bereits in der Gattungsbezeichnung angelegt. Als *literarisches Kommunikationsmedium* mit *historiographischer Ausrichtung* und – wie auch immer ausgeprägter und vermittelter – *aufklärerischer Grundintention*, das sich in erster Linie an *junge Rezipienten* richtet, ist der Historische Jugendroman sowohl für die Literatur-, Sprach- und Geschichtswissenschaft und ihre Fachdidaktiken als auch für die Erziehungswissenschaften von Relevanz.

Diesen Sachverhalt nimmt der vorliegende Band beim Wort. Beiträge aus den genannten Disziplinen sind darin zusammengebracht, die die Gattung des Historischen Jugendromans mit Blick auf die jeweiligen fachwissenschaftlichen bzw. fachdidaktischen Erkenntnisinteressen perspektivieren. Dabei zeichnet sich das Projekt durch eine konzeptuelle Besonderheit aus. Es geht nicht um eine möglichst breite Erkundung des aktuellen Gattungsbestands. Ziel ist vielmehr, an den beiden Romanbeispielen von Kirsten Boie und Gina Mayer exemplarisch die unterschiedlichen Zugangsweisen der einzelnen Disziplinen zu kontrastieren, Kreuzungspunkte der Forschungsinteressen aufzudecken und damit auch die Interdisziplinarität als Erweiterung des jeweiligen fachlichen Zugangs besser ermessen zu können. Mit den beiden Romanen *Ringel, Rangel, Rosen* und *Die verlorenen Schuhe* stehen zwei sehr erfolgreiche aktuelle Texte von wichtigen Autorinnen der Gegenwartsliteratur für Kinder und Jugendliche im Zentrum des Bands, die sich mit dem Themenbereich Nationalsozialismus, Zweiter Weltkrieg und Nachkriegszeit beschäftigen, diesen jedoch mit sehr unterschiedlichen Mitteln realisieren. Beide Romane sind 2010 erschienen und liegen inzwischen als Taschenbuchausgaben vor, so dass sie sich auch als Schullektüre etablieren könnten.

Der Band gliedert sich in drei Abschnitte: Die a) fachwissenschaftlichen und fachdidaktischen Beiträge werden ergänzt um b) ein kommentiertes Gespräch mit jugendlichen Leserinnen über *Ringel, Rangel, Rosen* und *Die verlorenen Schuhe* sowie c) um zwei Werkstattgespräche mit den Autorinnen selbst.

CARSTEN GANSELS einführender Beitrag in das literarische Subsystem der Kinder- und Jugendliteratur steckt zunächst den literaturtheoretischen und gattungsgeschichtlichen Rahmen ab, innerhalb dessen aktuelle Historische Jugendromane zu verorten und zu analysieren sind. Unter Rückgriff auf Prämissen der systemtheoretisch orientierten Literaturwissenschaft konturiert er die KJL zunächst als Handlungs- und Symbolsystem, das sich seit dem 18. Jahrhundert herausgebildet hat und seit den 1970er Jahren in Bezug auf Inhalte und Darstellungsmittel einen beschleunigten Wandlungsprozess durchläuft. Dies betrifft auch das historische Segment der KJL. Diesbezüglich gibt Carsten Gansel sodann einen Überblick über die wesentlichen kulturellen Vorgaben und thematischen Trends in den beiden deutschen Literaturen nach 1945. Er kontrastiert diese in einem synchronen Querschnitt und weist dann auf Entwicklungen in der zeitgeschichtlichen KJL nach 1989 hin. Aus der Geschichte der Verarbeitung von Nationalsozialismus und Holocaust in beiden deutschen Literatursystemen leitet Carsten Gansel schließlich literaturdidaktische Parameter eines reflektierten Umgangs mit zeitgeschichtlichen Jugendromanen im schulischen Kontext ab.

NORMAN ÄCHTLER führt diese Fragen zunächst mit Blick auf literaturwissenschaftliche Fragestellungen weiter. Von der Diskussion verschiedener gattungstheoretischer und narratologischer Konzepte ausgehend, entwickelt er einen

Definitionsvorschlag für die Gattung ‚Historischer Jugendroman' als heuristisches Instrument, das er sodann an die Romane von Kirsten Boie und Gina Mayer anlegt. Mit diesem Ansatz, der Ergebnisse der Theorie des Historischen Romans mit Prämissen der kulturwissenschaftlichen Adoleszenzforschung zusammenbringt, lassen sich dann wesentliche Gemeinsamkeiten, aber auch Unterschiede der beiden Romane herausarbeiten, die sowohl die inhaltliche als auch die erzählpragmatische und die wirkungsästhetische Ebene betreffen. Ein literaturdidaktischer Ausblick ergänzt schließlich aus erzähltheoretischer Warte den von Carsten Gansel diskutierten Katalog um einige weitere Konsequenzen und Möglichkeiten, die sich für den Umgang mit der Gattung im Literaturunterricht ergeben.

MONIKA ROX-HELMER stellt zwei Interessenebenen der Geschichtsdidaktik an der Gattung des Historischen Jugendromans vor: Aus geschichtsdidaktischer Perspektive rückt der Historische Jugendroman als ein Medium der Geschichtskultur und als ein Medium des historischen Lernens ins Zentrum der Aufmerksamkeit. Beides führt sie in einem fachdidaktischen Prozessmodell zusammen, das am Beispiel der beiden Romane von Kirsten Boie und Gina Mayer exemplarische Verläufe des historischen Lernens während der Lektüre darstellt. Damit deckt sie sowohl das fachdidaktische Potential von Texten aus dem Bereich der fiktionalen Literatur für das historische Lernen auf als auch die Kompetenzen, die notwendig sind, um solche literarische Manifestationen der Geschichtskultur zur Ausweitung des eigenen Geschichtsbewusstseins nutzen zu können.

Von Seiten der Geschichtswissenschaft erprobt JEANNETTE VAN LAAK einen Zugang zu den beiden Romanen, den die Historiographie seit einiger Zeit unter dem Konzept der ‚historischen Meistererzählungen' diskutiert. Ausgehend von der These, dass jede Historikergeneration ihre eigenen ‚Meistererzählungen' entwirft, stellt sie *Ringel, Rangel, Rosen* und *Die verlorenen Schuhe* in den Kontext dominanter Tendenzen im gegenwärtigen geschichtswissenschaftlichen Diskurs um den Nationalsozialismus, den Zweiten Weltkrieg und deren politische, gesellschaftliche und mentalitätsgeschichtliche Konsequenzen. Mit der Herausarbeitung der Geschichten und Diskurse, die in den beiden Romanen aufgegriffen und erzählt werden, zeigt Jeannette van Laak, wie Kirsten Boie und Gina Mayer historiographische Gegenstände für nachgeborene Generationen literarisch verarbeiten. Aus dieser Untersuchung ergibt sich, dass literarische Texte als Medien der aktuellen Geschichtskultur ‚Kinder ihrer Zeit' sind.

Gewissermaßen komplementär zum Beitrag von Jeannette van Laak hebt LUDWIG DUNCKER aus Sicht der Erziehungswissenschaften die jugendrelevanten Aspekte der Romane hervor. Anhand von sieben spezifischen Erfahrungsfeldern Heranwachsender bzw. Adoleszenter zeigt Ludwig Duncker auf, dass in Historischen Jugendromanen viele Bereiche berührt werden, die auch in der aktuellen Jugendforschung eine entscheidende Rolle spielen: Übergänge im Lebenslauf, das Verhältnis der Generationen, Wertewandel und normative Orientierungen,

Aufbruch in neue Welten, Erfahrung von sozialer und kultureller Differenz, Begegnungen mit Freundschaft und Liebe sowie Konfrontationen mit dem Tod. Die Modernität der Textbeispiele zeigt sich demnach darin, dass neben die Vermittlung von historischem Wissen die Verhandlung von ‚zeitlosen' psychophysischen und sozialen Problemkomplexen von Adoleszenz tritt. Dies kann als eine der wesentlichen Stärken literarischer Texte gegenüber historiographischen Sachbüchern gewertet werden, denn hier wird deutlich, dass der Weg ins Erwachsenenleben immer einhergeht mit dem Verlust von Naivität und dem Gewinn an bewältigter Erfahrung.

KATRIN LEHNEN und LISA SCHÜLER stellen einen möglichen Zugriff der linguistischen Kommunikationstheorie auf den Roman *Ringel, Rangel, Rosen* vor. Ihr Beitrag analysiert einzelne Sprachhandlungen innerhalb des Romantextes unter den Aspekten des Schweigens und der Sprachlosigkeit als Formen der Auseinandersetzung mit der NS-Vergangenheit und erlebten Traumata. Katrin Lehnen und Lisa Schüler zeigen dabei auf, wie und mit welchen Funktionen Sprachlosigkeit und Schweigen über vergangenes Geschehen im literarischen Rahmen sprachlich inszeniert werden kann. Sie spüren damit letztlich nicht nur der Bedeutung des Schweigens im Roman von Kirsten Boie nach, sie demonstrieren damit auch, welche Bedeutung Verdrängen und Verschweigen der nationalsozialistischen Vergangenheit in der bundesrepublikanischen Nachkriegszeit für die nachgeborene Generation haben konnte. Der Beitrag endet mit einigen didaktischen Überlegungen über Lernarrangements für den Unterricht.

Das Projekt, aus dem der Band hervorgeht, zielte neben dem interdisziplinären Aspekt auf eine stärkere Verschränkung von Forschung und literarischer Praxis. Zu diesem Zweck wurde ein Gesprächskreis mit jugendlichen Leserinnen auf der Grundlage der gemeinsamen Lektüre der Romane von Kirsten Boie und Gina Mayer initiiert. Ziel dieses Erfahrungsaustauschs war es, dem wissenschaftlichen Blick auf die literarische Gattung bzw. das didaktische Medium ‚Historischer Jugendroman' durch die Einbeziehung der primären Adressatengruppe ein ‚kritisches Korrektiv' an die Seite zu stellen. Dieser Erfahrungsaustausch erwies sich als äußerst anregend. Das Gespräch, das der Band im Anschluss an die wissenschaftlichen Beiträge dokumentiert und kommentiert, bereichert die wissenschaftlichen Perspektiven um einige wichtige Einsichten in die Rezeptionshaltung einer exemplarischen Lesergruppe.

Auch die Produzentenseite ist in das Projekt einbezogen. Bei den Werkstattgesprächen mit Kirsten Boie und Gina Mayer stehen Fragen nach der persönlichen Motivation für das Verfassen Historischer Romane für primär jugendliche Rezipienten sowie nach den spezifischen Darstellungsmitteln und Erzählstrategien im Spannungsfeld von historischer Referentialität und Fiktionalität im Mittelpunkt. Es geht um die Frage nach Möglichkeiten der Vermittlung von historischer Erfahrung und nach der Verantwortung der Autorin gegenüber ihren historischen Gegenständen und ihrem primären Adressatenkreis.

Vadim Oswalt beschließt den Band mit einem Resümee, das die wichtigsten Schnittpunkte der Einzelbeiträge und Gespräche markiert.

Die Herausgeber und Beiträger danken Kirsten Boie und Gina Mayer herzlich für die engagierte Zusammenarbeit. Auch Annika, Lena, Lisa und Sophie sei gedankt für die Bereitschaft, über ihre Leseeindrücke Auskunft zu geben. Caroline Clormann besorgte dankenswerter Weise die Einrichtung des Layouts. Der Dank richtet sich schließlich an das ZMI der JLU Gießen, das die Drucklegung dieses Bands ermöglichte.

I. Anmerkungen zur Kinder- und Jugendliteratur

„Einem Kind wäre schon ein einziges Opfer als Anblick zuviel gewesen."
Der Nationalsozialismus als Gegenstand in der Literatur für Kinder und Jugendliche

CARSTEN GANSEL

Zu Aspekten einer Geschichte der Kinder- und Jugendliteratur

Wenn es darum geht, aktuelle Entwicklungen in der Kinder- und Jugendliteratur (KJL) zu erfassen, dann erscheint es angeraten, wenigstens ansatzweise einen Blick auf die Geschichte und die Herausbildung eines eigenständigen Handlungs- und Symbolsystems KJL zu werfen. Bekannt ist, dass in der Mitte des 18. Jahrhunderts das Bedürfnis nach einer ausdrücklich für Kinder und Jugendliche produzierten Literatur wuchs. Die Texte wurden zunächst von jenen geschaffen, die sie in der täglichen Arbeit benötigten, nämlich Erzieher, Lehrer, Hofmeister. Diese ‚Produzenten' von KJL fertigten zunächst für den Hausgebrauch Sammlungen aus vorhandenen Schriften oder eigenen Texten an. Die Verbreitung dieser Schriften konzentrierte sich auf die wohlhabenden Schichten des gebildeten Bürgertums wie Teile des Adels, jene Gruppen also, die sich finanziell einen Erzieher leisten konnten. Mit dem wachsenden Bedürfnis nach solchen spezifischen Lesestoffen für junge Leserinnen und Leser wurden die Texte schließlich nicht mehr nur für den eigenen Bedarf produziert, sondern für einen literarischen Markt mit entsprechenden Vermittlungsinstanzen. Mit anderen Worten: Im ausgehenden 18. Jahrhundert entstand ein literarisches Handlungssystem, das sich auf die Produktion und Distribution von Texten für Kinder und Jugendliche spezialisierte und die Rezeption und Verarbeitung durch junge Leserinnen und Leser zu motivieren suchte.[1]

In die nunmehr entstehende spezifische KJL gingen die jeweiligen Erziehungsvorstellungen der aufgeklärten Pädagogen ein. Die ‚Funktion' der Texte bestand zunächst darin, an die nachwachsende Generation die etablierten Normen und Werte zu vermitteln. Systemtheoretisch kann man ihre ‚Leistung' vor allem darin sehen, zu erziehen, zu belehren und in bestimmten Regeln zu unterweisen. Die entstehende KJL entwickelte sich von daher in einem engen Bezug zum Erziehungssystem der Zeit.[2] Mit Blick auf die kindlichen und jugendlichen Adressaten erfüllten die Texte über einen historisch langen Zeitraum bis weit ins 20. Jahrhundert vor allem Aufgaben im Hinblick auf Erziehung, Belehrung bzw. Unterweisung und entsprachen damit sehr praktischen Bedürfnissen.

---

1 Vgl. Carsten Gansel: Moderne Kinder- und Jugendliteratur. Vorschläge für einen kompetenzorientierten Unterricht. 4. überarb. Aufl. Berlin 2010, S. 26.
2 Vgl. ebd., S. 32f.

Während die Allgemein- bzw. Erwachsenenliteratur sich zunehmend von dem Zwang befreite, bestimmten Interessen zu dienen, sich von Religion, Philosophie und Moral, Recht und Politik, Wissenschaft und Pädagogik abgrenzte und – trotz gesellschaftlich ‚eingreifender' Intentionen etwa im Rahmen von Konzepten einer *littérature engagée* – einen Autonomieanspruch formulierte, war die Literatur, die sich an Kinder wandte, bestimmten ‚Zwecken' verpflichtet. Insofern stellte die KJL zunächst in der Tat das Gegenteil von autonomer Literatur dar, sie war eine Spielart von heteronomer Literatur. Da für die KJL die Adressatenspezifik historisch wie aktuell eine besondere Rolle spielt, ist es durchaus nachvollziehbar, wenn bis in die Gegenwart die Position existiert, KJL sei zunächst einmal ‚Zielgruppenliteratur'. Das heißt, sie wendet sich an potentielle Leserinnen und Leser, die über spezifische Merkmale verfügen (Alter, kognitive Fähigkeiten, soziale Rolle).

Wo von ‚Zielgruppenliteratur' die Rede ist, muss sich dies – so die logische Konsequenz – auf das ‚Was' und ‚Wie' der Texte auswirken, also das, was man in der Narratologie ‚*histoire*' bzw. ‚*story*' und ‚*discours*' nennt. Die Handlungen, Figuren, Räume sowie die eingesetzten Erzählinstanzen sind auf die potentiellen Adressaten, also junge Leserinnen und Leser, zugeschnitten und ihnen gewissermaßen angepasst. Vor allem für Kinderliteratur ist daher „Einfachheit als Kategorie" angesetzt worden.[3] Für die Jugendliteratur trifft das freilich nur bedingt zu. Dies ist ein Grund, warum es seit dem Entstehen der KJL im ausgehenden 18. Jahrhundert immer wieder Diskussionen um ihre Funktion wie ihr Wesen gegeben hat. In der Epoche der Romantik etwa herrschte die Auffassung, die Literatur für junge Leserinnen und Leser solle eine Art „Wiedergeburt der Volkspoesie" sein und es gab die Position, die KJL müsse die jeweils für die Allgemeinliteratur gültigen „ästhetischen Grundsätze und poetischen Gesetzmäßigkeiten uneingeschränkt" respektieren.[4] Diese Programmatik schlug sich in den jungen Leserinnen und Lesern angebotenen Texten nieder. Ein Teil der Kunstmärchen der Romantik war daher an Kinder und Jugendliche wie Erwachsene gleichermaßen adressiert und insofern ‚All-Age-Literatur' im besten Sinne. Das betrifft etwa Texte wie E.T.A. Hoffmanns *Nussknacker und Mausekönig* und *Das fremde Kind* oder Ludwig Tiecks *Die Elfen* und *Der Blonde Eckbert*. Diese Texte, in denen phantastische Elemente eine gewichtige Rolle spielen, sind gewissermaßen gattungstheoretisch am einen Pol des Symbolsystems KJL angesiedelt. Am anderen Pol wären fiktionale Texte zu verorten, die darauf abzielen,

---

3 Vgl. dazu Maria Lypp: Einfachheit als Kategorie der Kinderliteratur. Frankfurt/Main 1984.
4 Hans-Heino Ewers: Literatur für Kinder und Jugendliche. Eine Einführung. München 2000, S. 182, 185.

möglichst detailliert aktuelle wie historische Räume, Handlungen und Figuren zu erfassen.[5]

Die Subgattung der historischen Erzählung für Kinder entstand bereits im ausgehenden 18. Jahrhundert und hatte mit Joachim Heinrich Campes *Die Entdeckung Amerikas* (1781/82) einen ersten und frühen Höhepunkt.[6] Bereits beim Blick auf diesen Text zeigt sich, dass es zu den Konventionen der Subgattung des Historischen Jugendromans oder der sogenannten ‚zeitgeschichtlichen KJL' gehört, ein möglichst realistisches und ‚stimmiges' Bild jener geschichtlichen Periode zu geben, in der die Handlung angesetzt ist und in der die Figuren agieren. Gleichwohl gelten auch für das KJL-System – wenn auch modifiziert – die zwei grundsätzlichen Makro-Konventionen des Literatursystems, nämlich die ästhetisch-literarische Konvention und die Polyvalenzkonvention. Die ästhetisch-literarische Konvention besagt, dass innerhalb eines literarischen Handlungssystems literarische Texte nicht nach ihrem praktischen Nutzen (nützlich/nutzlos) bzw. ihrem ‚Wahrheitswert' (wahr/falsch) rezipiert und bewertet werden. In ihrer idealtypischen Variante ist also literarischen Aussagen kein Wahrheitswert beizumessen. Dies betrifft – und das sei hervorgehoben – auch Historische Romane. Man wird daher davon ausgehen müssen, dass ein Historischer Roman (auch für junge Leserinnen und Leser) keinen authentischen Tatsachenbericht über die dargestellte Zeit liefert und als 1:1-Entsprechung an der Überlieferung zu messen ist. Mit der Polyvalenzkonvention ist die Vieldeutigkeit literarischer Texte und die Möglichkeit gemeint, dass es verschiedene Lesarten eines Textes geben kann.[7] Wenngleich also Historische Romane keine 1:1-Entsprechungen der jeweiligen Zeit liefern können und sollen, so gilt doch, dass „man bei einem historischen Buch die Richtigkeit der Fakten voraussetzen sollte."[8] Diese Grundüberlegung wäre nun im Weiteren zu präzisieren durch Vorschläge wie sie zur Ausdifferenzierung des Historischen Romans und seiner

---

5 Es geht hier um fiktionale Texte. In dem Fall, da der Rahmen weiter gespannt würde, also auch faktuale Textgruppen einbezogen würden, wäre mit Notwendigkeit das Sachbuch am anderen Pol des Symbolsystems KJL angelagert.

6 Vgl. Rüdiger Steinlein: Geschichtserzählende KJL seit den 1990er-Jahren – Neue Wege zeitgeschichtlichen Erzählens vom NS, von Judenverfolgung und Holocaust. Phantastik, Komisierung und Adoleszenz, in: Carsten Gansel, Pawel Zimniak (Hg.): Zwischen didaktischem Auftrag und grenzüberschreitender Aufstörung? Zu aktuellen Entwicklungen in der deutschsprachigen Kinder- und Jugendliteratur. Heidelberg 2011, S. 169-194, hier S. 169.

7 Vgl. Gansel (Anm. 1), S. 31ff.

8 Heinrich Pleticha: Geschichtliche Kinder- und Jugendliteratur, in: Günter Lange (Hg.): Taschenbuch der Kinder- und Jugendliteratur Bd. 1: Grundlagen – Gattungen. Baltmannsweiler 2000, S. 445-461, hier S. 446.

Unterteilung in ‚dominant heteroreferentielle' und ‚dominant autoreferentielle' Texte gemacht wurden.[9]

Aktuelle Entwicklungen in der Kinder- und Jugendliteratur

Um aktuelle Entwicklungen in der KJL zu erfassen, ist es sinnvoll, diese im Rahmen eines Prozesses von gesellschaftlicher Modernisierung zu verorten. Denn der seit den 1970er Jahren einsetzende Paradigmenwechsel in der KJL hat im Prozess von gesellschaftlicher Modernisierung ebenso seine Ursache wie die Annäherung von KJL und Allgemeinliteratur insgesamt. Ulrich Beck hat in seiner klassischen Bestimmung Modernisierung wie folgt definiert: Modernisierung meint, so Beck, die „technologischen Rationalisierungsschübe und die Veränderung von Arbeit und Organisation, umfasst darüber hinaus aber auch sehr viel mehr: den Wandel der Sozialcharaktere und Normalbiografien, der Lebensstile und Liebesformen, der Einfluss- und Machtstrukturen, der politischen Unterdrückungs- und Beteiligungsformen, der Wirklichkeitsauffassungen und Erkenntnisnormen."[10] Nun ist Becks Ansatz in den letzten Jahren vielfach diskutiert, ergänzt und korrigiert worden.[11] Nach wie vor aber gilt, dass Veränderungen in der KJL einen Reflex auf den Prozess von gesellschaftlicher Modernisierung darstellen. Seit den 1970er Jahren ist es im Subsystem KJL – durchaus im Sinne der Systemtheorie von Niklas Luhmann[12] – zu neuen Regeln des Kommunizierens gekommen. Die Gattungskonventionen der KJL haben sich gewandelt, was zum Entstehen des modernen Kinderromans mit seinen unterschiedlichen Subgattungen führte und auch Veränderungen im historischen Erzählen für junge Leserinnen und Leser betraf. In Folge dieses Wandels ist es zu einer Annäherung zwischen moderner KJL und Allgemeinliteratur gekommen. Beide Teilsysteme unterscheiden sich heute in ihrer Systemlogik nur noch graduell.[13] Dies war bei der sogenannten traditionellen KJL noch anders, sie besaß – wie bereits betont – eine Systemlogik, die eine hohe Affinität zum Erziehungssystem aufwies, insofern sie das vordergründige Ziel bzw. die Funktion erfüllen sollte, im didaktischen Sinn den kindlichen Adressaten Normen und Werte zu vermitteln und sie mit dem notwendigen Wissen auszustatten. Entsprechend bestand ihre Leistung vor allem darin, zu erziehen, zu belehren und in be-

---

9 Vgl. Ansgar Nünning: Kriterien der Gattungsbestimmung. Kritik und Grundzüge von Typologien narrativ-fiktionaler Gattungen am Beispiel des Historischen Romans, in: Marion Gymnich u.a. (Hg.): Gattungstheorie und Gattungsgeschichte. Trier 2007, S. 73-99.
10 Ulrich Beck: Risikogesellschaft. Auf dem Weg in eine andere Moderne. Frankfurt/Main 1986, S. 25.
11 Vgl. z.B. Gansel (Anm. 1), S. 94 ff.
12 Für einen systemtheoretischen Ansatz vgl. Carsten Gansel: Zwischenzeit, Grenzüberschreitung, Störung – Adoleszenz und Literatur, in: ders., Zimniak (Anm. 6), S. 15-48.
13 Vgl. Gansel (Anm. 1), S. 33.

stimmten Regeln zu unterweisen. Nicht zu Unrecht galt die KJL in ihren Anfängen daher als Sozialisationsliteratur.[14]
Die folgende Tabelle fasst die wesentlichen systemspezifischen Parameter von traditioneller KJL (KJL 1) und moderner KJL (KJL 2) in ihrem Wandlungsprozess zusammen:

System	Systemlogik				
	Funktion	Leistung	Medium	Code	Programm
Literatur	Beobachtung der Gesellschaft (Selektion von Stoffen, Themen)	Unterhaltung, Entlastung, Lebenshilfe, Bildung	Ruhm, Erfolg, Kanonisierung, Gedächtnis, Archivierung	schön/ hässlich, interessant/nicht interessant, polyvalent/nicht polyvalent	Gattungen, Darstellungsweisen
Subsystem KJL1: Klassische KJL	Normen- und Wertevermittlung	Erziehung, Belehrung, Unterweisung, Didaktik	Moral	moralisierend/ nicht moralisierend	Gattungen, Darstellungsweisen
Vergleichsgröße: Erziehungssystem	Selektion für Karrieren	Ermöglichung unwahrscheinlicher Kommunikation	Lebenslauf (Kind)	Lob/Tadel	Bildung, Lehr- und Lernpläne
KJL2: Moderne KJL	(Adressatenspezifische) Beobachtung der Gesellschaft (Selektion von Stoffen, Themen)	Unterhaltung, Unterscheidung von Fiktion/Nicht-Fiktion im Rahmen kognitiver Entwicklung	Ruhm, Erfolg, Kanonisierung, Gedächtnis, Archivierung	schön/ hässlich, interessant/nicht interessant, spannend/nicht spannend, (polyvalent/nicht polyvalent)	Gattungen, Darstellungsweisen

Die Annäherung von KJL und Allgemeinliteratur hat Konsequenzen: Wenn man nämlich von einer vergleichbaren Systemlogik von moderner KJL und Allge-

---

14 Nun sind derartige Kategorien auch für die aktuelle KJL nicht ausgeschlossen, vor allem in der Literatur für jüngere Lesealter finden sich Texte, die erziehen und aufklären wollen. Auch in der sogenannten ‚problemorientierten KJL' lebt das Muster der didaktische Implikationen verfolgenden ‚Warngeschichte' weiter.

meinliteratur ausgehen kann, dann bedeutet dies, dass das ‚Was' und ‚Wie' des Erzählens sich angleicht. In diesem Rahmen geraten dann auch Stoffe und Themen in den Horizont des Erzählens für Kinder, die früher tabu waren. Das betrifft selbstverständlich auch zeitgeschichtliche Gegenstände und den Historischen Jugendroman, in dem didaktische und erzieherische Elemente zurückgehen. Wo z.b. früher ein auktoriales Erzählen dominierte, werden die Geschichten mehr und mehr durch Ich-Erzähler präsentiert, die Nullfokalisierung wird durch eine interne oder externe Fokalisierung ersetzt usw.

Es sei nachfolgend danach gefragt, in welcher Weise es zu Veränderungen in der zeitgeschichtlichen KJL gekommen ist, die sich in aktuellen Romanen wie Kirsten Boies *Ringel, Rangel, Rosen* und Gina Mayers *Die verlorenen Schuhe* niederschlagen. Dabei sei darauf verzichtet, explizit narratologisch zu arbeiten,[15] vielmehr soll es darum gehen, den literaturgeschichtlichen Rahmen abzustecken und die Entwicklungen in West und Ost nach 1945 zu skizzieren.

Der Nationalsozialismus als Gegenstand der Kinder- und Jugendliteratur in Ost und West

„Du musst Dich erinnern!" Dieser kategorische Imperativ hat auch nach der historischen Zäsur von 1989, die man als Ende der Nachkriegsgeschichte werten kann, nichts von seinem fordernden Gestus verloren. Weil sich ständig Schichten auf Vergangenes legen, besteht für jede Generation aufs Neue die Notwendigkeit des Erinnerns, vor allem an die Jahre von 1933 bis 1945, an Hitlerdiktatur, Krieg, Holocaust und natürlich an die Jahre nach 1945 in Ost und West. Aber nicht nur für die KJL stellt sich die Frage, wie man sich etwa an Auschwitz-Birkenau, an Buchenwald, an Ravensbrück oder an Bergen-Belsen erinnern soll. Im Vergleich zu anderen zeitgeschichtlichen Perioden, etwa die Jahre nach 1945, entzieht sich die Dokumentation von Fakten, Zahlen, Berichten über den Holocaust deshalb der subjektiven Vorstellung, weil die Dimension des Grauens mit menschlichen Kategorien nicht fassbar ist. Dennoch bleibt die literarische wie wissenschaftliche Wahrheitssuche für eine kollektive Erinnerung unverzichtbar. Gleichwohl steht jede Auseinandersetzung – vor allem mit dem Drittem Reich und dem Holocaust – in Gefahr, das Geschehene zu relativieren, denn sie kann nicht anders, als es in Sprache bzw. Bilder zu übertragen. Dies betrifft inzwischen auch jene Geschichten, die von Flucht und Vertreibung erzählen. Hinzu kommt das tagtägliche Gewöhnen an weitere grauenvolle Ereignisse in Vergangenheit und Gegenwart: Stalinistische Vernichtungslager, Massenmorde und Krieg auf dem Balkan, Tschetschenien, Afghanistan oder Syrien.

In den Debatten um Daniel Goldhagen, um Martin Walsers Rede zur Verleihung des Friedenspreises des Deutschen Buchhandels (1998) wie derzeit bei

---

15 Vgl. dazu den Beitrag von Norman Ächtler in diesem Band.

der Auseinandersetzung um die Biographien von Autoren wie Günter Grass und Erwin Strittmatter wurden Argumente vorgebracht, die Jahre 1933 bis 1945 als vergangen bzw. bewältigt anzusehen und nach 1989 nunmehr einen ‚Schlussstrich' zu ziehen. Doch die Jahre nach 1933 können nicht bewältigt und auch nicht ins Verhältnis zu anderen barbarischen Ereignissen der Geschichte gesetzt werden, weil Nationalsozialismus, Zweiter Weltkrieg und Holocaust einen Zivilisationsbruch darstellen. „Die Gnade der späten Geburt ist eine Legende. Die Wunde Auschwitz ist offen", schreibt Ulrich Beck.[16] Die Frage also, wie im neuen Jahrtausend des noch immer Unfassbaren gedacht werden kann, bleibt. Dabei wird eine Epochenschwelle auch dahingehend überschritten, als die „lebendige Erinnerung – die Erinnerung der noch Lebenden – am Untergehen und Aussterben ist."[17] Die „unvermittelte Erinnerung" wandert ins Archiv und an ihre Stelle tritt die „vermittelte Erinnerung Nachgeborener".[18] Diese Nachgeborenen – wie sie Bertolt Brecht in seinem bekannten Gedicht *An die Nachgeborenen* von 1939 anspricht – haben nicht mehr jene persönlichen Erlebnisse vor Augen, wo Überlebende der Vernichtungslager oder Opfer von Flucht und Vertreibung oder Bombenkrieg qualvoll das Geschehene nochmals erinnerten und darüber zu sprechen suchten. Rationale Rede, Diskurs, Geschichtsschreibung, Fiktion treten an die Stelle der persönlichen Erfahrung. Mit diesem Abstand mag es zusammenhängen, dass in der Gegenwart – anders als in den 1950er Jahren – die Bereitschaft zur Erinnerung sehr wohl ausgeprägt ist. Der Erfolg der Tagebücher Victor Klemperers aus der NS-Zeit *Ich will Zeugnis ablegen bis zum letzten* (1995) oder die weltweite Wiederentdeckung von Hans Falladas *Jeder stirbt für sich allein* (1947/2011) sind hierfür Indizien.

Gleichzeitig besteht die Tendenz, dass das Erinnern beliebig wird: Man erinnert im ‚Vorbeigehen', es wird schnell eine Ausstellung besucht oder vielleicht an einer Gedenkveranstaltung teilgenommen. Auf diese Weise kann Erinnerung zum Ritual oder gar zum Gesellschaftsereignis werden, mitunter zeigt sich sogar eine fast merkantil zu nennende Erinnerungssucht. Insofern steht der kategorische Imperativ mit seiner Forderung „Erinnere Dich!" nicht nur bei jungen Leuten in Gefahr, abzunutzen. Wie also ist aus dem Dilemma zwischen Verdrängung und Erinnerungsabnutzung herauszukommen? Und wie soll im Litera-

---

16 Ulrich Beck: Auschwitz als Identität. Gedanken zu einem deutschen Alptraum, in: Süddeutsche Zeitung, 27.01.1995, S. 13. Siehe dazu auch die öffentliche Diskussion, die sich 50 Jahre nach der Befreiung von Auschwitz mit der Frage beschäftigte, wie und auf welche Weise man gedenken könne. So etwa auch der Beitrag von Heiko Flottau: Wie gedenken? Fünfzig Jahre nach der Befreiung. Auschwitz ist unfaßbar, in: Süddeutsche Zeitung, 21./22.01.1995 (Feuilleton-Beilage), Nr. 17.
17 Sigrid Löffler: Laudatio auf den Uwe-Johnson-Preisträger 1997 Marcel Beyer, in: Carsten Gansel, Nicolai Riedel (Hg.): Internationales Uwe-Johnson-Forum 7. Frankfurt/Main u.a. 1998, S. 253-260, hier S. 253.
18 Ebd.

turunterricht über Erfahrungen gesprochen werden, die sich eigentlich der Rede entziehen? Soll man die Gegenstände von vornherein ausklammern? Das ist nicht nur angesichts von Brandanschlägen auf Asylbewerber, der Hetze auf ausländische Mitbürger und den über Jahre unentdeckten Morden der rechtsradikalen Gruppe ‚Nationalsozialistischer Untergrund' undenkbar. Weil Auschwitz ein deutscher Alptraum bleiben wird und wie andere mit Nationalsozialismus und Zweitem Weltkrieg zusammenhängende Ereignisse bis in die Gegenwart prägend sind, erscheint gerade im Unterricht eine Diskussion dieser Thematik dringlich.

Uwe Johnson hat in seinen *Jahrestagen* ein Bild davon gegeben, was es bedeuten kann, mit dem Holocaust als Kind konfrontiert zu werden. Die Erinnerungsarbeit in seinem Romanepos wird motiviert durch einen Schock, der in das Jahr 1945 zurückreicht. Gesine Cresspahl, Johnsons Protagonistin, ist damals zwölf Jahre alt:

> Das Schockmittel war eine Fotografie, die die Briten im Konzentrationslager Bergen-Belsen gemacht hatten und abdruckten in der Zeitung, die sie nach dem Krieg in Lübeck laufen ließen.
> Die Wirkung hat bis heute nicht aufgehört. Betroffen war die eigene Person: ich bin das Kind eines Vaters, der von der planmäßigen Ermordung der Juden gewußt hat. Betroffen war die eigene Gruppe: ich mag zwölf Jahre alt sein, ich gehöre zu einer Gruppe, die eine andere Gruppe abgeschlachtet hat in zu großer Zahl [...][19]

Die Fotografie, die Auskunft gibt über den Holocaust, gerät für das Kind – ähnlich wie in *Ringel, Rangel, Rosen* die aus dem Familienalbum entfernten Bilder aus dem Partisanenkrieg für Kirsten Boies Protagonistin Karin – in den Status einer Grunderfahrung. Rückblickend vermutet Gesine: „einem Kind wäre schon ein einziges Opfer als Anblick zu viel gewesen."[20]

Mit Johnson steht die Frage, wie Versuche aussehen, über das Dritte Reich, seine Vor- und Nachgeschichte in literarischen Texten zu erzählen, deren Leserinnen und Leser bevorzugt Kinder und Jugendliche sind. Wenn es um die Verhandlung von NS-bezogenen Themenfeldern geht, sind die Grenzen traditioneller Literaturwissenschaft zu überschreiten. Auf eben diesen Punkt hat Ursula Heukenkamp aufmerksam gemacht, wenn sie 1989 davon sprach, dass literarische Texte eben auch als „Dokumente und Zeitzeugen gelesen werden müssen". „Nicht selten", merkt sie an, „finden wir sie als Anzeichen für verschüttetes Wissen, abgebrochene Auseinandersetzungen, verschleppte Krisen, so daß man hinter sie zurückgehen und einen Zusammenhang rekonstruieren kann, in dem sie Bestandteil sind."[21] Ähnliche Hinweise finden sich mit Blick auf die KJL

---

19 Uwe Johnson: Jahrestage. Aus dem Leben von Gesine Cresspahl. Frankfurt/Main 1993, S. 232.
20 Ebd.
21 Ursula Heukenkamp: Fahnenflucht und Vaterlandsverrat? Erwiderung auf Günter Hartung, in: Zeitschrift für Germanistik 10/1989, S. 470-476, hier S. 472.

bei Rüdiger Steinlein und Norbert Hopster. Mit Notwendigkeit sind daher sozialwissenschaftliche Methoden erforderlich, die Einbeziehung von Disziplinen wie Biographieforschung, kognitive Psychologie, Mentalitätsgeschichte. Hopster hat betont, wie problematisch es ist, wenn literarische Texte bevorzugt „zum Zwecke von Aufklärung, Erkenntnis, Herausbildung einer differenzierten Vorstellung über den Nationalsozialismus" gebraucht würden und einer der entscheidenden Fragen entsprechend jene nach der „historischen Richtigkeit" sei. Nun wird man einwenden können, dass ein solcher Effekt nicht gering zu veranschlagen ist, wenn es um einen solchen Gegenstand wie das Dritte Reich geht. Gleichwohl besteht natürlich, und da ist Hopster auch jetzt noch zustimmen, die Gefahr, dass Literatur zu einseitig als „historisches Dokument" missverstanden wird.[22] Insofern hat Rüdiger Steinlein zutreffend vermerkt, dass Literatur über das Dritte Reich nicht nur ihre „Brauchbarkeit für einen literaturgestützt verlebendigten Geschichtsunterricht" nachweisen müsse. Vielmehr seien die Texte gerade auch als „besondere mentalitätsgeschichtliche bzw. ideologische Form der Verarbeitung des Nationalsozialismus" und der jüngeren Vergangenheit anzusehen.[23] Gerade die Harmonisierungsversuche, die Ausblendungen wie auch die „Tricks der Erinnerung" (Uwe Johnson) sind daher perspektivisch in den Blick zu bekommen. Vor diesem Hintergrund wäre zu fragen, wie es um die Darstellungen zum Dritten Reich und seinen Folgen in der Literatur in Ost und West bestellt war.

Das *Tagebuch der Anne Frank* markierte einen Beginn der Auseinandersetzung mit dem Holocaust im geteilten Deutschland. 1946/47 in Holland erschienen, wurde es in der Bundesrepublik 1950 veröffentlicht, 1957 in der DDR. Das Tagebuch ging um die Welt, es wurde in mehr als 50 Ländern publiziert, als Theaterstück wiederholt auf die Bühne gebracht, als Fernsehspiel und Kinofilm gezeigt. Gründe für den anhaltenden Erfolg gibt es mehrere: Das *Tagebuch der Anne Frank* wurde im Nachkriegsdeutschland so viel gelesen, weil es etwas nicht zeigt bzw. zeigen kann, die Judenvernichtung. Anne Franks Aufzeichnungen reichen nämlich nur vom 12. Juni 1942 bis zum 1. August 1944. Wenige Tage später, am 4. August 1944, wird die untergetauchte Familie Frank entdeckt

---

22 Norbert Hopster: Umgang mit der Literatur über den Nationalsozialismus im Deutschunterricht, in: Beiträge Jugendliteratur und Medien 3/1994, S. 140-150, hier S. 141.
23 Rüdiger Steinlein: Der Nationalsozialismus als Thema der deutschen Kinder- und Jugendliteratur (1945-1995). Anmerkungen und Beobachtungen, in: „Ehe alles Legende wird." Die Darstellung des Nationalsozialismus in der deutschen Kinder- und Jugendliteratur (1945-1995). Begleitheft zur Ausstellung. Berlin 1995, S. 6-26, hier S. 14f. Der Beitrag verdankt insbesondere Rüdiger Steinlein, aber u.a. auch Günter Lange, Norbert Hopster, Malte Dahrendorf, Zohar Shavit, Bernd Weber, Heinrich Pleticha, Franz Payrhuber Anregungen. Die hier Genannten stehen gewissermaßen repräsentativ für eine Generation von Forschern, die sich frühzeitig mit dieser für die KJL gewichtigen Fragestellung auseinandergesetzt haben.

und ins KZ verschleppt. Verhaftung, Deportation, Vernichtung sind die nichtgeschriebenen letzten Kapitel des Tagebuchs. Es gibt mindestens einen zweiten Grund für den Erfolg des Textes, nämlich Annes große literarische Begabung. Im Tagebuch äußert sie selbst den Wunsch, Schriftstellerin zu werden: „Nach dem Krieg will ich auf jeden Fall ein Buch herausgeben. *Das Hinterhaus*. Ob das glückt, ist noch die Frage, aber mein Tagebuch ist die Grundlage dafür."[24] Und an anderer Stelle fragt sie: „Wird es nicht Jahre nach dem Krieg, vielleicht nach zehn Jahren, unglaublich erscheinen, wenn wir erzählen, wie wir Juden hier gelebt, gesprochen, gegessen haben?"[25]

Anne Frank vermutete richtig, nur konnte sie damals nicht wissen, wie weit die Perfektion des Mordens getrieben werden würde. Das Erscheinen ihres Tagebuches bildete in der Bundesrepublik einen ersten Ansatz für die Beschäftigung mit der Frage, was zwischen 1933 und 1945 geschehen war, es löste Betroffenheit auch deshalb aus, weil alle Leserinnen und Leser um das Ende der Anne Frank wusste. Damit war das Unvorstellbare, die Verfolgung und Ermordung von Millionen jüdischer Menschen, zum öffentlichen Thema gemacht. Wie aber der damalige Mentalitäts- und Bewusstseinszustand der Deutschen beschaffen war, zeigt ein Hinweis von Theodor W. Adorno. Er erwähnt die Reaktion einer deutschen Theaterbesucherin auf die Dramatisierung des Tagebuchs: „Aber *das* Mädchen hätte man doch wenigstens leben lassen sollen." Adorno urteilt: „Sicherlich war selbst das gut, als erster Schritt zur Einsicht."[26]

Ende der 1950er Jahre war von Unrechtsbewusstsein nach wie vor wenig zu spüren, Verdrängung und Hilflosigkeit im Umgang mit dem Holocaust und den Folgen von Krieg und Nationalsozialismus dominierten. Es war dies der Grund, warum die erste kinderliterarische Auseinandersetzung mit dem Dritten Reich in Ost und West gleichermaßen, wenn auch aus unterschiedlichen Motivationen heraus, abgewehrt wurde: Lisa Tetzners *Die Kinder aus Nr. 67*, ihre neunbändige Romanfolge, die sogenannte *Kinderodyssee* (1933-1949). Das öffentliche Interesse an diesem Werk, das den Nationalsozialismus mit seinen Schre-

---

24 Das Tagebuch der Anne Frank. 12. Juni 1942 – 1. August 1944. Frankfurt/Main 1955, S. 203.

25 Ebd., S. 167.

26 Theodor W. Adorno: Was bedeutet Aufarbeitung der Vergangenheit (1959), in: ders. (Hg.): Eingriffe. Neun kritische Modelle. Frankfurt/Main 1963, S. 125-147, hier S. 143; vgl. Steinlein (Anm. 23), S. 7. Bei der Ausstellung handelte es sich um ein von Rüdiger Steinlein in Verbindung mit LesArt Berlin verantwortetes Projekt. Die Ausstellung war vom 19.5. bis zum 4.6.1995 in der Kulturbrauerei Berlin zu sehen. Rüdiger Steinleins Beitrag stellt eine bis heute grundlegende Darstellung zur Auseinandersetzung mit dem Nationalsozialismus in der deutschsprachigen KJL dar. Neben den Beiträgen von Rüdiger Steinlein ist Malte Dahrendorf in einer Reihe von Aufsätzen dem Gegenstand auf den Grund gegangen. Siehe dazu bereits Malte Dahrendorf: Der Nationalsozialismus in der Kinder- und Jugendliteratur (1979), in: ders. (Hg.): Jugendliteratur und Politik. Gesellschaftliche Aspekte der Kinder- und Jugendliteratur. Frankfurt/Main 1986, S. 73-87.

cken am Beispiel einer Berliner Kindergruppe bis in die ersten Nachkriegsjahre schildert, war gering. Eine junge Bibliothekarin äußerte sich gegenüber Lisa Tetzner so: „Sehen sie [...] ich habe die letzten drei Bände Ihrer Kinderodyssee beiseite getan, weil sie uns zu stark an unsere Vergangenheit erinnern und uns unsere Fehler zeigen. Wozu sie ans Licht zerren? Wir wissens ja selber!"[27] Offiziell dominierte eine gedämpfte moralische Ächtung. Und mit dem Verweis auf die Totalitarismustheorie (rot = braun bzw. Kommunismus = Faschismus) wurde in der jungen Bundesrepublik einer Auseinandersetzung zunächst aus dem Wege gegangen. Zudem dominierte bis in die 1950er Jahre eine Auffassung von KJL, die sie „innen und außen sauber" halten wollte und keine „Problem- und Schockliteratur" zuließ.[28] Solange ein ‚Schonraumdenken' dominierte, konnten brisante Fragen zur NS-Vergangenheit schwerlich Gegenstand der literarischen Darstellung werden. Die 1950er Jahre standen insgesamt unter dem Zeichen, „die Gewissen derer, die vergessen wollten, [zu] erleichtern",[29] es ging nicht um eine Reflexion über Schuld oder um ihre Wiedergutmachung. Dies ist ein deutliches Indiz für einen Vorgang, den Rüdiger Steinlein „Pathologie der Wiederaufbaujahre" nennt.[30]

Diese Pathologie zeigte sich auch im gesamten Bereich der KJL. Es überwog die Klage derer, die ihre Häuser verloren hatten oder aus dem Osten vertrieben wurden. Man fühlte sich selbst als Opfer und probte die Rückkehr zur Normalität durch Ausblenden des Vergangenen. Wie Enzo Traverso betont, hängt dies auch mit der Unfähigkeit zusammen, „zu ertragen, was bei der Erwähnung der Naziverbrechen ,in Erinnerung gerufen worden wäre'."[31] Arthur Koestler, Primo Levi, Theodor W. Adorno oder Hannah Arendt haben treffend den für den Westen – und partiell auch für den Osten – charakteristischen Bewusstseinszustand beschrieben. „Die volle Wahrheit", so Koestler, „ist in das Bewußtsein des Volkes nicht eingedrungen, [...] weil sie einfach zu fürchterlich ist, als daß man ihr offen ins Antlitz blicken könnte."[32]

Rüdiger Steinlein hat mehrfach gezeigt, dass unter diesen Bedingungen zwei Varianten in der KJL dominierten: erstens eine Art Opfermentalität und zweitens die kollektive Beschwörung der Schrecken, die man selbst zu erleiden hatte.[33] Daraus entstand jenes Thema, das in der westdeutschen KJL dieser frühen

---

27 Lisa Tetzner: Die Kinder aus Nr. 67. Bd. 9: Der neue Bund. Aarau 1949, S. 143.
28 Klaus Doderer, Cornelia Riedel: Der deutsche Jugendliteraturpreis – Eine Wirkungsanalyse. Weinheim 1988, S. 340, 27.
29 Enzo Traverso: Die Juden und Deutschland: Auschwitz und die „jüdisch-deutsche Symbiose". Berlin 1993, S. 184f.
30 Steinlein (Anm. 23), S. 9.
31 Traverso (Anm. 29), S. 227.
32 Arthur Koestler: Diesseits von Gut und Böse. München 1965, S. 274.
33 Vgl. Steinlein (Anm. 23) sowie ders.: Deutschsprachige KJL zum Thema Nationalsozialismus, in: Der Deutschunterricht 2/1996, S. 87-96.

Periode dominierte: Flucht und Vertreibung. Es dauerte in der Bundesrepublik bis zum Ende der 1950er Jahre bis Bücher erschienen, die sich dem Nationalsozialismus und dem Holocaust differenzierter zu nähern suchten: u.a. Alfred Müllers *Die Verfolgten* (1959), Wilhelm Gronemanns *Geheime Freundschaft* (1960), Helga Strätling-Tölles *Jeanette Leon. Das Mädchen mit dem Stern* (1961). Dies sind Texte, die – im Abstand betrachtet – als Beispiele eines „hilflos moralisierenden Umgangs" mit der Zeit des Nationalsozialismus bewertet wurden.[34] Mit fünfzehnjähriger Verspätung erschien dann 1961 jenes Buch, das Kirsten Boies Protagonistin Karin aus *Ringel, Rangel, Rosen* erstmals mit dem Thema der Judenvernichtung konfrontiert: Clara Asscher-Pinkhofs Roman *Sternkinder*. *Sternkinder*, bereits 1946 in Holland publiziert, war das erste Buch für Jugendliche zum Thema Holocaust. Das deutsche Vorwort hatte Erich Kästner geschrieben. Ihm ging es vor allem um Aufklärung der jungen Generation:

> Sternkinder, der Titel klingt nach Märchenbuch. Doch die Sternkinder, von denen in diesem Buch berichtet wird, sind keine Märchenfiguren, sondern kleine holländische Mädchen und Jungen mit Hitlers Judenstern auf dem Schulkleid und der Spielschürze [...] Diese ‚Sternkinder' sind so wichtig, so erschütternd und so schrecklich wie das ‚Tagebuch der Anne Frank'. Die Erwachsenen und Halbwüchsigen müssen es lesen. Da hilft keine Ausrede [...] Und auch die Schulkinder, wenigstens die älteren, sollten erfahren, wie damals Kindern mitgespielt wurde. Sie werden Fragen stellen und von Eltern und Lehrern Auskunft erwarten.[35]

Die Veröffentlichung von *Sternkinder* bedeutete für die Auseinandersetzung mit dem Dritten Reich in der KJL der Bundesrepublik einen Einschnitt, das Thema gewann an Bedeutung und zunehmend entstanden Texte, die die Verfolgung jüdischer Bürger zum Darstellungsgegenstand machten. Zu größeren Veränderungen kam es dann in den 1960er Jahren mit dem Eichmann-Prozess, der für die Handlung in Kirsten Boies Roman *Ringel, Rangel, Rosen* ebenfalls eine wichtige Rolle spielt, und den Frankfurter Auschwitz-Prozessen. Dies war der Hintergrund, vor dem Hans Peter Richters Roman *Damals war es Friedrich* (1961) zu einem Kinderbuchklassiker avancierte. Die Geschichte von Verfolgung und Vernichtung der deutschen Juden geht auch dem Anteil der deutschen Mitbürger nach und zeigt, wie sie die Vorgänge nicht nur dulden, sondern auch aktiv daran teilnehmen. Gleichwohl sind inzwischen wiederholt problematische Seiten des Textes angesprochen worden, die deshalb erwähnt werden müssen, weil Hans Peter Richters Erzählung im Literaturunterricht vor allem der Sekundarstufe I bis heute eine Rolle spielt. Zohar Shavit, eine israelische Jugendliteraturforscherin, hat darauf aufmerksam gemacht, wie sich auch in diesem Klassiker der Kinderliteratur Ausblendungen ebenso finden wie antisemitische Kli-

---

34 Steinlein: Deutschsprachige KJL (Anm. 33), S. 89.
35 Erich Kästner: Vorwort, in: Clara Asscher-Pinkhof: Sternkinder. Hamburg 1961, S. 9f.

schees.[36] So bestätigt die Beschreibung von vermeintlich jüdischen Eigenschaften geradezu jene Vorurteile, die über das jüdische Volk im Umlauf waren:

> „Man wirft den Juden vor, sie seien verschlagen und hinterlistig! Wie sollten sie es nicht sein? [...] Man behauptet, die Juden seien geldgierig und betrügerisch! Müssen sie das nicht sein? [...] Sie haben erfahren, daß Geld das einzige Mittel ist, mit dem sie sich notfalls Leben und Unversehrtheit erkaufen können."[37]

Zohar Shavit vertrat – ausgehend von solchen viel rezipierten Texten wie Hans Peter Richters *Damals war es Friedrich* – die Position, in diesen Fällen würde nicht durch Auslassungen, „sondern durch die Darstellungsweise" manipuliert. Ihre Kritik brachte sie pointiert wie folgt auf den Punkt:

> Es gab einen schrecklichen Krieg, und die Deutschen haben deswegen sehr gelitten. Sie hatten nichts zu essen, und häufig mußten sie ihre Häuser verlassen. Hitler selbst, und nur er, ist am Krieg schuld, denn in Wirklichkeit wollte ihn keiner der Deutschen. Die meisten Deutschen waren gegen Hitler, sie liebten die Juden und haben sich gemeinsam bemüht, sie vor diesem Verbrecher zu retten. Die Juden in Deutschland haben nicht wegen der Feindseligkeit der Deutschen gelitten, sondern wegen eines unerwarteten Einfalls feindlicher Kräfte in Deutschland, und das, obwohl die Deutschen sich bemüht haben, die Juden vor diesem Überfall zu schützen. Nachdem Hitler seine bösen Taten in Deutschland vollbracht hat, ist er von der Bildfläche verschwunden und hat damit den Deutschen erlaubt, zu den guten Tagen von vor 1933 zurückzukehren.[38]

Zohar Shavits Thesen lösten eine Kontroverse aus, in der insbesondere Malte Dahrendorf eine Gegenposition bezog und auf die Leistungen der KJL bei der Auseinandersetzung mit dem Nationalsozialismus hinwies.[39] Unabhängig davon ist rückblickend festzustellen, dass die Kritik von Zohar Shavit durchaus nicht unberechtigt war. Spätere Arbeiten etwa von Harald Welzer – gedacht ist an den Band *Opa war kein Nazi: Nationalsozialismus und Holocaust im Familiengedächtnis* (2002) – haben in der Tat belegt, in welchem Maße in Deutschland über „Tricks der Erinnerung" die wahre Schuld an Krieg, Nationalsozialismus und Holocaust verdrängt wurde.

Wenn also Texte wie Richters *Damals war es Friedrich* auch heute noch im Literaturunterricht behandelt werden, dann sind gerade jene blinden Stellen, Tabuisierungen, Verfälschungen, Wahrnehmungsdefizite zu diskutieren, ohne die historische Leistung der Autorinnen und Autoren pauschal in Frage zu stel-

---

36 Vgl. Zohar Shavit: Deutsch-jüdische Kinder- und Jugendliteratur von der Haskala bis 1945. Bd. 2. Stuttgart 1996; siehe dazu auch dies.: Aus Kindermund. Historisches Bewußtsein und nationaler Diskurs in Deutschland nach 1945, in: Neue Sammlung 36/1996, S. 355-374.
37 Hans Peter Richter: Damals war es Friedrich. München 2002 [EA 1961], S. 77f.
38 Shavit: Kindermund (Anm. 36), S. 358.
39 Vgl. Malte Dahrendorf: Was leistet die „zeitgeschichtliche" Kinder- und Jugendliteratur für die Aufarbeitung der nationalsozialistischen Vergangenheit? in: Neue Sammlung 36/1996, S. 333-354.

len. Insofern sind die Texte – sicher bevorzugt in der Sekundarstufe II – in der Tat nicht zuletzt als Dokumente und Zeitzeugen ihrer Entstehungszeit zu lesen. Es finden sich hier Hinweise für verschüttetes Wissen, für abgebrochene Auseinandersetzungen, für verschleppte Krisen. Entsprechend steht die Aufgabe, die historischen Zusammenhänge zu rekonstruieren, deren Bestandteil sie waren und in denen sie wirkten.

Der Erfolg von Hans Peter Richters *Damals war es Friedrich* in der Bundesrepublik macht die Unterschiede im Schreiben über das Dritte Reich zwischen West und Ost offenbar. In der DDR hätte der Text allein wegen der zitierten Stelle – selbst wenn es sich um Figurenrede handelt – schon deshalb nicht erscheinen können, weil ihr die Tendenz innewohnte, Klischees zu reaktivieren und damit den pejorativen Gehalt des Worts ‚Jude' bzw. ‚jüdisch' bestätigte. Aufgrund der diskriminierenden Verwendung wurden diese Begriffe in der DDR eher zurückhaltend gebraucht. Die Kehrseite war, dass Besonderheiten jüdischen Lebens in Alltag wie Literatur nur in Ausnahmen Gegenstand der Reflexion waren. Erst in den 1980er Jahren wuchs das öffentliche Interesse an jüdischen Sitten und Gebräuchen, nicht zuletzt wegen des Verfalls jüdischer Kultur. Henning Pavel hat mit den bereits in der DDR entstandenen Erzählungen *Joschkas Hund* (1991) und *Schapiro & Co.* (1992) auf literarisch innovative Weise diese Lücke gefüllt. Gleichwohl ist zu beachten, dass – anders als in der Literatur – die Haltung gegenüber jüdischen Bürgern auf der Ebene des politischen Systems durch die Stalinistischen Schauprozesse der 1950er Jahre sowie durch die Ablehnung des Staates Israel und der Nahostpolitik der DDR tendenziell immer antisemitische Momente aufwies. Erst Mitte der 1980er Jahre kam es aus politisch-pragmatischen Gründen zu Modifizierungen, wobei registriert wurde, dass das Judentum in der DDR eine aussterbende, museale Größe darstellte.[40]

Gleichwohl kann angenommen werden, dass die Existenz der DDR über Jahrzehnte auf einem vorgestellten breiten antifaschistischen Konsens basierte. Als ideologisches Bindeglied zwischen den verschiedenen sozialen Gruppen und Generationen funktionierte nämlich in der DDR fast bis zu ihrem Ende die Orientierung an einem Begriff von Antifaschismus, der ihn aus dem Gegensatz zum Faschismus herleitete. Der Antifaschismus bildete in der DDR sogar den zentralen Leitdiskurs, was erklärt, warum von Beginn an eine Auseinandersetzung mit dem Gegenstand Faschismus und Krieg stattfand und das Thema innerhalb der KJL ein offiziell gefördertes und gefordertes kinder- und jugendliterarisches Sujet darstellte. Stephan Hermlins Roman *Die erste Reihe*, ein Text über den antifaschistischen Widerstandskampf junger Leute, erschien 1951 und wurde zu einem Trendsetter. Im Vorwort hatte Hermlin an den „schrecklichsten, blutigsten, demütigendsten [...] Geschichtsabschnitt" erinnert und geschrieben:

---

40 Vgl. Ulrike Offenberg: „Seid vorsichtig gegen die Machthaber." Die jüdischen Gemeinden in der SBZ und der DDR 1945 – 1990. Berlin 1998.

Das deutsche Volk, das an der Machtergreifung Hitlers und seinen Massakern beteiligt war, war auch an dem unaufhörlichen, offenen und verborgenen leidvollen und stolzerweckenden Kampf gegen Hitler und jene, die ihn gerufen hatten, und ihren schändlichen Krieg beteiligt [...] Diese Arbeit spricht von deutscher Jugend, die gegen Hitler und den Krieg kämpfte. Daß es diese Jugend gab, ist nicht nur bedeutsam für deutsche Jugend in unseren Tagen, sondern auch für die Jugend aller anderen Länder.[41]

In Hermlins Text war das bis 1989 dominante Muster für die KJL benannt: Es ging in erster Linie um die Gestaltung des antifaschistischen Widerstandskampfes. Fred Rodrian als langjähriger Leiter des Kinderbuchverlages hat noch Ende der 1960er Jahre resümiert, dass die „Gestaltung des antifaschistischen Widerstandskampfes" eines der „Hauptthemen" der DDR KJL sei.[42] Dem Gegenstand Widerstandskampf wurden alle anderen Themenbereiche, also auch der Holocaust, als Nebenaspekte untergeordnet. Letzteren hatte Johannes R. Becher in seiner noch im sowjetischen Exil geschriebenen Ballade *Kinderschuhe aus Lublin* (1944) zum Gegenstand der Darstellung gemacht. Bechers Ballade, zunächst nicht für Kinder verfasst, gehörte über Jahrzehnte zum verbindlichen Kanon im Literaturunterricht der 9. Klasse. Es handelte sich also nicht um spezifische, wohl aber um ‚intentionale KJL', also um ein Gedicht, das für Kinder als geeignet erachtet und deshalb von den Instanzen des Erziehungssystems in der DDR gewissermaßen zum Kanontext gemacht wurde. Bechers Ballade blieb von ihrem Sujet her allerdings eine marginale Erscheinung.

Musterbildend wirkten Texte, die über den Widerstand im Dritten Reich erzählten wie Max Zimmerings Roman *Die Jagd nach dem Stiefel* (1953), Bruno Apitz' *Nackt unter Wölfen* oder Wera und Claus Küchenmeisters *Sie nannten ihn Amigo* (1966), die zu verbindlichen Kanontexten für den Deutschunterricht wurden. Es handelt sich um Erzählungen, in deren Zentrum Figuren stehen, die sich in den Klassenkampfsituationen der Weimarer Republik sowie im Widerstandskampf der KPD unter den Bedingungen der Illegalität befanden, ins sowjetische Exil gingen, sich bei der Rückkehr nach Deutschland für die sowjetische Besatzungszone bzw. DDR entschieden und zu jenen gehörten, die nach 1945 den Aufbau des Sozialismus in Angriff nahmen. DEFA-Filme zu den genannten Texten prägten jene Generationen, die in der DDR groß wurden.

Betrachtet man die Texte genauer, so zeigt sich, welche Geschichts- bzw. Gesellschafsauffassung den Hintergrund bildet. Bei der Bestimmung des Faschismus – in der DDR wurde der Terminus Nationalsozialismus abgelehnt – ging man von einem Verständnis aus, das Georgi Dimitroff im Rahmen der kommunistischen Bewegung entwickelt hatte, wonach es sich beim Faschismus um die „Diktatur der am meisten reaktionären chauvinistischen und imperialistischen

---

41 Stephan Hermlin: Die erste Reihe. Berlin 1951, S. 7.
42 Siehe dazu den von Christian Emmrich verantworteten Band: Literatur für Kinder und Jugendliche in der DDR. Der Kinderbuchverlag. Berlin 1979.

29

Elemente des Finanzkapitals" handelt.[43] Da aber diese Erinnerung kommunikativ nicht vermittelbar war, mithin keine Grundlage in der Alltagskommunikation hatte, bedurfte sie der beständigen Vermittlung durch narrative, ikonische und rituelle Formen, um im kulturellen Gedächtnis festgeschrieben zu werden. Mit anderen Worten: Der vertretene Faschismusbegriff ermöglichte auch im Osten letztlich eine Entschuldung der Bevölkerung. Bestraft wurden nämlich die obersten Nazifunktionäre, die Mitläufer entlastete man, indem man sie zur Bewährung beim neuen Aufbauwerk aufforderte. Antonia Grunenberg stellt daher zutreffend fest:

> Sie verlangten Mitarbeit am neuen Gemeinwesen, aber keine Selbstverantwortlichkeit und kamen damit der postnazistischen Mentalität entgegen. Sie delegierten einen großen Teil der Schuld an das ‚kapitalistische Wirtschaftssystem' und seine Führer unterstützten damit eine von vielen gehegte Auffassung, die Deutschen seien Opfer gewissenloser Kapitalisten geworden, die sich mit den Faschisten verbündet hätten.[44]

Die Angebote zur Versöhnung wurden im Osten dankbar angenommen. Das lag auch daran, dass die Ablehnung des Vergangenen gekoppelt war mit dem Zukunftsversprechen des Aufbaus einer neuen Gesellschaft. Franz Fühmann, der zu den wichtigen Autoren in der DDR gehörte und der den optimistischen Anfang wie die zunehmende Desillusionierung in seinem literarischen Werk minutiös erfasst hat, brachte eine für viele junge Ostdeutsche gültige Erfahrung auf den Punkt: „Ich gehöre einer Generation an", so Fühmann, „die über Auschwitz zum Sozialismus gekommen ist."[45] Die in der DDR gültige Faschismus-Definition ließ also die Frage offen, warum der Faschismus in Deutschland diese große Akzeptanz in breiten Schichten hatte. Darüber hinaus war es möglich, mit dem Verweis auf den Faschismus als Folge ‚monopolkapitalistischer Entwicklung' jene sich in der DDR herausbildenden Formen Stalinistischer Herrschaft zu legitimieren. Günter de Bruyn hat in seiner *Zwischenbilanz* vermutet, warum der „Macht adelnde Antifaschismus", diese entscheidende Gründungserzählung der DDR, das einzige Bindeglied aus der „verordneten Lehre" bzw. dem hegemonialen kollektiven Gedächtnis blieb, der bei größeren Teilen der Bevölkerung auf Zustimmung stoßen konnte:

> Da aber diese Meinung [der Antifaschismus] sich bei den meisten von uns erst durch den Krieg und nach Hitler gebildet hatte, fühlten wir uns mehr oder weniger mit Schuld beladen und glaubten den Emigranten und Widerstandskämpfern gegenüber zu Ehrfurcht verpflichtet zu sein: in diesem Punkt war man moralisch erpressbar. Die Kritik an Verblendung und Intoleranz war getrübt von schlechtem Gewissen. Denn die eifernde

---

43 Georgi Dimitroff: Die Offensive des Faschismus und die Aufgaben der Kommunistischen Internationale im Kampf für die Einheit der Arbeiterklasse gegen den Faschismus. Bericht auf dem VII. Weltkongreß der Kommunistischen Internationale, in: ders. (Hg.): Ausgewählte Schriften Bd. 2. Berlin 1958, S. 523-625, hier S. 525.
44 Antonia Grunenberg: Antifaschismus – ein deutscher Mythos. Reinbek 1993, S. 132.
45 Zitiert nach: ebd., S. 134.

Schulleiterin hatte unter Hitler im Gefängnis gesessen, der dogmatische und gebildetste der Dozenten war ein Emigrant gewesen – man selbst aber hatte unter Hitler gedient.[46]

In der DDR war also zunächst der ‚Diskurs der Altkommunisten' mit entsprechenden Texten *das* identitätsstiftende Erzählmodell. Der ‚Diskurs der Aufbaugeneration', also derjenigen, die im Dritten Reich zu jung waren, um an Schaltstellen der Macht zu sitzen und schuldig zu werden, verharrte dagegen zunächst in der Beschreibung von Wandlungen: Dieter Nolls Roman *Die Abenteuer des Werner Holt* (1960) war das folgenreichste Exempel für diesen Erzähltypus, und auch Horst Beselers *Käuzchenkuhle* (1965) oder Karl Neumanns *Das Mädchen hieß Gesine* (1966) bewegten sich in diesem Rahmen. Da die Autorinnen und Autoren eigene Jugenderfahrungen in Krieg und Nachkrieg verarbeiteten, geriet der alltägliche Faschismus, also die Erfahrung von Hitlerjugend oder BDM zunächst nicht oder nur begrenzt in den Horizont der Erinnerung. Insofern lässt sich mit Rainer Land und Ralf Possekel rückblickend sagen: „Wie die Altkommunisten ‚kommunikativ' die Stalinschen Verbrechen beschweigen, so die Aufbaugeneration ihre Vorgeschichte im ‚Dritten Reich'."[47] Die aktuelle Auseinandersetzung um Erwin Strittmatter und seinen „verschwiegenen Krieg" (W. Liersch) – es wurde bereits betont – unterstreichen einmal mehr, in welcher Weise das Versprechen auf die Zukunft eine Erinnerung an die Vergangenheit und mögliche eigenen Schuldanteile ausschloss.[48]

Zu einem Erzählgegenstand wurden diese verdrängten Seiten des Nationalsozialismus erst ab den 1970er und 1980er Jahren in der Allgemeinliteratur: Christa Wolfs *Kindheitsmuster* (1976) spielte ebenso eine entscheidende Rolle wie Texte von Jurek Becker (*Jakob der Lügner*, 1969). In der KJL ist zu denken an Karl Neumanns *Tilos abenteuerliche Wege* (1985), Klaus Beuchlers *Huckleberrys letzter Sommer* (1987) oder bereits an den von Hansgeorg Mayer herausgegebenen Sammelband *Ebereschentage. Zehn Erzählungen vom gewöhnlichen Faschismus* (1977).

Wirft man also einen vergleichenden Blick auf die Anfänge bei der Gestaltung des Gegenstandes, so lässt sich sagen: Die Kinder- und Jugendliteraturen in West und Ost verhielten sich – wie auch in anderen Bereichen – nahezu spiegelverkehrt zueinander.[49] Was in der BRD ausfiel – der kommunistische bzw. antifaschistische Widerstand – wurde in der DDR zum Schwerpunkt. Und was hier nur am Rande Erwähnung fand, die Verfolgung der Juden, gewann in

---

46 Günter de Bruyn: Zwischenbilanz. Eine Jugend in Berlin. Frankfurt/Main 1994, S. 374.
47 Rainer Land, Ralf Possekel: Namenlose Stimmen waren uns voraus – Politische Diskurse von Intellektuellen aus der DDR. Bochum 1994, S. 33.
48 Vgl. Carsten Gansel, Matthias Braun (Hg.): Es geht um Erwin Strittmatter oder Vom Streit um die Erinnerung. Göttingen 2012.
49 Vgl. Steinlein (Anm. 23); siehe auch Carsten Gansel: Erwin Strittmatters „Tinko" (1954) – Heimkehrerprobleme und die Große Hoffnung? in: Gansel, Braun (Anm. 48), S. 69-86.

der BRD ab den 1960er Jahren an Bedeutung. Einheitlich sind hier wie da bestimmte Figurentypisierungen und Klischeebildungen, die letztlich eine Entlastung ermöglichten. Während die KJL in der Bundesrepublik Handlungsmuster bevorzugt, die zeigen, wie Deutsche sich solidarisch gegenüber der verfolgten jüdischen Mitbevölkerung verhielten oder – als Vertriebene – selbst zum Opfer wurden, dominierte in der DDR mit dem Widerstandstopos ein Muster, das gleichfalls eine Entschuldung ermöglichte, weil man sich auf der richtigen Seite wähnte. Betrachtet man die Formen der Darstellung, dann zeigt sich, dass in West und Ost ein Erzählmodell dominiert hat, dass man der Gattung der ‚traditionellen Problemerzählung' zuordnen kann. Mit Blick auf die jugendlichen Rezipienten steht dabei eine abenteuerliche, ja eine kriminalistische Handlung im Vordergrund. Bei den mehr autobiographisch gehaltenen Texten handelt es sich zumeist um dokumentarische Berichte, die Widerstand, Alltag, Verfolgung, KZ, Überleben zum Gegenstand haben.

Zu Veränderungen im politischen wie literarischen Diskurs kam es erst ab Ende der 1970er Jahre. In der DDR wurde 1979/80 die Ausstrahlung der amerikanischen *Holocaust*-Serie in der Bundesrepublik mit Interesse aufgenommen. Dies war für Stephan Hermlin und andere ein Anlass, um in der Akademie der Künste über ‚weiße Flecken' im Geschichtsverständnis der DDR nachzudenken. Diese Perspektivenverschiebung führte auch zu veränderten Problemstellungen in der KJL. Abgesehen von dem frühen Roman von Alfred Wellm *Pugowitza oder Die silberne Schlüsseluhr* (1975) entstanden mit Martin Selbers *Hanna und Elisabeth* (1981), Peter Abrahams *Pianke* (1981) und *Fünkchen lebt* (1988) oder Bodo Schulenburgs *Markus und der Golem* (1987) Texte, die über das Ende der DDR hinaus – und bei aller Problematik im einzelnen – eine ernstzunehmende Auseinandersetzung mit dem Schreiben über das Dritte Reich bedeuteten.

In der Bundesrepublik führte die Studentenbewegung ab Ende der 1960er Jahre zu neuen Anstößen beim Schreiben über das Dritte Reich. Die KJL wurde dabei bevorzugt zu einem Medium kritisch-aufklärender und für die Vergangenheit sensibilisierender Auseinandersetzung. Zu denken ist an Klassiker wie Judith Kerrs nicht unumstrittenen Text *Als Hitler das Rosa Kaninchen stahl* (1973), Horst Burgers *Warum warst Du in der Hitlerjugend* (1976), Christine Nöstlingers *Maikäfer flieg* (1973), Max von der Grüns *Wie war das eigentlich. Kindheit und Jugend im Dritten Reich* (1979), eine überarbeitete Fassung des bereits 1958 in der DDR erschienenen Textes von Leonie Ossowski *Stern ohne Himmel* (1978), Renate Welshs *Johanna* (1979) oder Myron Levroys *Der gelbe Vogel* (1981).

Für die Zeit seit 1989 kann davon ausgegangen werden, dass durch mediale Darstellungen (u.a. Filme wie *Schindlers Liste*, *Der Pianist* oder *Der Untergang*) und Dokumentationen über die Zeit des Nationalsozialismus im ‚kulturellen Wissen' von Kindern grundlegende Informationen präsent sind, weswegen es nicht mehr der literarischen Aufklärungsarbeit bedarf, um sie zu erzeugen. Dies hat zur Folge, dass auch im Bereich der KJL zum Dritten Reich, seiner Vor- und Nachgeschichte die Literarizität von Texten gegenüber der inhaltlichen Seite und dem pädagogisch-didaktischen Impuls eine zunehmende Rolle spielen kann. Auf diese Notwendigkeit haben Norbert Hopster und Rüdiger Steinlein bereits Mitte der 1990er Jahre aufmerksam gemacht. Dass die KJL zum Thema Nationalsozialismus neuere Darstellungsweisen nutzt und in gewisser Weise ‚moderner' geworden ist, darauf verwies Rüdiger Steinlein bereits in seinem Beitrag zur Ausstellung *Ehe alles Legende wird* von 1995. Einen Grund hierfür sieht Steinlein darin, dass adressatenspezifische Tabus nicht mehr so schwer auf dem Thema lasten wie etwa in den 1950er Jahren.[50] Texte wie Gudrun Pausewangs *Reise im August* (1992) brechen mit bisherigen jugendliterarischen Konventionen und sparen auch den konkreten Massenmord an jüdischen Bürgern nicht mehr aus. Daneben entstanden wegen des gegebenen Hintergrundwissens bei jungen Leuten Texte, die nicht mehr ‚Zielgruppenliteratur' im engeren Sinne sind, sondern die für Kinder wie Erwachsene gleichermaßen ein Lektüreangebot darstellen. Irene Disches mit dem Deutschen Jugendliteraturpreis ausgezeichnete Erzählung *Zwischen zwei Scheiben Glück* (1997) ist dafür ein frühes Beispiel.

Rüdiger Steinlein stellt nunmehr in einem neueren Beitrag resümierend heraus, dass die geschichtserzählende KJL ein „Kind des Geschichtsunterrichts" gewesen sei und es sich ursprünglich um „eine ins Belletristische transformierte Geschichtslehre" gehandelt habe, die „mit den Mitteln des Geschichtsromans arbeitet".[51] Wenngleich es in den letzten Jahren in diesem Bereich durchaus Neuerungen gebe, seien diese doch „gemessen an den Umbrüchen im allgemeinliterarischen historischen Erzählen – nicht spektakulär". Gleichwohl würden sich Wandlungen abzeichnen, die „im Zusammenhang mit der Eigenentwicklung dieses Genres durchaus als bemerkenswert" einzustufen sind und „zwar hinsichtlich der inhaltlichen Ausrichtung wie der narrativen Präsentation".[52] Zudem hat es Veränderungen dahingehend gegeben, dass „Geschichte als ein interessantes Stoff- und Plotreservoir ‚von unten' inszeniert wird".[53] Wie schon Günter Lange[54] oder Heinz Pleticha[55] betonen, gebe es „keine Angebote mehr von Herrschern oder königstreuen Figuren, die als Vorbildhelden für die jungen Leser fungieren, wie dies v. a. für die nationalistische Geschichtserzählung charakteristisch war".[56] Insofern sei es zu einer „Demokratisierung der ju-

---

50 Vgl. Steinlein (Anm. 23).
51 Steinlein (Anm. 6), S. 171.
52 Ebd., S. 169.
53 Ebd., S. 173.
54 Vgl. Günter Lange: Zeitgeschichtliche Kinder- und Jugendliteratur, in: ders. (Anm. 8), S. 462-494.
55 Vgl. Pleticha (Anm. 8).
56 Steinlein (Anm. 6), S. 173.

gendliterarischen Inszenierung von Geschichte" gekommen.[57] Den Überlegungen ist zuzustimmen, wobei es hervorzuheben gilt, dass die Veränderungen vor allem die Art und Weise des Erzählens betreffen, also auf die Ebene des ‚discours' bezogen ist, wie Norman Ächtler im nachfolgenden Beitrag genauer untersucht. Dies macht es einmal mehr notwendig, die narratologische Analyse ins Zentrum zu stellen und nicht bei einer Verständigung über das ‚Was' der Darstellung stehen zu bleiben.[58] Texten von Gudrun Pausewang (*Reise im August*, 1992), Mirjam Pressler (*Malka Mai*, 2001; *Die Zeit der schlafenden Hunde*, 2003), Moritz Gleitzmann (*Einmal*, 2005/2009) oder Markus Zusak (*Die Bücherdiebin*, 2005/2008) ist nur beizukommen, wenn sich das Interesse auf die erzählerische Vermittlung richtet.

Dies trifft auch auf die beiden Romane zu, die Gegenstand der Verständigung im Rahmen des vorliegenden Projekts von Literatur- und Sprachwissenschaftlern, Historikern und Pädagogen sind. Mit Kirsten Boies *Ringel, Rangel, Rosen* und Gina Mayers *Die verlorenen Schuhe* sind zwei aktuelle Beispiele für Trends in der neueren zeitgeschichtlichen bzw. geschichtserzählenden Literatur gegeben.

Zeitgeschichtliche KJL und Deutschunterricht

Wie kann man sich nun einen fruchtbaren Umgang mit zeitgeschichtlicher KJL im Deutschunterricht vorstellen? Die Frage nach der Darstellung zeitgeschichtlicher Problemkomplexe in der KJL gehört zuerst in das Gebiet der Stoff- und Motivforschung. Bei den Stichworten Drittes Reich, Holocaust, Flucht und Vertreibung, Nachkriegszeit handelt es sich um Stoffe, die die Realgeschichte der Literatur vorgibt, um Motive, die bestimmte Formungen und Funktionen haben, um Themen, die innerhalb und außerhalb der Literatur in ideologischen Auseinandersetzungen und öffentlichen Diskursen einen Platz einnehmen. Von daher ist interdisziplinäre und fächerübergreifende Arbeit notwendig, insbesondere die Verbindung zum Sozialkunde- und Geschichtsunterricht herzustellen. Gerade weil zeitgeschichtliche literarische Texte für Kinder und Jugendliche in jeder Kultur in besonderem Maße an der Produktion historischer Vorstellungsbilder beteiligt sind, wie Monika Rox-Helmer dies in ihrem Beitrag ausführt, und die Ausbildung dessen beeinflussen, was man kulturelles Gedächtnis oder Geschichtsbewusstsein nennt, ist kritisches Lesen so wichtig. Von daher ist es für die Auswahl im Literaturunterricht von Belang, Kriterien zu erarbeiten, die unter literarischer, didaktischer, politischer Zielsetzung Fragerichtungen für die Beschäftigung mit den Texten vorgeben. Dazu gehören zunächst so allgemeine Überlegungen wie:

---

57 Ebd.
58 Zu narratologischen Aspekten der KJL vgl. Carsten Gansel, Hermann Korte: Kinder- und Jugendliteratur und Narratologie. Göttingen 2009.

- Wie verhalten sich die Ebenen der geschichtlichen Wirklichkeit, der gesellschaftlichen Diskurse, der literarischen Werke zueinander?
- Was leisten dichterische Gestaltungen des Themas anderes oder mehr als Medien, historische Dokumentationen, Studien, Filme?
- Worin besteht die poetische Differenz dieser Texte, ihr spezifisches Sinn- und Wirkungspotential und dies gerade dann, wenn es um die Darstellung für Kinder und Jugendliche geht?

Malte Dahrendorf hat nun frühzeitig und insbesondere mit Blick auf die Behandlung von Texten über das Dritte Reich eine mögliche Intention der Behandlung zeitgeschichtlicher KJL in der Schule beschrieben:

> Sie kann den geschichtlichen und politischen Unterricht unterstützen und gerade hier die rational-verbale Kenntnisvermittlung durch die Dimension der sinnlich-emotionalen Erfahrung ergänzen. Zeitgeschichtliche Kinder- und Jugendbücher können sinnfällig machen, daß Geschichte immer etwas mit betroffenen und handelnden Individuen zu tun hat. Erzählungen erschließen ganz anders als trockene, abstrakte Erkenntnisberichte dem Leser positive und negative Möglichkeiten geschichtlichen Handelns und vermitteln ihm Chancen zur Selbstreflexion als geschichtliche Person.[59]

Es geht also offensichtlich darum, neben dem pädagogisch-politischen Aspekt, die emotionale Beteiligung am literarischen Geschehen zu erzeugen, darum, eine „Trauer und Mitleid herausfordernde Darstellung" zu realisieren, die, so Weber, in Bezug auf die Behandlung des Holocaust, „eine Ahnung des bürokratisch organisierten und technisch perfektionierten Genozids vermittelt."[60] Rüdiger Steinlein hat diesen Aspekt im Hinblick auf Erinnerungsliteratur und Memoiren in den 1990er Jahren aufgegriffen und ist zu dem Ergebnis gekommen, dass „kinder- und jugendliterarisch ‚richtig' und eindrucksvoll" nur solche Texte sind, „die noch in der einfachsten Wiedergabe des Alltags im NS die latente Bedrohung, die von diesem System bis in den letzten Winkel ausging," zeigen.[61] Wie schwierig es ist, ein solches Anliegen zu realisieren, hat nicht erst die Literatur über den Schrecken des Zweiten Weltkriegs gezeigt.

Von Dahrendorf, Weber, Hopster, Lange, Steinlein, Payrhuber, Gansel sind verschiedene Vorschläge zur Auswahl und Bewertung von Texten zum Thema Nationalsozialismus unterbreitet worden, die sich als eine Art Checkliste wie folgt zusammenfassen lassen:

---

59 Dahrendorf: Nationalsozialismus (Anm. 26), S. 84f.
60 Bernd Weber: Aufklärung im Jugendbuch? Zur Darstellung des deutschen Faschismus in neuerer Jugendliteratur, in: Neue Sammlung 20/1980, S. 22-44, hier S. 39.
61 Steinlein (Anm. 23), S. 20.

1. Stofflich-Thematische Darstellung
- Wie erfolgt die Darstellung des Nationalsozialismus? Geben die Schicksale, Handlungen, Motive, Strukturen exemplarisch Auskunft über die Zeit des Nationalsozialismus, seine Vor- und Nachgeschichte?
- Reflektieren die literarisch aufbereiteten Befunde und die mitgelieferten Erklärungsmuster die Komplexität der Verhältnisse (Drittes Reich, NS-System, Zweiter Weltkrieg, Holocaust, Flucht und Vertreibung etc.) angemessen oder tragen sie durch unzulässige Vereinfachung statt zur Aufklärung zur Klischeebildung bei?
- Wird eine Analyse von Herrschaftsstrukturen und Unterdrückungsmechanismen erkennbar? Welche Hinweise gibt der Text zu Zusammenhängen, Ursachen, Folgen des Nationalsozialismus und wie erfolgt die historische Einordnung?
- Welches Geschichtsbild bzw. welche Auffassung vom ‚Wesen' bzw. von Erscheinungsformen des Faschismus ist erkennbar?
- Wird deutlich, wie das NS-System im Alltag funktioniert hat (Familie, Schule, Arbeit, Medien, Militär), wie also die Arbeits- und Lebensverhältnisse während dieser Zeit aussahen und wie sich der einzelne dazu verhielt?
- Welche Aussagen werden gemacht über die Art und Weise, wie mit jüdischen Mitbürgern umgegangen wurde, wie der sogenannte ‚kleine Mann' sich in der Zeit vor, während und nach dem Dritten Reich verhielt?
- Welche Konsequenzen ergeben sich aus der literarischen Darstellung für die gegenwärtigen politischen, sozialen, ethischen Vorstellungen und wofür wird im Text sensibilisiert?

2. Zum Verhältnis von Inhalt und Form (Erzählstruktur)
- Wie verhalten sich ‚Inhalt' und ‚Form' zueinander? Über welche Darstellungsmittel werden Bilder vom Nationalsozialismus oder Holocaust geliefert? Sind sie in der Lage das ‚Was' des Erzählens adäquat zu präsentieren?
- Wer ist der Erzähler bzw. welche Erzählform wird gewählt? Findet sich ein auktorialer kommentierender Erzähler oder dominiert eine Darstellung, die auf die subjektive Sicht einer oder mehrerer Figuren konzentriert ist?
- Wird ein mehrdimensionaler, multiperspektivischer Blick auf die dargestellte Zeit geworfen, der die Vielfalt der Verhältnisse erkennen lässt (Täter, Funktionäre, Mitläufer, Widerstandskämpfer, Opfer) und die Leserinnen und Leser zur eigenen Stellungnahme provoziert?
- Wie verhalten sich Erzählzeit und erzählte Zeit? Wird aus der damaligen Sicht erzählt oder kommt es zu einem Wechsel der Erzählebenen (Gegenwart – Vergangenheit/Rückblenden)?
- Sind die Figuren als eigenständige Individuen angelegt oder fungieren sie eher als Typen (z.B. Nazi, Widerstandkämpfer, Opfer)? Ist die Darstellung der Figuren psychologisch glaubwürdig?

- Wird bei autobiographischer Darstellung historische Distanz erzeugt (auktoriales Erzählverhalten) und wenn ja, auf welche Weise dominiert eine ‚neutrale' Darstellung? Wie werden Einsichten in die Strukturen des Systems vermitteln, wenn eine kindliche Figur als Erzähler fungiert?
- Wie ist das Verhältnis zwischen Spannung und Erkenntnisvermittlung? Dient das Thema einzig der literarischen Einkleidung für eine aktionsreiche Handlung und zur Spannungserzeugung? Oder dient der Text vordergründig der Vermittlung einer Lehre, der Realisierung einer pädagogisch-politischen oder historisch-politischen Absicht?
- Wie ist das Problem der ‚Zumutbarkeit' der historischen Fakten realisiert?

3. Mögliche ‚Fehlerquellen' der literarischen Darstellung können sich ergeben:
- Durch die Prinzipien, die die Auswahl des historischen Materials bestimmen, also Handlungen, Ereignisse, Verhaltensweisen, die zum Gegenstand der Darstellung gemacht oder aber ausgelassen werden.
- Durch die explizite oder implizite Wertung von Handlungen, Ereignissen, Verhaltensweisen oder aber den Verzicht darauf.
- Durch die Kontexte, in die die Handlungen, Ereignisse, Verhaltensweisen gestellt werden.

Die aufgelisteten Fragen können für Auswahl und Diskussion im Literaturunterricht eine Rolle spielen und die Grundlage für kognitiv-analytische wie produktions- und handlungsorientierte Methoden sein. Dabei gilt nach wie vor: Das Thema ‚Nationalsozialismus und seine Folgen' bleibt aktuell, allein deshalb, weil Vergangenheit – wie Stephan Hermlin zutreffend gegen Ende der DDR betont hat – allenfalls in jenem Sinn „bewältigt" werden kann, „wie Sisyphus seinen Stein den Berg hinaufrollt. Der entgleitet ihm immer wieder, und er muß von vorne beginnen."[62]

---

62 Stephan Hermlin: Dies ist das Schicksal der Antifaschisten: Sisyphus sein, in: Junge Welt, 16.09.1988, S. 12.

II. Interdisziplinäre Sichtweisen auf *Die verlorenen Schuhe* und *Ringel, Rangel, Rosen*

„Nachbohren, recherchieren – und erfinden."

Die verlorenen Schuhe und *Ringel, Rangel, Rosen* in gattungstheoretischer und narratologischer Perspektive mit einem literaturdidaktischen Ausblick.

NORMAN ÄCHTLER

Die Romane von Gina Mayer und Kirsten Boie werden in diesem Band als ‚Historische Jugendromane' bezeichnet. Was ist damit gemeint? So geläufig der Begriff zu sein scheint, so unklar bleibt bislang die gattungstheoretische Definition. Die Geschichtsdidaktik hat fiktive, an junge Leserinnen und Leser adressierte Texte zu geschichtlichen Themen mittlerweile als Unterrichtsmaterial, als Medien zur Vermittlung historischen Wissens entdeckt.[1] Als literarische Gattung sind diese bislang allerdings nur einseitig Gegenstand der Forschung geworden. Insgesamt ist die gängige Beschränkung literaturwissenschaftlicher Ansätze auf ‚inhaltliche' Kriterien, ein allgemeines Problem der Theorie des Historischen Romans,[2] auch für den Umgang mit dem Historischen Jugendroman zu konstatieren.[3] Strukturelle und narratologische Aspekte geraten nur ausnahmsweise in den Blickpunkt; unterschlagen wird dadurch aber insbesondere das „spezifisch Literarische",[4] das Werke wie *Die verlorenen Schuhe* und *Ringel, Rangel, Rosen* gegenüber anderen mit geschichtlichen Themen befassten Textsorten kennzeichnet.

Aus diesen Gründen nähert sich der vorliegende Aufsatz den beiden Romanen unter gattungstypologischen Fragestellungen: Für die Gattungsbestimmung hat es sich als gewinnbringend erwiesen, Historische Jugendromane in einem ersten Schritt unter Berücksichtigung aktueller Untersuchungen zum Historischen Roman für Erwachsene zu lesen und nach Spezifika der Subgattung für junge Rezipienten zu fragen. Abgrenzbar wird der ‚moderne' Historische Jugendroman, wie er sich in den 1980er Jahren herausgebildet hat, u.a. unter Einbezug von Ergebnissen der kulturwissenschaftlichen Adoleszenz-

---

1 Vgl. dazu den Beitrag von Monika Rox-Helmer in diesem Band; vgl. dies.: Jugendbücher im Geschichtsunterricht. Schwalbach/Ts. 2006; Janine Christina Georg: Fiktionalität und Geschichtsvermittlung – unvereinbar? Eine Studie über den Beitrag Historischer Jugendromane der Gegenwart zum historischen Lernen. Hamburg 2008; vgl. Geschichte lernen 12/1999, H. 71: Historische Kinder- und Jugendliteratur.
2 Vgl. Ansgar Nünning: Kriterien der Gattungsbestimmung. Kritik und Grundzüge von Typologien narrativ-fiktionaler Gattungen am Beispiel des Historischen Romans, in: Marion Gymnich u.a. (Hg.): Gattungstheorie und Gattungsgeschichte. Trier 2007, S. 73-99, hier S. 78f.
3 Vgl. dazu Norman Ächtler: Zwischen Konvention und Modernität. Gattungstheoretische Überlegungen zu aktuellen Historischen Jugendromanen, in: Der Deutschunterricht 64/2012, H. 4, S. 12-23.
4 Nünning (Anm. 2), S. 79.

forschung. In einem zweiten Schritt geht es um die erzähltechnischen Mittel, die Gina Mayer und Kirsten Boie aufwenden, um ihre geschichtlichen Stoffe so zu inszenieren, dass diese für ein nachgeborenes – zumal junges – Publikum mit Leben erfüllt und dadurch im Lesevorgang „erlebbar"[5] werden. Der Vergleich der beiden Texte zeigt, dass Gina Mayers Roman den ‚klassischen' Formen historischen Erzählens enger verbunden ist als *Ringel, Rangel, Rosen*. Kirsten Boie strapaziert die Grenzen der kognitiven und rezeptiven Fähigkeiten des (vermeintlichen) Primärpublikums durch eine phasenweise sehr komplexe Erzählweise. Die Analyse der narratologischen Ebene der Romane ist nicht zuletzt auch in literaturdidaktischer Hinsicht von Relevanz: Wie das Textverstehen, so ist auch dessen produktionsorientierte Kehrseite, die Fähigkeit zum selbstständig-sinnvollen (Fort-/Um-/Gegen-)Erzählen, zentral für die Literatur- und Mediensozialisation von Kindern und Jugendlichen. Es steht am Schluss somit die Frage nach Möglichkeiten produktiver Anschlusskommunikation an die Lektüre Historischer Jugendromane.

Die verlorenen Schuhe und *Ringel, Rangel, Rosen* als Gattungsausprägungen des Historischen Romans

Zunächst ist darauf hinzuweisen, dass es sich bei der Kinder- und Jugendliteratur um ein verzweigtes *Literatursystem* handelt, das unterschiedliche *Textsorten* ausdifferenziert hat.[6] Die Rede von „(zeit)geschichtlicher" oder „Historischer Kinder- und Jugendliteratur", die sich als scheinbare Gattungsbezeichnung in der Forschung zur Kinder- und Jugendliteratur (KJL) eingebürgert hat,[7] ist deshalb irreführend. Bereits Michael Sauer mahnte, hier die Ebenen nicht durcheinander zu bringen:[8] Die historiographische Sparte der KJL ist ein spezifisches ‚Subsystem', das wiederum verschiedene Textsorten umfasst, denen sehr disparate Schreibmotivationen und Wirkungsintentionen sowie jeweils andersgeartete textuelle Verfahren zur Vermittlung historischer Gegenstände zugrunde liegen. Bei allen Überschneidungen, die zweifellos zu verzeichnen sind, sollte unschwer zu erkennen sein, dass ein Historischer Jugendroman sich doch we-

---

5 Vgl. das Interview mit Gina Mayer über Die verlorenen Schuhe auf der Online-Präsenz des Thienemann-Verlags. Hieraus ist auch das Zitat im Aufsatztitel entnommen: http://cms.thienemann.de/index.php?option=com_thienemann&section=3&av=0&Itemid=11&view=interview&interid=25.
6 Vgl. dazu den Beitrag von Carsten Gansel in diesem Band; außerdem ders.: Moderne Kinder- und Jugendliteratur. Vorschläge für einen kompetenzorientierten Unterricht. 4. überarb. Aufl. Berlin 2010.
7 Notorisch z.B. bei Holger Zimmermann: Geschichte(n) erzählen. Geschichtliche Kinder- und Jugendliteratur und ihre Didaktik. Frankfurt/Main 2004.
8 Michael Sauer: Historische Kinder- und Jugendliteratur, in: Geschichte lernen 12/1999, S. 18-26, hier S. 18.

sentlich unterscheidet von einem Sachbuch, aber auch von Biographien oder Tagebüchern von bzw. für Kinder- und Jugendliche. Zugehörige Texte sind außerdem von jenem Korpus zu unterscheiden, das Carsten Gansel an anderer Stelle als ‚Gedächtnis- und Erinnerungsromane' in der Kinder- und Jugendliteratur ausgemacht hat und das Fragen des kulturellen, kommunikativen oder autobiographischen Gedächtnisses beziehungsweise den Prozess des Erinnerns in den Mittelpunkt stellt.[9]

Demgegenüber sind Texte wie *Die verlorenen Schuhe* und *Ringel, Rangel, Rosen* zunächst einmal als zielgruppenspezifische Ausprägungen des Historischen Romans zu qualifizieren. Für die literaturwissenschaftliche Beschäftigung mit dieser „epischen Sonderform"[10] gilt mittlerweile die differenzierte Typologie des Genres als einschlägig, die Ansgar Nünning Mitte der 1990er Jahre vorgelegt hat. Nünning unterscheidet generell zwei grundverschiedene Formen der Fiktionalisierung von Geschichte: „dominant heteroreferentielle" und „dominant autoreferentielle" Historische Romane.[11] Gemeint sind damit auf der einen Seite Texte, die sich auf die möglichst authentische Einbettung eines Geschehens in seinen historischen Kontext konzentrieren. Heteroreferentiell meint in diesem Zusammenhang, dass „historisch belegte Ereignisse den dominanten außertextuellen Referenzbereich und nicht-fiktionale Textsorten den dominanten intertextuellen Referenzbereich" bilden. Die extradiegetische oder Rahmenebene des Erzählens dient hier vor allem der „neutralen Vermittlung" des Geschehens und bleibt gegenüber der intradiegetischen Ebene, also der eigentlichen Geschichte, weitgehend transparent. In autoreferenziellen (‚selbstbezüglichen') Texten auf der anderen Seite tritt der Anspruch auf möglichst fakten- oder wahrheitsgetreue Wiedergabe des historischen Gegenstands tendenziell hinter der selbstreflexiven Problematisierung des historiographischen Schreibens zurück. Die Rahmenebene bildet hier ein metafiktionales Gegengewicht zum behandelten Stoff und dient als Ort eines kritischen Diskurses über die retrospektive, ästhetischem Kalkül und sinnstiftender Erzählpragmatik geschuldete ‚Gemachtheit' der Geschichte.[12]

---

9 Vgl. Carsten Gansel: Rhetorik der Erinnerung – Zur narrativen Inszenierung von Erinnerungen in der Kinder- und Jugendliteratur und der Allgemeinliteratur, in: ders., Hermann Korte (Hg.): Kinder- und Jugendliteratur und Narratologie. Göttingen 2009, S. 11-38.
10 Hugo Aust: Der historische Roman. Stuttgart, Weimar 1994, S. VII.
11 Ich beziehe mich hier auf zwei sich schwerpunktmäßig ergänzende Darstellungen jüngeren Datums: Nünning (Anm. 2), S. 86; sowie ders.: Beyond the Great Story. Der postmoderne historische Roman als Medium revisionistischer Geschichtsdarstellung, kultureller Erinnerung und metahistorischer Reflexion, in: Anglia 117/1999, S. 15-48. Ausführlich dargelegt hat Nünning sein Modell in der Habilitationsschrift „Von historischer Fiktion zu historiographischer Metafiktion" (2 Bde. Trier 1995).
12 Vgl. Nünning: Beyond (Anm. 11), S. 24f.

Auf der Skala zwischen heteroreferentiellen und autoreferentiellen Texten verortet Nünning nun fünf fließend ineinander übergehende Romantypen nach dem Ausmaß der darin gelieferten Selbstreflexion:

- „Dokumentarische historische Romane", in denen „quellenmäßig belegbare geschichtliche Ereignisse und Personen im Zentrum stehen" und Fiktionalität wie Narrativität weitgehend zugunsten eines Eindrucks von historiographischer Authentizität verschleiert werden.
- Den klassischen „realistischen historischen Roman" in der Tradition von Walter Scott, wo anstelle historisch verbürgter Vorkommnisse und Akteure eine weitgehend fiktive Handlung im Zentrum steht, die sich allerdings „in einem raum-zeitlich präzise ausgestalteten geschichtlichen Milieu" als chronologisch wie kausal geordnete, spannende Geschichte entfaltet, vermittelt über zurückhaltend moderne, konventionell-mimetische Erzählformen.
- „Revisionistische historische Romane" verlagern demgegenüber den „Akzent vom vergangenen Geschehen auf dessen Auswirkungen und auf die Bedeutung für die Gegenwart" und verhandeln daraus hervorgehende Konflikte; dies sowohl in Bezug auf die Diegese, etwa durch die Kontrastierung disparater Geschichtsbilder, als auch in verstärktem metafiktionalen, selbstreflexiven Bezug auf die narrative Vermittlung.
- „Metahistorische Romane" verschieben den inhaltlichen Schwerpunkt vollends von den geschichtlichen Gegenständen auf die Hinterfragung ihrer Darstellung. Hier geht es im Wesentlichen um die „Konstruktivität von Erinnerung, Identität und Historiographie" zum Zweck der nachträglichen Sinnstiftung.
- Die ausgeprägteste Form selbstbezüglichen historischen Schreibens im Roman bezeichnet Nünning schließlich als „historiographische Metafiktion", die die binnendiegetische historische Ebene weitgehend reduziert und mehrheitlich der „theoretischen Reflexion über Probleme der Geschichtsschreibung" dient.[13]

Legt man dieses typologische Raster über die Romanproduktion innerhalb der Historischen KJL, zeigt sich, dass der überwiegende Teil der zweiten Systemstelle entspricht.[14] Auch für aktuelle Werke gilt mehrheitlich, sie sind als ‚realistische Historische Jugendromane' zu qualifizieren.[15] Es ist unschwer zu erkennen, dass *Die verlorenen Schuhe* ebenfalls zu dieser Textgruppe gehören. Gina Mayer gibt ihrer Geschichte vom Schicksal der schlesischen Gutsbesitzertochter Inge und der polnischen Zwangsarbeiterin Wanda, die am Ende des Zweiten Weltkriegs gemeinsam vor der Roten Armee nach Westdeutschland fliehen

---

13 Vgl. ebd., S. 26-31.
14 Vgl. Zimmermann (Anm. 7), S. 208.
15 Vgl. dazu Ächtler (Anm. 3).

müssen, einen kohärenten wie spannenden Aufbau mit einer unkomplizierten Erzählstruktur und reichlich Zeitkolorit. Man muss deshalb nicht soweit gehen und behaupten, das Genre verharre deshalb „eher auf dem Stand der bürgerlichen Erzählliteratur des 19. Jahrhunderts";[16] Michael Sauer ist jedoch insofern zuzustimmen, als eine kritische „Abkehr von herkömmlichen erzählerischen Darstellungsmitteln", ihre Hinterfragung, Hintertreibung, gar „Zerstörung bis hin zu Selbstauflösung des literarischen Werks", also ein selbstreflexives Kreisen um die Aneignungs-, Inszenierungs- und Vermittlungsproblematik von Geschichte in der Art ,historiographischer Metafiktionen' in Historischen Jugendromanen eher die Ausnahme bildet.[17]

Dem steht zum einen der didaktische Impetus entgegen, der der Gattung im Gegensatz zum Historischen Roman für Erwachsene und zu anderen Gattungen der KJL weiterhin eingeschrieben ist.[18] Gerade das „Spannungsverhältnis zwischen wissensvermittelnden Elemente[n] über die jeweiligen historischen Sachverhalte und unterhaltenden Anteilen"[19] macht die Popularität des Genres aus. Am deutlichsten wird dieses Spannungsverhältnis, wenn sich die Paratexte wie in *Die verlorenen Schuhe* zu einem den Haupttext erläuternden historisch-kritischen Apparat auswachsen. Derartige „Ergänzungen zur Lektüre, die das Erlebte und in die Anschauung Gehobene rückführen auf historische Faktizität"[20] und als „lehrreiche Schnittstelle" seit Walter Scott der „didaktische[n] Pflege des Leseverständnisses"[21] dienen, prägen den Gesamtaufbau von Gina Mayers Buch entscheidend:[22] Ein umfangreiches Glossar gibt hier Auskunft über nicht mehr gebräuchliche Begriffe für Alltagsgegenstände wie ,Ahle' bis hin zu Phänomenen des Politischen wie ,Zwangsarbeit'. Zur kartographischen

---

16 Sauer (Anm. 8), S. 21.
17 Ebd.; vgl. Gabriele von Glasenapp: Geschichtliche und zeitgeschichtliche Kinder- und Jugendliteratur, in: Günter Lange (Hg.): Kinder- und Jugendliteratur der Gegenwart. Ein Handbuch. Baltmannsweiler 2011, S. 269-289, hier S. 277; Rüdiger Steinlein: Geschichtserzählende KJL seit den 1990er-Jahren – neue Wege zeitgeschichtlichen Erzählens vom NS, von Judenverfolgung und Holocaust. Phantastik, Komisierung und Adoleszenz, in: Carsten Gansel, Pawel Zimniak (Hg.): Zwischen didaktischem Auftrag und grenzüberschreitender Aufstörung? Zu aktuellen Entwicklungen in der deutschsprachigen Kinder- und Jugendliteratur. Heidelberg 2012, S. 177-202, hier S. 180f.
18 Und von Seiten der Pädagogik und Geschichts- wie Literaturdidaktik auch nach wie vor eingefordert wird; vgl. Zimmermann (Anm. 7), S. 67, 72.
19 Glasenapp (Anm. 17), S. 285.
20 Swantje Ehlers: Historisches Erzählen in der Kinder- und Jugendliteratur, in: Gudrun Marci-Boehncke, Jörg Riecke (Hg.): Von Mythen und Mären. Mittelalterliche Kulturgeschichte im Spiegel einer Wissenschaftler-Biographie. Hildesheim u.a. 2009, S. 94-109, hier S. 99.
21 Aust (Anm. 10), S. 31.
22 Demselben Gestaltungsprinzip folgt auch der Folgeroman Die Wildnis in mir über das Schicksal eines Auswanderermädchens in Deutsch-Südwestafrika (Stuttgart, Wien 2011).

Orientierung der Leserinnen und Leser sind auf den Innenseiten der Buchdeckel und auf den Schmutztiteln jeweils eine kleine Karte des Deutschen Reichs in den Grenzen von 1937 sowie ein vergrößerter Ausschnitt der ehemaligen deutschen Provinz Schlesien abgedruckt. Dort ist der Fluchtweg der beiden Protagonistinnen Inge und Wanda eingezeichnet. In einem Nachwort streicht Mayer die Authentizität des fiktiven Entwurfs heraus, u.a. mit dem Verweis auf Zeitzeugeninterviews, von denen eines noch dazu mit in den Band aufgenommen wurde. Schließlich dient das Nachwort der Autorin dazu, ihre Schreibmotivation bzw. Schreibintention zu erläutern und die Adressaten ihres Romans zu benennen:

> Ein Roman kann diese furchtbare Wirklichkeit genauso wenig verarbeiten und wiedergeben wie eine Dokumentation oder ein Fernsehfilm. Dennoch habe ich [...] beschlossen, ein Buch über die Flucht aus Schlesien zu schreiben. Weil ich mehr wissen wollte, weil ich diese Geschichte, die ja nur eine Generation von meiner eigenen entfernt ist, kennenlernen wollte und weil ich sie an meine eigenen Kinder weitergeben wollte. (*DvS* S. 355)[23]

Dass die meisten Autorinnen und Autoren Historischer Jugendromane ‚Geschichte' in spannende, geschlossene ‚Geschichten' mit authentischem Anschein kleiden statt deren Dekonstruktion voranzutreiben, hängt zum anderen mit den kognitionspsychologischen Entwicklungsstufen und der literarischen Rezeptionskompetenz ihres primären Adressatenkreises zusammen. Weil junge Leser u.a. „dazu neigen, von der Perspektivgebundenheit des Dargestellten abzusehen, ja davon abzusehen, daß es überhaupt ‚dargestellt' ist",[24] dürfte es eher schwierig sein, breite metafiktionale Diskurse so anzulegen, dass sie nicht mit Leseranspruch und Lesevergnügen konfligieren: „Der Begriff, den wir von einer Sache haben, muß zur durchaus spannenden Szene werden. Die Sprache darf deshalb nicht abstrahieren", schrieb Peter Härtling aus Autorensicht dazu.[25]

---

23 Im Zusammenhang mit den Paratexten wäre noch das Gedicht der deutschsprachigen jüdischen Dichterin Rose Ausländer auf S. 5 zu erwähnen. Inwieweit es sich hierbei um eine gezielte Verankerung der jüdischen Opfererfahrung handelt, sei im vorliegenden Zusammenhang dahingestellt.

24 Malte Dahrendorf: Was leistet die „zeitgeschichtliche" Kinder- und Jugendliteratur für die Aufarbeitung der nationalsozialistischen Vergangenheit? in: Neue Sammlung 36/1996, S. 333-354, hier S. 345; vgl. auch Heinrich Pleticha: Geschichtliche Kinder- und Jugendliteratur, in: Günter Lange (Hg.): Taschenbuch der Kinder- und Jugendliteratur Bd. 1: Grundlagen – Gattungen. Baltmannsweiler 2000, S. 445-461, hier S. 44.

25 Peter Härtling: Reden und Essays zur Kinderliteratur. Hg. von Hans-Joachim Gelberg. Weinheim 2003, S. 30.

Legt man entsprechende Modelle zur Lesesozialisation zugrunde,[26] bewegt sich Kirsten Boie mit *Ringel, Rangel, Rosen* im literarischen Grenzbereich zur ‚Erwachsenenliteratur' bzw. zu sogenannten ‚All-Age-Texten',[27] sie reizt zumindest die von der Forschung angenommenen Limitierungen der rezeptiven Fähigkeiten, des historischen Wissens und des Geschichtsbewusstseins von jugendlichen Leserinnen und Lesern gehörig aus. Hatte Boie im Roman zur Gesellschaft der frühen Bundesrepublik *Monis Jahr* (2003) noch Wort- und Sacherklärungen über Anmerkungen zu einzelnen Seiten geliefert, verzichtet *Ringel, Rangel, Rosen* auf jede erläuternde paratextuelle Rahmung und verlangt eine Entdeckung des zeitgeschichtlichen Kontexts der Hamburger Flutkatastrophe von 1962, die der Roman zum zentralen Gegenstand hat, von Seiten des Rezipienten. Dieser hat selbst die für die konkrete Handlung wichtigen historischen Ereignisse wie Mauerbau und Eichmann-Prozess anhand der eingestreuten ‚Geschichtssignale' bzw. ‚Zeit-Zeichen'[28] zu rekonstruieren. Wie unten noch genauer zu erläutern sein wird, erreicht der Mittelteil des Romans dann eine narratologische Komplexität, die den Text zur Ausnahmeerscheinung im obigen Sinn macht.[29]

---

26 Vgl. zusammenfassend dazu z.B. Werner Graf: Literarische Sozialisation, in: Klaus-Michael Bogdal, Hermann Korte (Hg.): Grundzüge der Literaturdidaktik. München 2002, S. 49-60; Martin Leubner u.a.: Literaturdidaktik. 2. akt. Aufl. Berlin 2012, bes. S. 75-80.

27 Wobei es aus gattungstheoretischer Perspektive zu beachten gilt, dass als ‚All-Age'- oder ‚Crossover'-Texte beworbene KJL häufig ein wesentlich marktstrategisches Phänomen darstellt. Susanne Beyer hat dies in kritischem Blick betont (Susanne Beyer: Ihr sollt lesen wie die Kinder, in: Der Spiegel, 03.11.2003, S. 182-184). Zum Phänomen vgl. auch das aktuelle DU-Themenheft zu Jugendliteratur (Der Deutschunterricht 64/2012, H. 4).

28 Aust (Anm. 10), S. 22f. Zu den ‚Zeit-Zeichen' in Die verlorenen Schuhe und Ringel, Rangel, Rosen vgl. ausführlich den Beitrag von Monika Rox-Helmer in diesem Band.

29 Im Bereich der Holocaust-Literatur für Kinder und Jugendliche sind bereits verschiedentlich neue Schreibweisen wie Komisierung, Experimente mit phantastischen Elementen usw. erprobt worden, vgl. Steinlein (Anm. 17). Es wäre genauer zu prüfen, wie breit ein historisches Thema in der KJL bereits gesetzt und abgehandelt sein muss, bevor es literarästhetisch innovativ behandelt und auch zum Gegenstand metafiktionaler Selbstreflexion werden kann. Diese Möglichkeit scheint mir bei ‚neuen' oder sehr speziellen historiographischen Sujets, für die bei jungen Leserinnen und Lesern nur wenig Hintergrundwissen vorausgesetzt werden kann, von dem eine historiographische Selbstreflexion aber ausgehen muss, nur sehr bedingt gegeben. Das macht Kirsten Boies Text in mancherlei Hinsicht sicherlich schwerer verständlich als Mayers Die verlorenen Schuhe.

Die verlorenen Schuhe und *Ringel, Rangel, Rosen*
als Adoleszenzromane

Gegenüber älteren zeitgeschichtlichen Texten, in denen Figuren und Handlungen mehr oder weniger als „Vorwand"[30] der Geschichtsdarstellung fungieren, zeigt sich die Einbeziehung jugendspezifischer, Adoleszenz-bezogener Themenfelder in den historiographischen Diskurs des Historischen Jugendromans seit den 1980er Jahren von zunehmend systemprägender Relevanz. Mit einiger Verspätung gegenüber der allgemeinen Entwicklung im Bereich der KJL änderte sich mit der ‚Subjektivierung' der Gattung seit den 1980er Jahren nicht nur die Perspektive auf Geschichtliches. Wenn allgemein gilt, dass in den Texten „[a]nstelle der früher postulierten, historischen ‚Wahrheit' [...] die Erfahrung des einzelnen, handelnden Subjekts"[31] tritt, so geht dies einher mit der Psychologisierung dieser Subjekte. Boies und Mayers jugendliche Protagonistinnen Karin bzw. Wanda und Inge lassen sich nicht mehr nur auf ihre Funktionalität als ‚Heldinnen' im Sinne von hohlen, beliebig austauschbaren Handlungsträgern reduzieren. Sie werden vielmehr mit einem individuellen Innenleben und alterstypischen Problem- und Konfliktsituationen ausgestattet und in ihrer psychosozialen Komplexität in Beziehung gesetzt zu ihrem jeweiligen historischen Umfeld. Insofern ist eine augenfällige Schnittmenge mit dem Adoleszenzroman zu erkennen.

Carsten Gansel geht in der Bestimmung dieser Gattung von einem Begriff der ‚Adoleszenz' aus, der drei bzw. vier Ebenen einschließt: „Die Besonderheit dieser lebensgeschichtlichen Phase besteht im Mit- und Gegeneinander von körperlichen, psychischen und sozialen Prozessen." Während ‚Pubertät' lediglich die physiologische Entwicklung, insbesondere die sexuelle Reifung bezeichnet, meint Adoleszenz daneben vor allem ein sozialpsychologisches Projekt, in dem sich die geistig-emotionalen Kompetenzen zur Auseinandersetzung mit den körperlichen Verwandlungserscheinungen, zur Ich-Findung sowie zur Bewältigung von Wirklichkeitserfahrung ebenso ausbilden wie die Fähigkeit zur vernünftigen Partizipation an der Gesellschaft. Zu diesen physiologischen, psychologischen und soziologischen Gesichtspunkten gesellt sich eine mit Blick auf Jugend- bzw. Adoleszenzdarstellungen im Historischen Jugendroman entscheidende historische Komponente: „Zu beachten ist, dass die Phase der Adoles-

---

30 Malte Dahrendorf: Das zeitgeschichtliche Kinder- und Jugendbuch zum Thema Faschismus/Nationalsozialismus. Überlegungen zum gesellschaftlichen Stellenwert, zur Eigenart und zur Didaktik, in: Bernhard Rank, Cornelia Rosebrock (Hg.): Kinderliteratur, literarische Sozialisation und Schule. Weinheim 1997, S. 201-226, hier S. 205.
31 Gabriele von Glasenapp: „Was ist Historie? Mit Historie will man was". Geschichtsdarstellungen in der neueren Kinder- und Jugendliteratur, in: dies., Gisela Wilkending (Hg.): Geschichte und Geschichten. Die Kinder- und Jugendliteratur und das kulturelle und politische Gedächtnis. Frankfurt/Main 2005, S. 15-40, hier S. 33.

zenz kulturgeschichtlich determiniert ist. Es ist also ein Unterschied, ob von Adoleszenz im 18. Jh., um die Jahrhundertwende, in den 50er-Jahren oder nach 2000 die Rede ist."[32]

Von dieser – hier sehr verkürzt dargestellten – Bestimmung der Adoleszenz ausgehend zeichnet Gansel eine Gattungsgeschichte des Genres nach und kommt dabei zu folgenden thematischen Kernmerkmalen des Adoleszenzromans, die auch in aktuellen Historischen Jugendromanen wie *Die verlorenen Schuhe* und *Ringel, Rangel, Rosen* eine Rolle spielen:

- Es stehen jugendliche Protagonisten im Zentrum des Geschehens.
- Dieses Geschehen konzentriert sich zeitlich auf deren Jugendjahre.
- Es geht „grundsätzlich um das Spannungsverhältnis zwischen Individuation und sozialer Integration", um Sinn- und Identitätssuche, die oftmals krisenhaft erfahren wird.
- Folgende Problembereiche stehen dabei im Mittelpunkt und schlagen sich in typischen Handlungsmustern nieder: „a) die Ablösung von den Eltern; b) die Ausbildung eigener Wertvorstellungen (Ethik, Politik, Kultur usw.); c) das Erleben erster sexueller Kontakte; d) das Entwickeln eigener Sozialbeziehungen; e) das Hineinwachsen oder das Ablehnen einer vorgegebenen sozialen Rolle."[33]

Wichtig ist, wie gesagt, dass die Protagonisten mit Subjektivität im modernen Sinn ausgestattet werden:

> Adoleszenz bedeutet hier wie da in erster Linie die Suche nach einem festen Wesenskern, nach einer unverwechselbaren Persönlichkeit, nach Individualität, kurz, es geht um den Erwerb von Identität, Handlungsautonomie und sozialer Verantwortung.[34]

Die Entdeckung der Figurenpsychologie als Merkmal des ‚modernen' Historischen Jugendromans schlägt sich konsequenter Weise in der Einbeziehung eben jener von Gansel herausgearbeiteten Problemkomplexe literarischer Adoleszenzdarstellungen in das verhandelte historische Geschehen nieder. Die Verstricktheit der jugendlichen Hauptfiguren in die geschichtlichen Umstände ist stets geprägt von der Auseinandersetzung mit dem eigenen Heranreifen. Kirsten Boie führt Karins zunehmende Sensibilisierung für die in ihrem engeren familiären und sozialen Umfeld weitgehend verschwiegenen „Judensachen" (*RRR* S. 17, 23) aus der NS-Zeit parallel mit dem adoleszenten Schub, den sie

---

32 Carsten Gansel hat diese Gattungsbeschreibung in zahlreichen Publikationen vertieft. Ich beziehe mich hier neben dem Beitrag im vorliegenden Band vor allem auf zwei aktuelle Darstellungen: Gansel: Moderne KJL (Anm. 6), Zitate: S. 167f; sowie ders.: Zwischenzeit, Grenzüberschreitung, Störung – Adoleszenz und Literatur, in: ders., Pawel Zimniak (Hg.): Zwischenzeit, Grenzüberschreitung, Aufstörung – Bilder von Adoleszenz in der deutschsprachigen Literatur. Heidelberg 2011, S. 15-48.
33 Gansel: Moderne KJL (Anm. 6), S. 168f; vgl. Gansel: Zwischenzeit (Anm. 32), S. 40.
34 Gansel: Moderne KJL (Anm. 6), S. 180.

nach dem Fluterlebnis erfährt: „Das hat Karin geglaubt, dummes Kind. Dass nun alles wieder werden würde, wie es war, zurück ins Paradies. Aber wer vertrieben ist, kann nie mehr zurück, das Tor ist verschlossen" (RRR S. 155). Gemeint ist hier ein dreifacher Verlust: das vermeintlich paradiesische Leben in der untergegangenen Laubenkolonie, das durch Karins Ahnungen über die Mittäterschaft ihres Vaters bei Kriegsverbrechen zerstörte Familienidyll und schließlich die Vertreibung aus dem Paradies des unbeschwerten Kindseins. Für Inge aus *Die Verlorenen Schuhe* wird der Verlust von Eltern und Heimat zu einem Prozess forcierten Erwachsenwerdens in einer Zeit katastrophaler Umbrüche.

Narratologische Aspekte in *Die verlorenen Schuhe* und *Ringel, Rangel, Rosen*

Aufgrund der heuristischen Zusammenschau der hier nochmals vorgestellten gattungstheoretischen Modelle wurde bereits an anderer Stelle eine Definition des ‚modernen' Historischen Jugendromans vorgeschlagen,[35] die sich auch auf die Texte von Gina Mayer und Kirsten Boie anwenden lässt: Es handelt sich um Texte, die versuchen, ein historisches Geschehen vermittels einer mehr oder weniger fiktiven Handlung anschaulich zu machen, die um erfundene jugendliche Akteure konzentriert ist und bedeutsame Ereignisse der Zeitgeschichte mit historisch spezifischen wie universal-paradigmatischen Problemfeldern von Jugend und Adoleszenz verbindet, und die ihre Protagonisten vermittels moderner Schreibverfahren nicht nur in authentisch wirkenden historischen Außenwelten situieren, sondern diese auch mit komplexen Innenwelten ausstatten und beide narratologisch zueinander in Verbindung setzen.

Von diesem Definitionsvorschlag ausgehend gilt es nun aufzuzeigen, auf welche Weise der narratologische Gesichtspunkt in den Romanen von Gina Mayer und Kirsten Boie zum Tragen kommt. Es geht dabei um die Frage, wie sich der Authentizitätsanspruch, den vor allem Mayer für ihren Roman reklamiert,[36] in den Texten niederschlägt. Welche Schreibweisen werden von den Autorinnen gewählt, um die Vergangenheit erfahrbar zu machen, oder – um das Zwei-Ebenen-Modell der Narratologie zu bemühen – auf welche Weise wird auf der Ebene des ‚discours', der literarischen Vermittlung, unterstützt, was die ‚histoire' vermitteln möchte? Die Entdeckung kindlicher und adoleszenter Innenwelten in ihrem Wechselverhältnis mit den jeweiligen Lebenswelten liegt der „gesteigerten ‚Literarizität'" moderner KJL zugrunde, weil sie moderne Darstellungsweisen verlangt.[37] Doch auch die Episierung historischer Stoffe bedarf

---

35 Vgl. Ächtler (Anm. 3).
36 Zur autobiographischen Dimension von Kirsten Boies Roman vgl. die Selbstauskünfte in: Katharina Beckmann: Als die Deiche brachen – Die Hamburger Sturmflut 1961, in: GEOlino 2/2012, S. 60-64.
37 Gansel: Moderne KJL (Anm. 6), S. 50, 106f.

bestimmter narrativer Verfahren, um Vergangenheit erfahrbar zu machen.[38] Die wesentlichen Schreibformen, die auf der Ebene der literarischen Vermittlung das unterstützen, was die Geschichten vermitteln möchten, lassen sich unter den Parametern *Zeit, Perspektive, Raum* und *Figuren* zusammenbringen.

Zunächst sei die zeitliche Ebene der Romane untersucht. Nach Nünning schildern ‚realistische Historische Romane' ihre Geschichte als weitgehend chronologische wie kausal geordnete, nicht zuletzt auf Spannung zielende Ereigniskette. Damit ist zuerst einmal das Spannungsfeld von Erzählzeit und erzählter Zeit sowie von Vergangenheit und Gegenwart angesprochen. *Die verlorenen Schuhe* und auch *Ringel, Rangel, Rosen* verfügen über eine ausgeprägte Gegenwartshandlung, d.h. das Geschehen konzentriert sich weitgehend auf die Gegenwart des Figurenerlebens: hier die Flucht von Inge und Wanda aus Schlesien nach Westen, dort das Leben in Karins Siedlung vor der Hamburger Flut, das Erlebnis des Untergangs und das weitere Schicksal der Protagonistin.

Lässt sich für beide Romane grundsätzlich die Dominanz einer Handlungsebene konstatieren, so sind jene Stellen von besonderer Signifikanz, wo diese Ebene durchbrochen wird und es zu ‚narrativen Anachronien',[39] zu Umstellungen gegenüber der Chronologie der Ereignisse kommt. Grundsätzlich ist dies auf zwei Arten möglich, in Form von Rückwendungen (‚Analepsen') oder Vorausdeutungen (‚Prolepsen'). Die Narratologie unterscheidet weiter zwischen internen, für die Gegenwartshandlung unmittelbar relevanten, und externen Anachronien. Letztere beziehen sich auf Ereignisse, die nicht in direktem Zusammenhang mit der Gegenwartshandlung stehen. *Die verlorenen Schuhe* weisen fast ausschließlich externe Rückwendungen auf. In Form von Erinnerungen geben sie Aufschluss über bestimmte Aspekte der psychisch-emotionalen Verfasstheit der jungen Frauen. Wandas Rückblicke beleuchten ihr Leben vor der Verschleppung als Zwangsarbeiterin, die Erfahrungen mit der deutschen Besatzungsmacht in Krakau und insbesondere ihr Verhältnis zu ihrer ersten großen Liebe Marek. Erst spät wird durch das analeptische titelgebende Kapitel über Wandas neue Schuhe die Brücke geschlagen zu ihrem weiteren Schicksal als Zwangsarbeiterin im Deutschen Reich (*DvS* S. 263-278).

Narratologisch subtiler ist der Einsatz von Rückblenden in *Ringel, Rangel, Rosen*. Auch dieser Roman ist von Erinnerungen der Hauptfigur Karin durchzogen, die Einblicke in ihr Innenleben, das Verhältnis zu ihrer Umwelt und in die äußerlichen Metamorphosen der Adoleszenz gewähren; etwa, wenn Karin sich angesichts des anhaltenden Schweigens der Eltern über die Judenverfolgung an ihre Freundin Regina erinnert:

---

38 Vgl. Nünning (Anm. 2), S. 88ff.
39 Zu den im Folgenden verwendeten narratologischen Fachbegriffen vgl. Matias Martinez, Michael Scheffel: Einführung in die Erzähltheorie. München 1999 u.ö.

Nur mit Regina hat sie über solche Sachen sprechen können, ‚Sternkinder' hieß das
Buch. Solche Judensachen, Kriegssachen, aber Regina ist nicht mehr da, und Karin liegt
abends in ihrem Bett und versucht nicht zu denken. Ringel, Rangel, Rosen, das will sie
nicht mehr. Nicht denken geht aber nicht. (*RRR* S. 178f)

Gegenüber solchen in die Gegenwartshandlung des ersten und dritten Teils eingestreuten externen Analepsen baut sich der zweite Teil aus einem permanenten Ebenenwechsel auf. Am Anfang des mittleren Teils befindet sich Karin zutiefst verstört in einem Notlager. Während sie auf Lebenszeichen von ihrer Familie wartet und das Treiben in der völlig überfüllten Turnhalle beobachtet, brechen immer wieder Erinnerungen an die Nacht der Flutkatastrophe durch, die sie mit dem Kehrvers „Ringel, Rangel, Rosen" zu verdrängen sucht. Anstatt das Katastrophengeschehen chronologisch zu erzählen, synchronisiert Kirsten Boie die Rekonstruktion des Ereignisses mit dem Trauma des Kindes. Indem die Katastrophe nur bruchstückhaft, in traumatischen Schüben Gestalt gewinnt, wird die Unmöglichkeit vermittelt, ein solches Erleben in eine zusammenhängende Verlaufsstruktur zu zwängen. Hinzu kommt die Verwirrung angesichts der fehlenden Weltkriegs-Fotos mit den inkriminierenden Unterschriften, die Karin im geretteten Familienalbum entdeckt. So verwischen sich die Zeitebenen im Bewusstseinsstrom:

> *Gefangene Heckenschützen, erwischte Freischärler*, nicht jetzt, Ringel, Rangel, Rosen.
> Onkel Heinrich war bei den Verbrechern, jetzt ist Onkel Heinrich tot, *die Strafe, manche Dinge vergibt der Herrgott nicht*. Aber Vati war bei den Soldaten, da hat der Iwan ganz schrecklich gewütet. Zuerst kommt Mutti, dann kommt Vati, dann wird alles wieder gut. (*RRR* S. 142)

Bezeichnend ist auch Karins Unfähigkeit, das Erlebte im Nachhinein zu erzählen. Boie unterlegt Karins Verdrängungsversuchen ein Jahr nach der Flutkatastrophe einen Subtext, der auch die Kommunikationsverweigerung ihrer Eltern bezüglich ihrer Erfahrungen in und mit dem Dritten Reich erklärlich macht.[40] So wird im dritten Teil die Situation von Auskunftswunsch und Schweigen auf bezeichnende Weise umgekehrt:

> „Erzähl ihm, wie es war!", hat Mutti gesagt. „Ja, du hast leicht reden! Du hast ja nicht all das sehen müssen, und dann die Angst, die toten Tiere und die Leichen..."
> Vati hat die Hände vors Gesicht geschlagen.
> „Erzähl ihm wie es war, Karin!"
> Karin hat den Kopf geschüttelt, nicht mehr daran denken. [...] Ringel, Rangel, Rosen. So vieles, was sie nicht denken darf. (*RRR* S. 158)

Auch Prolepsen – zentrale erzähltechnische Mittel der Spannungserzeugung in der KJL – tauchen in den Texten auf. So ist das erste Kapitel in *Die Verlorenen Schuhe* als kurze Einleitung zu lesen, die nur über den in ihm getroffenen Vor-

---

40 Vgl. zum Aspekt des ‚Schweigens' bei Kirsten Boie den Beitrag von Katrin Lehnen und Lisa Schüler in diesem Band.

griff mit den eigentlichen Ereignissen verbunden ist. In der Einstiegsszene tritt ein Fremder kurz nach Kriegsbeginn 1939 in einem von Inge belauschten Dialog mit ihrem Lehrer als Prophet auf. Dem Augur der Figurenebene, der lange vor den Ereignissen der eigentlichen Romanhandlung die Vertreibung aus Schlesien ankündigt, sekundiert hier der ansonsten zurückhaltende extradiegetische Erzähler:

> Es war der 14. September 1939. Vor zwei Wochen hatte der Krieg begonnen. Am Vortag hatte ein Wagen voll Freiwilliger Bankau verlassen. [...]
> Inge war dreizehn Jahre alt. Sie hatte noch niemals einen Krieg miterlebt. Sie hatte überhaupt noch nichts erlebt. Sie hatte alles noch vor sich. [...]
> Sie verstand nur den Fremden. Was er jetzt sagte, würde sie nie mehr vergessen.
> „Herr Lehrer", sagte der Fremde, „wenn dieser Krieg hier vorüber ist, dann werden wir unsere Heimat verlassen müssen." (*DvS* S. 7)

Ähnlich verfährt Kirsten Boie. Dort enden das einleitende und das vierte Kapitel des ersten Teils mit zwei für die beiden Problemfelder des Romans bedeutungsvollen Prolepsen. Das erste Kapitel endet mit den Sätzen: „Später wird sie manchmal denken, ob ohne den Fernseher alles genauso gekommen wäre. Mit dem Wetter hat Fernsehen ja nichts zu tun. Aber mit dem Begreifen" (*RRR* S. 12). Diese Stelle weist auf Karins zunehmende Aufmerksamkeit in Bezug auf die möglichen NS-Verstrickungen ihrer Eltern voraus, die in engem Zusammenhang mit ihrer Mediensozialisation steht; die im neu angeschafften Fernsehgerät empfangbaren TV-Nachrichten berichten regelmäßig über den Eichmann-Prozess in Jerusalem.[41] Parallel dazu liest Karin selbst einen Historischen Jugendroman, *Sternkinder* (1946) von Clara Asscher-Pinkhof – ein selbstreflexiver und selbstbewusster Hinweis der Autorin auf die geschichtsdidaktische Wirkungskraft der Gattung. Schließlich ist es das im Notlager entdeckte Fotoalbum mit den ausgerissenen Bildern, deren Unterschriften auf eine Beteiligung des Vaters an der Ermordung von russischen Partisanen hinweisen, die Karin über das Verhalten der eigenen Familie während des Nationalsozialismus nachdenken lässt. Am Schluss des vierten Kapitels wird die ‚Vertreibung' aus dem kleinbürgerlichen Paradies der Kindheit durch die Flutkatastrophe antizipiert. Noch dient die todbringende Dove Elbe den Kindern und Jugendlichen zum Sommervergnügen:

> Später wird Karin sich an diesen Abend erinnern, gerade an diesen Abend. An die Jungs mit ihren Arschbomben [...] An den warmen Sand [...] Und an das Glücksgefühl, das sie kaum ertragen konnte und das ihr ganz selbstverständlich erschien. Und sie wird staunen, dass es das gegeben hat. (*RRR* S. 30)

---

41 So heißt es im dritten Kapitel: „Jerusalem, denkt Karin. Jetzt versteht sie von den Nachrichten nicht mehr nur die Ostzonensachen. Jerusalem, das ist dieser Eichmann. Das hat mit Judensachen zu tun" (RRR S. 23).

Nach dem Parameter der Zeit ist die Erzählperspektive eine weitere wichtige Untersuchungsebene. Das wirkungsästhetisch effektvollste literarische Stilmittel ist die Wahl eines Erzählertyps, der eine Identifikation von Seiten des Lesers herausfordert. Die Narratologie hat mittlerweile ein ausgefeiltes begriffliches Instrumentarium elaboriert, um Erzählertypen differenziert zu bestimmen. Matias Martinez und Michael Scheffel unterscheiden diese mit Gerard Genette danach, ob sie a) extradiegetisch oder intradiegetisch, ob sie also außerhalb der Geschichte auf einer Rahmenebene angesiedelt oder ob sie involvierter Teil der Diegese sind; und b) ob es sich um heterodiegetische oder homodiegetische Erzähler handelt, also um Erzähler, die sich der dritten oder ersten Person bedienen.[42]

Mayer wie Boie operieren nach dieser Typologie mit extradiegetisch-heterodiegetischen Erzählinstanzen; diese sind nicht Teil der Geschichte und erzählen in der dritten Person. Authentizität wird in diesen Texten über Formen heterodiegetischen Erzählens angestrebt, die den „auslegungsrelevanten Auffassungsperspektiven"[43] der Hauptfiguren großen Raum lässt. Das Besondere der Darstellung ist die ‚interne Fokalisierung': Außer in den proleptischen Kurzkommentaren zu Beginn der Texte wird die Existenz eines auktorialen, das Geschehen olympisch überblickenden Erzählers kaschiert zugunsten einer durchgehaltenen figuralen Innenperspektive.

In *Die Verlorenen Schuhe* alterniert die interne Fokalisierung kapitelweise; die Ereignisse werden abwechselnd aus dem Blickwinkel von Inge und Wanda teils unterschiedlich geschildert und gewertet. Solche Stellen dienen in der Regel dazu, den Vorsprung in Abgeklärtheit, Pragmatismus und Überlebenswillen zu betonen, den die ehemalige Zwangsarbeiterin Wanda gegenüber der verwöhnten und naiv-emotionalen Gutsbesitzer-Tochter Inge hat. Zum Beispiel nimmt sie einem erhängten Deserteur einen blutigen Mantel ab, nachdem Inge den Ihren bei einer versuchten Vergewaltigung durch russische Soldaten verloren hat. Am Ende des Kapitels befindet Wanda: „Der Mantel hatte eine Kapuze, die mit Fell gefüttert war. Und lange Ärmel, in denen Wanda ihre Hände verstecken konnte. Er hielt sie warm. Und allein darauf kam es an" (*DvS* S. 202). Das folgende, nun aus Inges Sicht geschriebene Kapitel beginnt mit deren Empfindungen gegenüber dieser Handlungsweise: „Wanda. Immer wenn Inge sie ein bisschen zu kennen meinte, dann entzog sie sich ihr wieder. Immer wenn sie sie zu mögen begann, dann tat sie etwas so durch und durch Fremdes und Abstoßendes. Wie diese Sache mit dem Mantel" (*DvS* S. 203).

Kirsten Boie verlegt die Perspektive ausschließlich in ihre am Romanbeginn dreizehnjährige Protagonistin. Sie treibt den mit der Innenperspektive intendierten Authentizitätseffekt weiter, indem sie dem naiven gedanklichen Hori-

---
42 Martinez, Scheffel (Anm. 39), S. 75ff.
43 Matthias Bauer: Romantheorie und Erzählforschung. Eine Einführung. 2. akt. und erw. Aufl. Stuttgart, Weimar 2005, S. 81.

zont der Fokalisierungsinstanz konsequent über eine lexikalisch wie syntaktisch einfache Kinder- und Jugendsprache Ausdruck verleiht. Auch die traumatischen Erfahrungen auf dem Dach des Hauses sind im kindlichen Idiom dargestellt, etwa wenn Karin den Tod eines Nachbarn beschreibt:

> Der Soldat schwingt über dem Baum, seine Füße berühren die Äste, jetzt ist der Taugenichts gerettet.
> Aber der Taugenichts will nicht mehr gerettet werden. Als die Hand nach ihm greift, ihn am Arm packen will, zieht, neigt er sich langsam zur Seite, ganz weich; und fällt. Fällt, bevor der Soldat ihn gepackt hat, schlägt gleich aufs Wasser, ist ja nicht tief, fällt schlaff wie eine Puppe und treibt davon, ohne sich zu rühren, *tschüs, Taugenichts*.
> Hat den Hubschrauber reingelegt, *haha!*, der Taugenichts, ist ein Taugenichts geblieben selbst noch im Tod. (*RRR* S. 127)

Der Einsatz von Ich-Erzählern oder aber das Spiel mit internen Fokalisierungen, nach Franz K. Stanzel auch veraltet als ‚personale Erzählsituation' bezeichnet, gehört zu den wesentlichen Stilmitteln narrativer Empathielenkung. Die Innensicht macht die Haltungsweisen und Handlungsmotivationen der Figuren verständlich, sie weckt nicht nur Sympathie, sondern fördert auch ein miterlebendes Lesen. Das ist gerade zur Erzeugung von Empathie und zur Identifikation mit Figuren aus einem anderen soziohistorischen Kontext wichtig.[44] Darüber hinaus wird die Innenschau dort zu einem wichtigen Mittel der kontrastiven Figurenzeichnung, wo Figurenkonstellationen einen wichtigen lektüreleitenden Anhaltspunkt und – in Bezug auf die historische Referenz – eine Darstellungsform für sozialpsychologische beziehungsweise mentalitätsgeschichtliche Zusammenhänge darstellen, wie es bei Gina Mayer in sehr ausgeprägter Weise der Fall ist.[45]

Die Figurenkonstellationen aus *Die verlorenen Schuhe* hängen eng mit der Raumsemantik des Romans zusammen. Damit ist nicht nur gemeint, dass Inge und Wanda mit der ‚Festung' Breslau und dem zerbombten Dresden Schauplätze von besonderer Symbolkraft für die Geschichte des Zweiten Weltkriegs passieren. Auf dem semantischen Feld der erzählten Welt werden vielmehr verschiedene Prototypen aus der Zeit des Nationalsozialismus aufgestellt und an bestimmte Räume gebunden. So stehen sich in der Ausgangssituation in Oberschlesien die beiden Güter Hohenau, auf dem Inge mit ihren Eltern und einigen polnischen Zwangsarbeitern wohnt, und Tockenhof, auf dem Wanda zur Zwangsarbeit verpflichtet ist, gegenüber. Inges Eltern sind keine ausgewiesenen Antifaschisten, sondern haben sich mit den örtlichen Vertretern des nationalsozialistischen Regimes arrangiert. Kritik an der Diktatur wird nur hinter vorgehaltener Hand und in vermeintlicher Abwesenheit von Inge geäußert. Die Familie Baken behandelt ihre polnischen Arbeiter trotz der spürbaren Mängel

---

44 Vgl. Ehlers (Anm. 20), S. 100.
45 Vgl. ebd., S. 102.

im fünften Kriegsjahr human, die Arbeit ist nicht zu schwer und bei Problemen kümmert sich der Gutsherr nach Kräften. Der Tockenhof der Familie von Brandt gibt einen Komplementärraum im Koordinatensystem der erzählten Welt. Vater und Sohn sind stramme Nationalsozialisten, die solange fanatisch an den Endsieg glauben, bis die Russen vor dem Einmarsch in Schlesien stehen. Die dortigen ‚Fremdarbeiter' werden gemäß der herrschenden Rassenideologie als nichtswürdige Untermenschen behandelt. Wanda hat den Vergleich, als sie ihre ‚Herren' wechseln muss.[46]

Vor dem Hintergrund dieser kontrastiven Zeichnung der beiden Güter entfalten sich die Figurenbeziehungen. Im Mittelpunkt stehen vier Jugendliche bzw. junge Erwachsene: Inge und Wanda als die Protagonistinnen und ihnen zugeordnet die männlichen Partner Wolfgang von Brandt und – als Teil von Wandas Vergangenheit – der Krakauer Marek. Der Wehrmachtsangehörige und Jungnazi Wolfgang und der kommunistische Widerstandskämpfer Marek stecken die ideologischen Pole des Romans ab. Beide sind von enormem Einfluss auf ihre jeweils jüngere Partnerin. Während Marek mit Wanda sozialistische Klassiker liest und Brecht hört, gründet Inges naiver Glaube an Wunderwaffen und Endsieg sowie ihr unreflektierter Gebrauch von NS-Rhetorik auf dem Umgang mit ihrem heimlichen, von ihren Eltern aufgrund der radikalen politischen Einstellung abgelehnten Verlobten. Die Figuren Marek und Wolfgang ähneln sich darin, dass sie letzten Endes persönlich und ideologisch versagen. Der verhinderte Widerstandskämpfer Marek lässt Wanda im Stich, als diese nach Deutschland abtransportiert wird; Kriegsheld Wolfgang desertiert in dem Moment, als die Russen deutschen Boden betreten.

Die Verhandlung des Politischen zwischen den Paaren ist eine wichtige zeitspezifische Komponente der im Roman mitverhandelten Adoleszenzproblematik. Naturgemäß drehen sich die Paarkonstellationen außerdem um die universalen Themenfelder Verliebtsein, Sexualität, Eifersucht, Enttäuschung. Inge und Wanda haben gemeinsam, dass sie zur Zeit ihrer ersten großen Liebe wesentlich auf dieses Sentiment gepolt sind und das Politische eine wenig begriffene, allgegenwärtige Nebensache ist. Trotz dieser Gemeinsamkeit stehen sich Wanda und Inge als Kontrastfiguren gegenüber, weil die eine der anderen die Opfererfahrung voraus hat. Als Krakauer Polin hat Wanda bereits vier Jahre demütigende Besatzungszeit und sozialen Abstieg hinter sich, als sie schließlich willkürlich verschleppt und von ihrer Familie getrennt wird – Erfahrungen, die Inge auf ähnliche Weise erst bevorstehen. Der bereits angesprochene vitale Pragmatismus, Misstrauen und Härte gegen Inge und sich selbst

---

46 In Ringel, Rangel, Rosen kontrastiert die ärmliche und beengte Behausung von Karins Familie mit der modernen und verhältnismäßig großzügigen Wohnung, die ihnen als Flutopfer vermittelt wird, auch insofern, als das Leben in der Behelfssiedlung für Karin das Paradies bedeutet, während die neue Behausung zur Arena eines innerfamiliären Dauerkonflikts wird.

stehen bei Wanda am Ende eines Jahre währenden Überlebenskampfs. Das macht sie stark für die Strapazen der Flucht. Demgegenüber muss Inge alle diese Eigenschaften auf ihrem Weg nach Westen erst noch lernen. Dies geschieht in der konfliktreichen Auseinandersetzung mit ihrem zur Scheinschwester gewordenen Widerpart und in der Konfrontation mit dem Elend der Flüchtlingstrecks.

In diesem Zusammenhang kommt auch der zweite zeitspezifische Aspekt der Adoleszenzproblematik zum Tragen. Die Erfahrung der Flucht bzw. das Durchleben der Flutkatastrophe bedeutet in den Romanen für die Protagonistinnen das Ende der Kindheit und das Aufbrechen einer anderen konfliktgeladenen Figurenkonstellation, der zwischen Erwachsenen und jugendlichen Protagonisten. Während Inge und Wanda, an ihren Erfahrungen gereift, in eine Zukunft des Wiederaufbaus blicken, werden die als verlogen erkannten Wertvorstellungen und Ideologien der ehemaligen Erziehungsberechtigten an der jämmerlichen, rückwärtsgewandten Haltung der Brandts vorgeführt (*DvS* S. 348-351). Hier trifft sich die Textaussage wiederum mit jener von *Ringel, Rangel, Rosen*. Die sprechenden Titel der drei Abschnitte von Kirsten Boies Roman – „Das Paradies", „Die Vertreibung", „Asche zu Asche" – lassen sich sowohl auf die zerstörte Lebenswelt der Protagonistin Karin beziehen, als auch auf den Sprung, den ihre Reifephase aufgrund des traumatischen Erlebnisses und des moralischen Misstrauens gegenüber ihren Eltern macht. Zeitspezifisch sind dann wiederum die Signifikanten, über die das Erwachsenwerden in beiden Fällen, vor allem aber bei Boie versinnbildlicht wird: Frisuren, Kleidung, Musikgeschmack etc.

Es lassen sich folgende lektüreleitende narratologische Aspekte der beiden Romane hervorheben, die zu den zentralen gattungsspezifischen Merkmalen des ‚modernen' Historischen Jugendromans gehören:
- Mayer wie Boie legen einen deutlichen Schwerpunkt auf die chronologisch fortgetriebene Gegenwartshandlung, die das historische Thema mit Adoleszenzproblematik verknüpft. Eine extradiegetische Ebene wird weitgehend kaschiert.
- Formen der Anachronie dienen dazu, Haltungsweisen und Handlungsmotivationen sowie die emotionale Verfasstheit der Figuren zu erschließen. Dabei werden außerdem generationenspezifische Prägungen durch das familiäre und gesellschaftliche Umfeld vermittelt. Kirsten Boie nutzt die Möglichkeit nichtlinearen Erzählens im Mittelabschnitt ihres Romans zudem, um die Traumatisierung ihrer Protagonistin narratologisch zu unterstreichen. Ansonsten wird auf komplexere Schreibweisen verzichtet.
- Die Autorinnen nutzen einen Erzählertyp, der fast ganz hinter die Figurenperspektiven zurücktritt. Authentizität in diesem Sinne heißt, ein dem gegenwärtigen Lesepublikum fremdes Geschehen möglichst wirklichkeitsnah,

in Form von nachvollziehbaren subjektiven Wahrnehmungsformen erfahrbar zu machen.
- Um historische Zusammenhänge und Problemfelder zu materialisieren, greifen die Texte auf die Mittel der Raumsemantik sowie der figuralen Typenbildung zurück. Indem die Figuren soziale, weltanschauliche und ethische Tendenzen der Zeit verkörpern und Konfliktlagen in Dialogen verhandeln, werden abstrakte Größen wie Ideologien für die Leser greifbarer. Die Räume, in denen sich die Figuren bewegen, vermögen diesen Effekt noch zu unterstreichen. In der Raumdarstellung lässt sich all das widerspiegeln, was eine Epoche ausmacht.
- Die Darstellung von Jugend und Adoleszenz geschieht in enger Anbindung an den geschilderten historischen Kontext. Zeitspezifische Ausprägungen werden vorgestellt und mit zeitloser Thematik verknüpft.

Literaturdidaktischer Ausblick

Die (geschichts)didaktische Ebene Historischer Jugendromane, es wurde bereits darauf hingewiesen, wird in Texten augenfällig, die wie Gina Mayers Roman einen Anmerkungsapparat gleich mitliefern; die Vermittlung historischen Wissens als pädagogisches Minimalziel ist damit markiert. In diesem Zusammenhang ist es wichtig, sich nochmals zu vergegenwärtigen, dass es sich bei der KJL um ein Symbol- und Handlungssystem handelt, in dem die Texte in ein Netz sozialer Interaktionen und Anschlusskommunikationen eingebunden sind.[47] Längst hat sich auch im historischen Segment der KJL der Trend durchgesetzt, dass der einzelne Primärtext das Zentrum eines ganzen Medienverbunds aus Printausgabe, Hörbuch, Lektüreschlüsseln und Online-Angeboten darstellt.[48] Auch dies lässt sich beispielhaft an *Die verlorenen Schuhe* aufzeigen. Die Erläuterungen in den Paratexten und das Nachwort werden auf der Verlags-Homepage ergänzt durch ein Interview mit der Autorin;[49] auf ihrer eigenen Webseite hat Gina Mayer außerdem ein Radiogespräch über den Roman verlinkt. Zur 2011 erschienenen inhaltlich gekürzten Taschenbuchausgabe veröffentlichte Ravensburger ein Heft *Materialien zur Unterrichtspraxis* gleich mit, das eine problem- und handlungsorientierte Herangehensweise vorschlägt, die den Roman und sein Thema u.a. durch verschiedene Arten kreativen Schrei-

---

47 Vgl. dazu den Beitrag von Carsten Gansel in diesem Band. Eine Präzisierung im Sinn von Niklas Luhmann erfolgte in Gansel: Moderne KJL (Anm. 6), S. 12-50.
48 Vgl. zu den allgemeinen Trends Petra Josting: Kinder- und Jugendliteratur im Medienverbund, in: Lange (Anm. 17), S. 391-420.
49 Gina Mayer über Die verlorenen Schuhe (Anm. 5).

bens erschließt.[50] Demgegenüber kommt bei Kirsten Boie, deren Band (bislang) ohne intermedialen[51] historisch-kritischen Apparat auskommt, ein konträres wirkungsästhetisches Prinzip zum Tragen: das ostentative Spiel mit den (historiographischen) Leerstellen. Hier zielt die Poetologie des Texts von vornherein auf imaginative Anschlusskommunikationen und fordert die eigenständige Aktualisierung des individuellen Wissensstands. Damit stellt der Roman an sich seine Leser vor Aufgaben, die auch im literaturdidaktischen Kontext von Bedeutung sind.

In diesem Zusammenhang ist die Sensibilisierung von jungen Leserinnen und Leser für narratologische Verfahren von immenser Bedeutung: „Die Sinnbildung durch Erzählen ist für Kinder und Jugendliche von großer Wichtigkeit, sodass eine Entwicklung ihrer Fähigkeit zur Rezeption (und Produktion) von Erzählungen als zentrales Anliegen des Deutschunterrichts gelten muss."[52] Was Martin Leubner und Anja Saupe hier mit Bezug auf die konkrete Lebenswelt von Kindern und Jugendlichen formulieren, gilt ebenso für den Umgang mit der Vergangenheit, die diese Lebenswelt – und auch die eigene Identitätsbildung – entscheidend mitprägt, und dies wiederum vor allem in Form von Erzählungen. Die Ausbildung der Fertigkeiten zur reflektierten, produktionsorientierten Anschlusskommunikation an Erzähltexte begünstigt nicht nur das Textverstehen und das Erkennen von Textstrukturen im Sinne eines Selbstzwecks.

Am Beispiel der narratologischen Analyse der Historischen Jugendromane von Gina Mayer und Kirsten Boie wird deutlich: Ein unterrichtsgestützter Erwerb von ‚narrativer Kompetenz' kann darüber hinaus die geistigen Fähigkeiten für eine kritische Auseinandersetzung u.a. mit den Formen der Inszenierung von Vergangenem und den Strategien historischer Sinnbildung ausbilden helfen. Mit der Einübung in Verfahren der Narratologie liefert der Literaturunterricht immer auch eine Propädeutik für eine kritische Historik, wie sie z.B. der Geschichtsphilosoph Hayden White gelehrt hat.[53] Geschichte vermittelt sich über Geschichten. Ob in Historischen Jugendromanen oder in historiographischen Werken – diese Geschichten sind in der Regel strukturiert über kulturspezifisch konventionalisierte Erzählschemata und Darstellungsmittel. Um diese zu erkennen, auf ihr Wirkungspotential hin zu analysieren und darüber zu reflektieren; um den Erkenntnisgewinn schließlich in eine produktive Anschlusskommunikation überführen zu können, bedarf es einer Heranführung von Schülern an die Methoden und Parameter der Narratologie.

---

50 Vgl. Birgitta Redding-Korn (Hg.): Gina Mayer. Die verlorenen Schuhe. Materialien zur Unterrichtspraxis. Ravensburg 2011.
51 Als Hörbuch liegt der Roman inzwischen vor.
52 Martin Leubner, Anja Saupe: Erzählungen in Literatur und Medien und ihre Didaktik. Baltmannsweiler 2009, S. 14.
53 Vgl. Hayden White: Metahistory. Die historische Einbildungskraft im 19. Jahrhundert in Europa. Frankfurt/Main 2008.

„Geschichte durch Romane rüberbringen?"

Historisches Lernen durch Identifikation und Irritation am Beispiel
Die verlorenen Schuhe und *Ringel, Rangel, Rosen*

MONIKA ROX-HELMER

Das geschichtsdidaktische Interesse am Historischen Jugendroman

Geschichte kann auch anhand von literarischen Texten und speziell von Jugendromanen gelernt werden. Das ist in der Geschichtsdidaktik der letzten Jahre Konsens geworden. Dabei wird betont, dass dieses Medium Geschichte anschaulich darstellt, dass es die Möglichkeit bietet, ein Verständnis für die Menschen der Vergangenheit aufzubauen, die kaum Quellen hinterlassen haben und dass es zeigt, wie sich die ‚große Geschichte' auf das Alltagsleben ausgewirkt hat. Die geschichtsdidaktischen Handbücher verzeichnen Historische Jugendromane bereits als Unterrichtsmedium;[1] mit dem Band *Jugendbücher im Geschichtsunterricht* aus der Reihe *Methoden historischen Lernens* liegt eine erste praxisorientierte Monographie vor, die methodische Ideen für den Einsatz von ganzen Romanen oder von Ausschnitten vorstellt;[2] die didaktischen Zeitschriften für die Praxis des Geschichtsunterrichts[3] bieten mit Rezensionen oder Aufbereitungen von Ausschnitten zu Jugendbüchern Hinweise für den Unterrichtseinsatz. Auch die neueren Schulbücher versuchen, über Lesetipps auf dieses Medium aufmerksam zu machen[4] und Schülerinnen und Schüler über Methodenseiten[5] für einen reflexiven Umgang mit diesem Medium zu sensibilisieren. In den letzten Jahren kommen auch Überlegungen hinzu, das Medium zum

---

1 Georg Veit: Historische Jugendliteratur, in: Klaus Bergmann u.a. (Hg.): Handbuch Geschichtsdidaktik. 5. überarb. Aufl. Seelze-Velber 1997, S. 440-446; Dietmar v. Reeken: Das historische Jugendbuch, in: Hans-Jürgen Pandel, Gerhard Schneider (Hg): Handbuch Medien im Geschichtsunterricht. 2. Aufl. Schwalbach/Ts. 2002, S. 69-83.
2 Monika Rox-Helmer: Jugendbücher im Geschichtsunterricht. Schwalbach/Ts. 2006.
3 Hier ist insbesondere auf Geschichte lernen hinzuweisen. In dieser Zeitschrift finden sich zum jeweiligen Heftthema Sammelrezensionen zu geschichtlichen Jugendbüchern und meist ein Unterrichtstipp, der sich auf einen Romanausschnitt bezieht. Praxis Geschichte bietet jeweils einzelne Rezensionen zu Neuerscheinungen von Historischen Jugendromanen oder zu Sachbüchern zum Heftthema.
4 Besonders in: Geschichte entdecken. Hg. v. Arnold Bühler u.a. Bamberg ab 2011. Dort finden sich zu fast jeder thematischen Doppelseite passende Literaturhinweise und jedes Großkapitel verfügt über eine Doppelseite mit der Überschrift „Zum Weiterlesen", auf der ein Jugendroman mit einem längeren Textausschnitt vorgestellt wird.
5 Z.B. Geschichte konkret 2. Ein Lehr- und Arbeitsbuch Hessen. Hg. v. Hans-Jürgen Pandel. Braunschweig 2006, S. 140f.; Forum Geschichte 2. Hessen. Hg. v. Christoph Kunz u.a. Berlin 2002, S. 94f.

Aufbau einer geschichtskulturellen Kompetenz zu nutzen[6] und selbst in einigen Lehrplänen wird auf die Gattung als mögliches Unterrichtsmedium hingewiesen.[7]

Diese hier deutlich werdende positive Bewertung des Mediums in der Geschichtsdidaktik war nicht von vornherein gegeben. Sie wurde erst durch drei Entwicklungen ermöglicht, die sowohl das Selbstverständnis der Disziplin und ihres Gegenstandes betreffen als auch die Akzeptanz des Historischen Jugendromans als ein Medium, das Geschichte fiktional aufbereitet:

Erstens hat in der Geschichtsdidaktik im Zuge des *linguistic turn* eine Neubewertung des Erzählens stattgefunden. Historisches Erzählen gilt seitdem als zentrale Form der Darstellung von Geschichte und als konstituierender Vorgang der Sinnstiftung. Narrativität ist damit die fachspezifische Äußerungsform historischer Erkenntnis; narrative Kompetenz gehört somit zu den zentralen Kompetenzen im historischen Lernen. Jugendliteratur ist in besonderer Weise narrativ, sie stellt die historischen Sinnbildungen von Autorinnen und Autoren über ein Thema oder eine Zeit dar. Anders als Historikerinnen und Historiker sind diese nicht an ein Wahrheitspostulat gebunden, sie dürfen auch mit fiktiven Personen, Orten und Handlungen operieren. Entscheidend ist, dass sie damit den Leserinnen und Lesern Imaginationsangebote machen, die sie annehmen und zum Aufbau eigener Vorstellungen nutzen können. Dies kann sich wiederum positiv auf ihre narrative Kompetenz auswirken.[8]

Zweitens versteht sich die Geschichtsdidaktik nicht mehr als reine Unterrichtsfachdidaktik, sondern sieht das Geschichtsbewusstsein in der Gesellschaft als ihr Forschungsparadigma. Unter dem Begriff ‚Geschichtskultur' hat die Geschichtsdidaktik ein Konzept entwickelt, das die Art und Weise, wie eine Gesellschaft mit Vergangenheit und Geschichte umgeht, in den Blick nimmt. Da Historische Jugendromane als kulturelle Manifestationen Sinnbildungen für Geschichte anbieten, gehören sie als Medien der Geschichtskultur ebenfalls zum Interessengebiet der Geschichtsdidaktik.[9]

---

6 Monika Rox-Helmer: Fiktionale Texte im Geschichtsunterricht, in: Vadim Oswalt, Hans-Jürgen Pandel (Hg.): Geschichtskultur. Die Anwesenheit von Vergangenheit in der Gegenwart. Schwalbach/Ts. 2009, S. 98-112; Daniel Fulda: Literarische Thematisierungen von Geschichte, in: Sabine Horn, Michael Sauer (Hg.): Geschichte und Öffentlichkeit. Orte – Medien – Institutionen. Göttingen 2009, S. 209-218.

7 Die Zielsetzung ist dabei sehr breit und reicht von dem einfachen Hinweis auf das Medium über Textvorschläge ohne eine Angabe von Lernzielen (z.B. Saarland) bis zum Vorschlag, über Historische Jugendromane zur Industrialisierung durch ein eigenständiges Methodentraining zum Umgang mit diesem Medium eine geschichtskulturelle Kompetenz aufzubauen (Sachsen-Anhalt).

8 Vgl. Hans-Jürgen Pandel: Historisches Erzählen. Narrativität im Geschichtsunterricht. Schwalbach/Ts. 2010, S. 15ff.

9 Vgl. z.B. Rox-Helmer (Anm. 6); Fulda (Anm. 6).

Drittens hat sich – wie der Beitrag von Carsten Gansel bereits gezeigt hat – die Jugendliteratur seit den 1960er/70er Jahren des letzten Jahrhunderts entscheidend verändert. Dies schlägt sich nicht nur auf der Ebene der literarischen Gestaltung nieder, auch das didaktische Potential für historische Lernprozesse hat sich dadurch entscheidend weiterentwickelt. Gerade diese Entwicklung ermöglichte es der Geschichtsdidaktik, diese literarische Gattung verstärkt als Medium zur anschaulichen Vermittlung von Sachwissen zu thematisieren. Um die Historische Jugendliteratur auch als Unterrichtsmedium nutzen zu können, wurden Qualitätskriterien entwickelt, die Lehrkräften als Entscheidungshilfen dienen sollen, um aus dem großen Bereich der Geschichtskultur für die Wissensvermittlung ergiebige Literatur auszuwählen.[10]

Aus den bisherigen Ausführungen ergeben sich aus geschichtsdidaktischer Sicht drei Interessenebenen für die Betrachtung der Romane *Die verlorenen Schuhe* und *Ringel, Rangel, Rosen*:

- Die Romane können als narrative Sinnbildungen untersucht werden: Über eine Identifikation mit den Protagonistinnen Inge und Wanda aus *Die verlorenen Schuhe* bzw. Karin aus *Ringel, Rangel, Rosen* bekommen die Leserinnen und Leser Imaginationen zu den dargestellten historischen Themen angeboten, denen sie sich mit ihren Sinnbildungen anschließen, von denen sie sich aber auch bewusst distanzieren können.
- Die Romane können als geschichtskulturelle Manifestationen analysiert werden: Zu untersuchen wäre zum Beispiel, in welcher Weise die beiden Texte neue geschichtskulturelle Sinnbildungen anbieten oder warum sich die Autorinnen gerade jetzt mit den Themen Flucht und Vertreibung, Nationalsozialismus oder der Hamburger Sturmflut von 1962 beschäftigen.
- Die Romane können in ihrer Qualität als Medium des historischen Lernens untersucht werden: Hier ist nach dem didaktischen Potential für historisches Lernen sowohl beim unangeleiteten Lesen in der Freizeit als auch beim Lesen im Schulunterricht zu fragen. In welcher Weise verändern diese beiden Romane das Wissen oder Verständnis über die historischen Themen bzw. die Einstellungen oder Haltungen zu dem dargestellten Themenbereich? Wie wirken sie auf das Geschichtsbewusstsein ein? Welche literarischen Mittel können welche fachdidaktischen Prinzipien verdeutlichen?

Während in der didaktischen Theorie genügend Ansatzpunkte vorhanden sind, ist in der Unterrichtspraxis des Faches Geschichte die Arbeit mit dem Historischen Jugendroman noch die Ausnahme. In einer Befragung von Schülerinnen und Schülern sowie Lehrenden erhielten fiktionale Texte im Vergleich zu anderen Geschichtsmedien im Hinblick auf fachliche Korrektheit und Verständlich-

---

10 Vgl. Reeken (Anm. 1); Michael Sauer: Historische Kinder- und Jugendliteratur, in: Geschichte lernen 71/1999, S. 18-26; Rox-Helmer (Anm. 2), bes. S. 28ff.

keit des dargestellten historischen Gegenstandes eine eher ablehnende Bewertung.[11] Hieran wird deutlich, dass die spezifischen Chancen, die diese Texte beim Aufbau historischen Wissens haben, bislang weder von den Lehrkräften noch von den Lernenden erkannt werden. Hinzu kommt, dass viele Fachlehrkräfte die aktuellen Tendenzen auf dem Jugendbuchmarkt nicht überschauen und in einem zweistündig unterrichteten Fach, das sich unter einem enormen Stoffdruck sieht, keine Möglichkeit zur Behandlung eines ganzen Romans sehen. So bleibt festzustellen, dass der Historische Jugendroman trotz des didaktischen Interesses eher im Deutschunterricht behandelt oder in der Freizeit gelesen wird. Im fächerübergreifenden Unterricht oder im Fach Geschichte wird er bislang kaum genutzt.

Dieser Beitrag möchte sich deshalb zunächst darauf konzentrieren, welche historischen Lernprozesse ablaufen oder ablaufen können, wenn Jugendromane, die auf Vergangenes referieren, unangeleitet gelesen werden. Das soll einerseits die Betrachtungsweise des Historischen Jugendromans als geschichtskulturelles Medium in den Mittelpunkt stellen, andererseits aber auch den Blick dafür schärfen, dass historische Lernprozesse immer mitlaufen, wenn solche Texte rezipiert werden. Die Analyse dieser fachspezifischen Lernprozesse am Beispiel der beiden Romane kann allerdings durchaus Hinweise darauf geben, wie die Gattung gezielt auch im Rahmen des institutionalisierten Geschichtsunterrichts genutzt und wie auf außerschulische Lernprozesse reagiert werden kann. Dafür wird zu fragen sein, welche Kompetenzen Leserinnen und Leser mitbringen müssen, um die Lektüre für historische Lernprozesse nutzen zu können.

Historisches Lernen – ein Prozess

Historisches Lernen ist – wenn man es als Denkstil und nicht als reine Akkumulation von Wissen versteht[12] – ein Prozess, der sich unterschiedlich beschreiben lässt. Basierend auf der Definition von Jörn Rüsen, historisches Lernen sei ein „Vorgang des menschlichen Bewusstseins, in dem bestimmte Zeiterfahrungen deutend angeeignet werden und dabei zugleich die Kompetenz zu dieser Deutung entsteht und sich weiterentwickelt,"[13] hat der Schweizer Didaktiker Peter Gautschi ein Prozessmodell entwickelt. Dieses Modell beschreibt, wie histori-

---

11 Vgl. Bodo von Borries: Geschichtsdidaktik am Ende des 20. Jahrhunderts, in: Hans-Jürgen Pandel, Gerhard Schneider (Hg.): Wie Weiter? Zur Zukunft des Geschichtsunterrichts. Schwalbach/Ts. 2001, S. 7-33, hier S. 9f.
12 Vgl. Hans-Jürgen Pandel: Fachübergreifendes Lernen. Artefakt oder Notwendigkeit, http://www.sowi-onlinejournal.de/2001-1/pandel.htm
13 Jörn Rüsen: Historisches Lernen. Grundlagen und Paradigmen. 2. überarb. u. erw. Aufl. Schwalbach/Ts. 2008, S. 61; vgl. dazu auch Jörn Rüsen: Werturteile im Geschichtsunterricht, in: Bergmann u.a. (Anm. 1), S. 304-308.

sches Lernen verlaufen kann. Da es historisches Erzählen als zentralen Vorgang des historischen Denkens und Lernens versteht,[14] erlaubt es, die drei Ebenen der geschichtsdidaktischen Betrachtungsweise des Mediums Historischer Jugendroman zusammenzubringen. Es soll deshalb auf die beiden Romane angewandt werden. Da sich dieses Prozessmodell nicht allein auf schulisches Lernen bezieht, sondern auch auf den Umgang mit Geschichtskultur, kann an ihm dargestellt werden, welche Lernprozesse bei der Lektüre solcher Texte stattfinden können.

Gautschis Modell führt eine grundlegende Überlegung des Didaktikers Karl-Ernst Jeismann in kompetenzorientierter Richtung weiter. Jeismann beschreibt historisches Lernen als eine geistige Bewegung zwischen Sachanalyse, Sachurteil und Werturteil.[15] Hieran anknüpfend kann das von Gautschi entwickelte Kompetenzmodell in einem zweiten Schritt auch für die Analyse der Kompetenzen genutzt werden, die Leserinnen und Leser bei der Lektüre der beiden Romane benötigen bzw. im Lektüreprozess aufbauen können.

Im Modell bildet der große Pfeil den Verlauf der Zeit ab. Die Pfeilsymbolik zeigt, dass die Vergangenheit unwiederholbar vorbei ist und dass eine Beschäftigung mit ihr nur ausschnitthaft erfolgen kann (linker Kreis). Das Individuum als Mensch seiner Gegenwart (zweiter Kreis) kann nicht direkt mit der Vergangenheit in Kontakt treten. Es kann lediglich ‚Ausschnitte aus dem Universum des Historischen' (Gautschi) über Quellen, die der Vergangenheit entstammen, wahrnehmen oder durch Darstellungen zur Geschichte mit ihr in Kontakt kommen (mittlerer Kreis).

Voraussetzung für historisches Lernen ist nach diesem Modell, dass sich das Individuum mit so einem ‚Ausschnitt aus dem Universum des Historischen' in Beziehung setzt. Dieser Kontakt zwischen Individuum und dem Universum des Historischen kann immer nur über ein Medium geschehen, d.h. das Historische muss sich immer medial manifestieren.

---

14 Vgl. Peter Gautschi, Jan Hodel, Hans Utz: Kompetenzmodell „Guter Geschichtsunterricht" – eine Orientierungshilfe zur Angebotsplanung für Lehrerinnen und Lehrer. http://www.gymlaufen.ch/fileadmin/pdf/was/oa11/oa11_2011/Kompetenzmodell-Geschichte-OA2011.pdf; Peter Gautschi: Guter Geschichtsunterricht. Schwalbach/Ts. 2009, S. 48ff.

15 Vgl. Karl-Ernst Jeismann: Geschichtsbewusstsein als zentrale Kategorie der Geschichtsdidaktik, in: Gerhard Schneider (Hg.): Geschichtsbewusstsein und historisch-politisches Lernen. Jahrbuch für Geschichtsdidaktik Bd. 1. Pfaffenweiler 1988, S. 1-27.

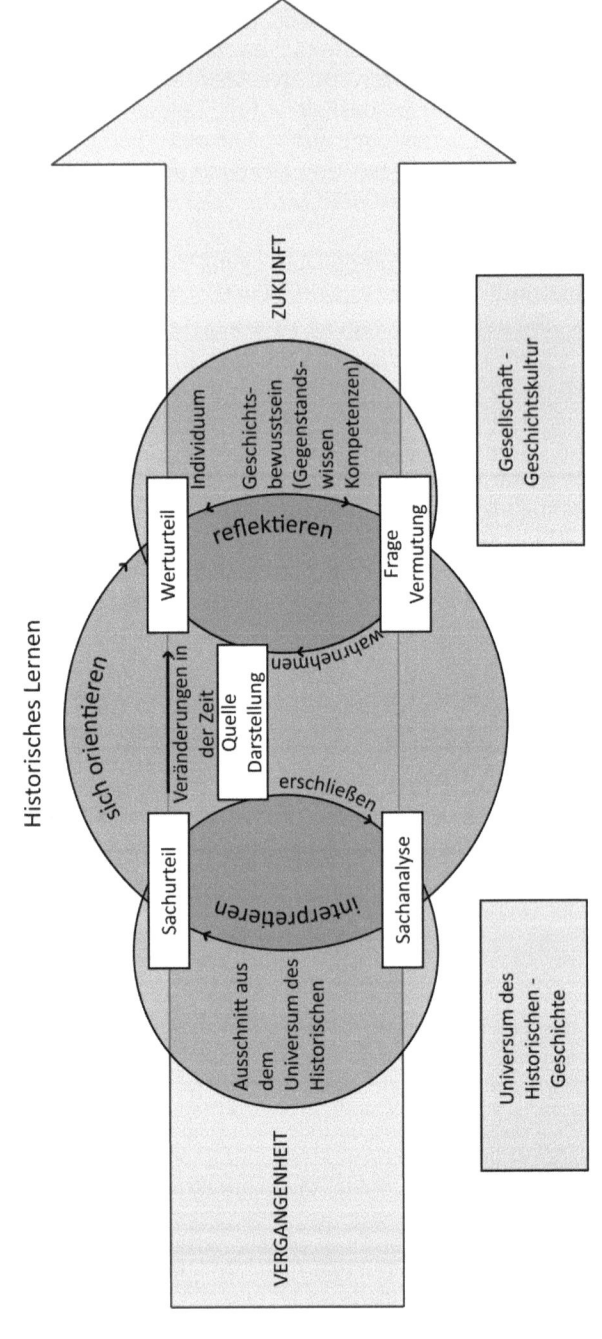

Abb. 1: Struktur- und Prozessmodell historischen Lernens nach Peter Gautschi, vereinfacht auf der Grundlage von: Peter Gautschi: Guter Geschichtsunterricht. Grundlagen, Erkenntnisse, Hinweise. Schwalbach/Ts. 2009, S. 47.

Das können Quellen aus der Vergangenheit sein, das können Berichte von Zeitzeugen sein, das können aber auch darstellende Texte sein, faktual orientierte historiographische Formate oder eben fiktionale Texte wie beispielsweise Historische Jugendromane. Diese Romane vermitteln im Lektürevorgang auf eine gattungsspezifische Weise zwischen den Rezipienten und ganz bestimmten ‚Ausschnitten aus dem Universum des Historischen', auf die sie in spezifischer Form referieren, wie es Quellentexte auf ihre Weise tun.

Durch die Wahrnehmung dieser medial repräsentierten Ausschnitte beginnt ein historischer Lernprozess: Die Erschließung der vorliegenden Medien führt im ersten Schritt zu einer Sachanalyse, durch die Interpretation der festgestellten Sachlage gelangen die Lernenden zu einem Sachurteil und durch einen Erfahrungs- und Normenbezug mit ihrer eigenen Gegenwart zum Werturteil.[16]

Historisches Lernen mit *Ringel, Rangel, Rosen* und *Die verlorenen Schuhe*

Über die Lektüre des Romans von Gina Mayer kommen die Leserinnen und Leser mit dem zeitgeschichtlichen Themenbereich ‚Flucht und Vertreibung 1944/45' in Kontakt. *Ringel, Rangel, Rosen* kreuzt zwei Zeitebenen: Die Ebene der Gegenwartshandlung behandelt die Sturmflutkatastrophe von Hamburg und das Alltagsleben Anfang der 1960er Jahre, gleichzeitig wird immer wieder auf Ausschnitte aus der Zeit des Nationalsozialismus referiert: den Holocaust, den Zweiten Weltkrieg sowie Bombenkrieg und Fluchterfahrungen bei Kriegsende. Da diese Zeitebene jedoch nur indirekt über die Wahrnehmung der in den 1960er Jahren situierten Figuren zugänglich ist, liegt hier so etwas wie eine doppelte Medialisierung vor, die für das historische Lernen besondere Schwierigkeiten, aber auch besondere Chancen mit sich bringt, wie noch zu zeigen sein wird.

Im Lektürevorgang nehmen die Leserinnen und Leser an diesen Romanen zunächst die literarischen Darstellungen wahr. Als historische Sinnbildungen der beiden Autorinnen sind die Narrationen Elemente der Geschichts- und Erinnerungskultur. Sie sind eingebunden in die gegenwärtige Gesellschaft, erschließen einen Aspekt der Vergangenheit also aus einer gegenwärtigen Sinnbildung heraus. Indem die Rezipienten das wahrnehmen, kommt bereits ein Lernprozess in Gang. Wie viel in diesem Prozess gelernt wird, ist davon abhängig, wie reflektiert dieser Prozess abläuft.

---

16 Vgl. neben dem Prozessmodell auch: Rüsen: Werturteile (Anm. 13).

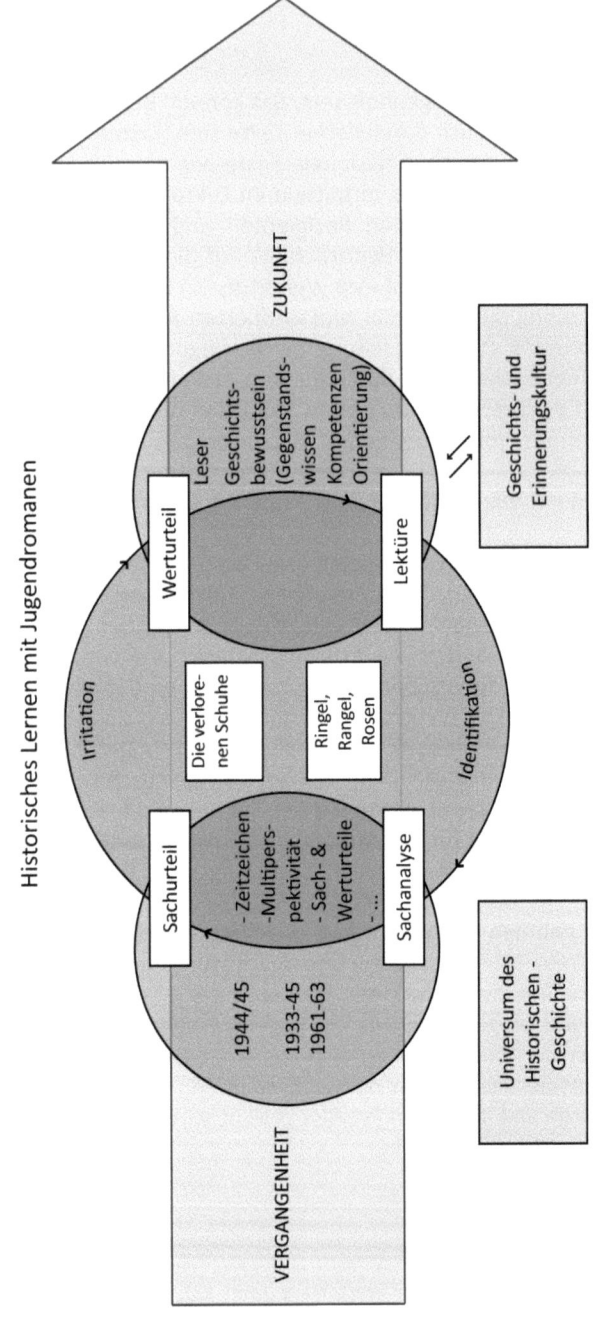

Abb. 2: Modell Historisches Lernen mit Jugendbüchern

Das wiederum wird von den Kompetenzen beeinflusst, die bereits für den Umgang mit Geschichte und ihren Darstellungen aufgebaut wurden. Besonders entscheidend ist die Kompetenz, Fragen und Vermutungen während der Lektüre entwickeln zu können.

Es muss erkannt werden, dass es sich um ein geschichtskulturelles Medium handelt, nicht nur um einen Adoleszenzroman oder einen Roman über krisenhafte Ereignisse. Ein kompetenter Rezipient muss den Text als Artefakt wahrnehmen, das auf Vergangenes referiert und Geschichte fiktional verarbeitet. Er muss erkennen, dass es sich um eine Narration handelt, die dem subjektiven Geschichtsbewusstsein der jeweiligen Autorin eine Äußerungsform gibt.[17] Diese Einsichten können erste Fragen und Vermutungen aufwerfen, die den weiteren Wahrnehmungsprozess entscheidend beeinflussen:

Für *Ringel, Rangel, Rosen* z.B.:
- Warum wird gegenwärtig an die Sturmflut 1962 erinnert? Kirsten Boies Roman ist nicht das einzige Medium, das sich in den letzten Jahren diesem Ereignis widmete. 2005 hat der NDR eine filmische Rekonstruktion der Ereignisse unter dem Titel *Die Nacht der großen Flut* gezeigt und ein mehrfach ausgestrahltes Fernsehinterview mit dem Altbundeskanzler *Die Hamburger Sturmflut – Helmut Schmidt erzählt* produziert. 2006 strahlte RTL den Zweiteiler *Die Sturmflut* aus, schließlich wurde das Thema im Umfeld des 50. Jahrestages 2012 von alle Medien aufgegriffen.[18]
- In welcher Weise wird an die Zeit des Nationalsozialismus erinnert? Warum auf einer vergangenen Zeitebene? Welche Deutungen sind damit über die Zeit des Nationalsozialismus verbunden? In welcher Weise wird die Täterseite in die Erinnerungsliteratur eingebracht?
- Warum erinnert die Sturmflutkatastrophe die Figur Oma Domischkat an deren Erlebnisse von Flucht und Vertreibung? Was bewirkt dieser Vergleich?

Für *Die verlorenen Schuhe* z.B.:
- Warum verfasst Gina Mayer im selben Jahr, in dem Kirsten Boie über die Sturmflut schreibt, ein Buch über die Flucht aus Schlesien? Interessiert das Thema die Öffentlichkeit überhaupt noch – oder wieder? Wie wirkt das Thema auf Jugendliche, die bereits zur Enkel- oder Urenkelgeneration der Geflüchteten gehören?

---

17 Zugrunde gelegt wird hier die Definition von Geschichtskultur und Geschichtsbewusstsein als zwei Seiten einer Medaille: das innere, subjektive Geschichtsbewusstsein und die äußere, kollektive Geschichtskultur (vgl. Bernd Schönemann: Geschichtsdidaktik, Geschichtskultur, Geschichtswissenschaft, in: Hilke Günther-Arndt (Hg.): Geschichtsdidaktik. Praxishandbuch für die Sekundarstufe I und II. Berlin 2003, S. 11-22, hier S. 17).
18 Dass der Roman zum 50. Jahrestag als Taschenbuchausgabe erscheint, zeigt ebenfalls die Eingebundenheit des Textes in die gegenwärtige Geschichts- und Erinnerungskultur.

- Inwieweit ist der Wunsch, die Geschichten der Zeitzeugen, solange es noch geht, zu konservieren, eine Motivation zum Schreiben solcher Romane?
- Warum berichtet Gina Mayer nicht möglichst faktenorientiert über die Erlebnisse einer Zeitzeugin, sondern konstruiert aus verschiedenen Erfahrungsberichten die fiktive Erzählung um die beiden Protagonistinnen Inge und Wanda?

Überlegungen zu diesen Fragen können bereits erste Veränderungen im Geschichtsbewusstsein der Rezipienten bewirken und zu einer Ausdifferenzierung von geschichtskultureller Kompetenz[19] beitragen.

Als Motor im Prozess des historischen Lernens während der Lektüre wirkt dann die Identifikation mit den jeweiligen Protagonistinnen. Sie eröffnet einen emotionalen Zugang zur Handlungszeit der Romane 1944/45 bzw. 1961 bis 1963. Anders als etwa bei der Lektüre von Sachtexten bewirkt die Identifikation mit fiktionalen Figuren eine persönliche Betroffenheit, die zu einem Einfühlen auch in den verhandelten historischen Ausschnitt anregt. Zeitweise werden vor allem Leserinnen sich wie Inge, Wanda oder Karin fühlen, die Protagonistinnen womöglich als ‚Freundinnen' wahrnehmen. Sie wirken vertraut, aber als Menschen einer anderen Epoche dennoch fremd. Das verhindert ein völliges Aufgehen in der Identifikation und ermöglicht, trotz der emotionalen Nähe zu den Figuren die Veränderungen in der Zeit mitzudenken. Das führt automatisch zu einer Sachanalyse des gegebenen ‚Ausschnitts aus dem Universum des Historischen': Die Leserinnen und Leser registrieren bei der Lektüre, dass und wie sich die dargestellten Zeiträume von der eigenen Gegenwart unterscheiden.

Gerade darin liegt ein enormes didaktisches Potential Historischer Jugendromane: Während der Lektüre entsteht ein Bild der behandelten Zeit. Über die Identifikation mit den fiktiven Protagonistinnen tauchen die Leserinnen und Leser in die Vergangenheit ein und beginnen, diese für sie fremde Zeit mit den Augen der Hauptfiguren zu sehen. Gleichzeitig nehmen sie aber auch Unterschiede zu sich selbst und ihrer gegenwärtigen Umwelt wahr. Dadurch können sie sich im gedanklichen Wechselspiel das Historische auf eine vielschichtige Art und Weise erschließen.

Dieses komplexe Bild der fremden Zeit, das den Zeitgeist veranschaulicht, entsteht insbesondere durch viele ‚Zeichen der Zeit', die in den Texten für eine Verortung in der Chronologie sorgen.[20] Damit sind Zeichen gemeint, die neben

---

19 Das Modell von Gautschi arbeitet nicht mit diesem Begriff. Dennoch ist geschichtskulturelle Kompetenz grundlegend mitgedacht, weil es sich ausdrücklich auch auf Präsentationen aus der Geschichtskultur bezieht. Zum Begriff ‚geschichtskulturelle Kompetenz' vgl. Hans-Jürgen Pandel: Geschichtsunterricht nach PISA. Kompetenzen, Bildungsstandards und Kerncurricula. 2. Aufl. Schwalbach/Ts. 2007, S. 40ff.

20 Vgl. zu dem Begriff ‚Zeitzeichen': Christine Knödler: Zeichen Zeit. Von Bedeutung und Deutung einer flüchtigen Größe, in: 1001 Buch. Das Magazin für Kinder- und Jugendliteratur 1/2008, S. 18-22.

Jahreszahlen, politischen Ereignissen oder anderen konkreten Hinweisen für eine zeitliche Zuordnung die Bühne für das Erzählte erschaffen. Das sind z.b. Stimmungen, vermittelte Gefühlslagen, persönliche Interessen der Figuren und ihre Beziehungen untereinander. Besonders wichtig sind in diesem Zusammenhang die ‚sichtbaren Details' wie die Wohnverhältnisse und die Einrichtung der Zimmer, Frisuren, Mode, Nahrungsmittel oder Haushaltsgeräte. Auch in den Romanen von Gina Mayer und Kirsten Boie wird gerade zu Beginn – bevor das Unglück für die Protagonistinnen einsetzt – ein solches Zeitbild entworfen.

Die Leserinnen und Leser machen sich aus authentischen Details, die fiktional zusammengestellt und mit der fiktiven Handlung verwoben werden, ein Bild. Dabei sind es weniger die Jahreszahlen, die politischen Ereignisse oder die gesellschaftlichen Zusammenhänge, die in der Handlung angesprochen werden, es sind vielmehr kleine Details, die fiktional, aber dennoch authentisch in die Handlung einfließen. Sie machen dieses Bild aus und ermöglichen es, sich ein Bild von der Zeitatmosphäre zu machen.

Ringel, Rangel, Rosen – Zeitzeichen fördern Imaginationen und die Entwicklung der Protagonistin regt Urteilsbildungen an

In *Ringel, Rangel, Rosen* sind die Angaben der Handlungszeiten, die den drei Teilen des Romans vorangestellt werden, „Sommer 1961", „Februar 1962" und „Sommer 1963" konkrete Zeitangaben, die eine genaue Datierung der Handlung ermöglichen. Dennoch dürfte dies bei Jugendlichen, die noch keine Vorstellungen mit dieser zeitgeschichtlichen Phase verbinden, keine Imaginationen freisetzen. Diese sind aber, es wurde bereits darauf hingewiesen, Voraussetzung dafür, dass historisches Denken überhaupt stattfindet.[21]

Auch die genannten politischen Ereignisse und gesellschaftlichen Zusammenhänge, über die Karin im Verlauf der Handlung etwas erfährt und die sie mit zunehmender Intensität reflektiert, ergeben noch kein Bild der Zeit: der Eichmannprozess, der Mauerbau, Erzählungen und Erfahrungen von Bombenkrieg und Vertreibung aus den Ostgebieten, später auch die Frage nach den Möglichkeiten von Widerstand gegen ein faschistisches System – diese einzelnen historischen Fakten fügen sich zu keiner sinnstiftenden, Imaginationen evozierenden Erzählung, wenn das Geschichtsbewusstsein noch nicht über hinreichendes Vorwissen verfügt. Dazu sind Sinnbezüge und Details notwendig, wie sie in der literarischen Ausgestaltung hinzugefügt werden. Diese sind zwar fiktional, aber durchaus authentisch. Erst über diese Details entwickelt sich ein Bild der Zeit, das wie eine Bühne für die Handlung wirkt, und es können die für ein Verständnis von Vergangenheit wichtigen Imaginationen entstehen. Das gelingt dann besonders gut, wenn viele Zeitzeichen vermittelt über die Lebens-

---

21 Rolf Schörken geht so weit zu sagen: „Ohne Imagination keine Geschichte"; vgl. Rolf Schörken: Historische Imagination und Geschichtsdidaktik. Paderborn u.a. 1994, S. 116.

umwelt der Identifikationsfigur in die Erzählung einfließen, besonders wenn sie typisch für die dargestellte Vergangenheit sind und zugleich die Unterschiede zur Gegenwart der Rezipienten verdeutlichen. In *Ringel, Rangel, Rosen* sind das beispielsweise gleich im ersten Kapitel die „Hans-Albers-Lieder", die Waldemar auf dem Schifferklavier spielt, die „Songs von Elvis Presley", die Karin lieber hören möchte, es ist das „Likörchen", das die Frauen am Abend im „Behelfsheim" vor der „Schallplattentruhe" und der „Wohnzimmerschrankwand aus echt Eiche" trinken (*RRR* S. 7ff). Es sind die „gemeinsamen Fernsehabende", bei denen, die schon einen Fernseher haben, mit „Käsespießen", „Salzstangen" und „Aufgesetztem". Im Fernsehen gibt es eine „Ansagerin" und generationsübergreifend schaut man „Die Firma Hesselbach" (*RRR* S. 23f). Diese Details, die die Romanhandlung zeitlich und räumlich in einen bestimmten ‚Ausschnitt aus dem Universum des Historischen' einordnen, setzen Bilder frei und regen zu einem Vergleich mit der eigenen Gegenwart an.

Solche Vergleiche erzeugen nicht nur Bilder, sie sensibilisieren für Veränderungen in der Zeit und werden für Jugendliche auch zu Alteritätserfahrungen. Sie zeigen Fremdes, auch wenn vieles doch – nicht zuletzt aufgrund der Identifikation mit den Figuren – irgendwie vertraut scheint. Durch den subjektiven Blickwinkel der Protagonisten werden deren spezifische Probleme, Handlungen und Erlebnisse in einer leicht nachvollziehbaren Form verständlich. Unter diesem Aspekt sind gerade Karins Sorgen über ihren Badeanzug oder die Diskussion mit ihren Eltern über „Nietenhosen" (*RRR* S. 41), „Zöpfe" (*RRR* S. 32) und „Toupierfrisuren" (*RRR* S. 17) wichtige Zeitzeichen. Zwar ist sicherlich weder das Abschneiden von Haaren noch die Anschaffung eines neuen Badeanzugs heute noch Konfliktpotential zwischen Kindern und Eltern, doch sind Mode, Frisuren und Musik immer noch Bereiche, mit denen sich Jugendliche von ihren Eltern abzugrenzen versuchen und die als Statussymbole in Jugendgruppen wichtig sind. Statisches und Wandelbares wird so sichtbar; Veränderungen werden greifbar.

Ein Geschichtsbewusstsein, das diese Gemeinsamkeiten und Unterschiede wahrnimmt, arbeitet auf der Ebene des ‚Historizitätsbewusstseins',[22] d.h. es bildet Annahmen darüber, was im historischen Prozess veränderbar ist und was unveränderlich bleibt. Die Leserinnen und Leser setzen ihre Wahrnehmung des ‚Ausschnittes aus dem Universum des Historischen' mit ihrem eigenen Lebensumfeld sowie mit anderen historischen Zeugnissen in Beziehung. Es gelingt ihnen so, das Beschriebene und die damit verknüpften eigenen Imaginationen in größere Zusammenhänge einzuordnen. Dieser Einordnungsprozess[23] wird dadurch unterstützt, dass der Historische Jugendroman öffentliche Geschichte in die Lebenswelt der Protagonisten hinein holt. Wie im eigenen Alltag sich selbst, sehen die Leserinnen und Leser Karin als Mittelpunkt ihrer Welt, um den sich

22 Vgl. Pandel (Anm. 19), S. 13f.
23 Vgl. Gautschi, Hodel, Utz (Anm. 14), S. 2.

nicht nur Privates, sondern auch Teile der politischen Geschichte ordnen. Diese Vermischung führt manchmal zu fast skurrilen Szenen, weil eine heutige Lesart den in die Handlung hineingenommenen politischen Geschehnissen aufgrund des vorhandenen Wissens eine ganz andere Bedeutung zumisst, als es die im Roman handelnden Figuren tun. Dennoch scheinen diese Szenen als Alltagsszenen verständlich und vertraut. So z.B. als Karins Vater eine Fernsehsendung sieht, während er das Bügeleisen der Mutter repariert, in der über den Mauerbau diskutiert wird. Diese Sendung ist für Leser, die sich in der dargestellten Zeit auskennen und die Zeitzeichen zu deuten verstehen, über die Beschreibung „ein dicker Mann trinkt Wein und redet mit fünf anderen Männern über Politik" (*RRR* S. 31), als der ‚Internationale Frühschoppen' mit dem Moderator Werner Höfer erkennbar. Zusammen mit dem verhandelten Inhalt der Sendung referiert dieses Zeitzeichen auf ein faktisches Ereignis: Es ist die Sendung vom 13. August 1961, in der über den beginnenden Mauerbau gesprochen wurde. Über die Integration dieser Diskussionsrunde, die jahrzehntelang Sonntagsmittags aktuelle politische Themen diskutierte, wird nicht nur eine zeittypische Situation entworfen, die sich in dieser Form in vielen Familien abgespielt haben könnte, es erfolgt gleichzeitig die wichtige Verknüpfung mit der großen Politik. Historisch belegt ist, dass kurz vor der Live-Sendung die Journalistenrunde davon erfuhr, dass in der vorhergehenden Nacht von Seiten des DDR-Regimes begonnen wurde, die Grenze zwischen Ost- und Westberlin hermetisch abzuriegeln. Kirsten Boie erwähnt den Titel der Sendung nicht. Die Konzeption des Romans als ‚All-Age-Text' führt hier dazu, dass die Beschreibung für ältere Rezipienten ausreicht, während gleichzeitig vermieden wird, dass jüngere falsche Assoziationen aus dem Titel der Sendung entwickeln.[24] Dennoch können auch diese eine typische Alltagssituation erkennen: Im Fernsehen läuft eine politische Talkshow, bei der nur mit halbem Ohr hingehört wird, obwohl dort wichtige politische Ereignisse erörtert werden. Insofern bleibt die Szene ein für alle Leserschichten verständliches und authentisches Zeitzeichen:

> „Das interessiert dich doch gar nicht, Vati!", sagt Karin. „Ich sitz hier doch auch nicht, weil ich das gucken will!", sagt Vati. „Siehst du nicht, dass ich für Mutti die Schnur heile mache? [...]" Die Männer auf dem Bildschirm sind aufgeregt, das sieht Karin auch. „Wieder mit der Ostzone?", fragt sie. Vati flucht. Vielleicht ist es mit der Schnur nicht so einfach [...] „Ja, der Ulbricht baut jetzt auch noch eine Mauer durch Berlin. Der Spitzbart ist doch bekloppt." „Kann ich mir eigentlich die Zöpfe schneiden lassen, Vati?", fragt Karin. Deshalb ist sie ja ins Wohnzimmer gekommen." (*RRR* S. 31f)

Während die heutigen Leserinnen und Leser die Bedeutung dieses Ereignisses kennen, ist für Karin noch nicht abzusehen, dass der Mauerbau die deutsch-

---

24 Ein Artikel von Fokus-online, der an den 60. Jahrestag des Beginns der Sendung erinnert, beginnt deshalb mit dem Hinweis an nachgeborene Generationen, dass die Sendung nichts mit „Früh Shoppen" zu tun habe; vgl. http://www.focus.de/kultur/kino_tv/medien-weinselige-talkshow-der-internationale-fruehschoppen_aid_701545.html.

deutsche Geschichte der nächsten 28 Jahre entscheidend bestimmen wird. Über dieses Missverhältnis zwischen Identifikation mit der Protagonistin und dem eigenen Wissen kommen Interpretationsprozesse in Gang, die zur Bildung von historischen Sachurteilen anregen. Dieser Prozess wird bei der Lektüre Historischer Jugendromane insbesondere dadurch intensiviert, dass durch die Zeitzeichen fiktive Füllungen in die historischen Darstellungen kommen, die in Sachtexten nicht anzutreffen sind: Gedankengänge, Stimmungen, Gefühlslagen, Atmosphäre, Worte, die ausgesprochen oder verschwiegen werden, Blicke und Gesten ebenso wie Konstellationen zwischen Figuren.

Die personale Erzählsituation ermöglicht es, das historische Geschehen aus Karins Sicht zu erfahren. Da sie sich im Verlauf der Handlung vom naiven Mädchen zur nachdenklichen Jugendlichen entwickelt, öffnet sich über die Identifikation allmählich der Blick auf die geschichtlichen Sachverhalte. Besonders eindrucksvoll zeigt sich das für die Zeitebene des Nationalsozialismus. Karin erkennt – initiiert und verstärkt durch die Sturmflutkatastrophe – allmählich, dass ihre Eltern nicht nur Opfer des NS-Regimes waren: Es muss auch in deren Umgebung Juden gegeben haben (*RRR* S. 52f), der Vater könnte als normaler Soldat an der Ostfront an Gräueltaten beteiligt gewesen sein (*RRR* S. 140ff, bes. S. 172). Karin wird dafür sensibilisiert, dass unterlassene Hilfeleistung möglicherweise auch Schuld bedeuten kann (*RRR* S. 63ff), dass man das, was man einmal weiß, nie wieder vergessen kann (*RRR* S. 168) und dass die Vergangenheit auch sie betrifft (*RRR* S. 189). Diese Erkenntnisse vermitteln sich durch die Gedankengängen Karins, sie äußern sich in Gesprächen zwischen den Figuren und werden in Handlungen verdeutlicht. Die unterschiedlichen Beziehungen von Karin zu den anderen Figuren zeigen zudem, dass diese Erkenntnis zusätzlich eine zwischenmenschliche Dimension hat: Während sie für Onkel Heinrich sehr schnell akzeptiert, dass er sich ‚schuldig' gemacht hat, ist das für den eigenen Vater nicht so einfach möglich (*RRR* S. 70f).

Die Leserinnen und Leser begleiten Karin bei ihrem Erkenntnis- und Orientierungsprozess und so erleben sie ihre Entwicklung vom naiven Kind zur kritischdenkenden jungen Erwachsenen mit. Dabei bekommen sie einen Prozess vorgeführt, den sie in Teilen selbst nachvollziehen können. Die Figur der Karin gibt historische Sachurteile vor, die sich übernehmen lassen, von denen man sich aber auch bewusst distanzieren kann. Dies regt wiederum zu eigenen Sachurteilen an. Wenn Karin z.B. lapidar zum Mauerbau feststellt: „Das ist doch blöde!" (*RRR* S. 32), bedenkt man heute die Auswirkung des Ereignisses immer mit, so dass differenziertere Urteile angeregt werden. Diese Urteilsbildung wird im weiteren Verlauf der Lektüre auch durch Karins reflektierter werdende Äußerungen weiter unterstützt, z.B. wenn Karin wenig später schon überlegt, „[...] wo genau die Mauer in Hamburg verlaufen müsste, damit sie deswegen von zu Hause wegziehen würde" (*RRR* S. 32).

Diese Urteilsbildungen können also im Zuge der Identifikation zunächst übernommen werden, wichtig ist allerdings, dass die Rezipienten nicht auf der Ebene der Identifikation stehen bleiben. Sie müssen sich an diesen Urteilen reiben, um zu eigenen Wertungen zu kommen. Karins für heutige Jugendliche sehr naive Art lädt immer wieder zur Distanznahme ein. Die Geschichtsdidaktik hat dafür den Begriff der ‚Irritation' geprägt.[25] Während die Imagination die Voraussetzung für die historische Analyse schafft, wird diese durch die Irritation abgeschlossen, denn erst durch die Distanz verbindet der Leser den historischen Gegenstand mit seiner Gegenwart. Das wiederum ist die Voraussetzung für die Bildung von Werturteilen und zeugt von einer Orientierungskompetenz für Zeiterfahrung. Im Idealfall gelangt der Leser zu eigenen Sinnbildungen über die Zeit der 1960er Jahre und kann diese zur eigenen Orientierung nutzen. Beispielsweise bekommt er ein Verständnis dafür, dass die Bedeutung des Mauerbaus für die Menschen 1961 noch gar nicht absehbar sein konnte.

Für die Urteilsbildung während der Lektüre von *Ringel, Rangel, Rosen* sind besonders die Referenzen auf den Nationalsozialismus interessant. Diese Zeit wird durch Karins Reflexionen in die Erzählgegenwart hineingeholt. Daraus ergibt sich eine didaktisch wertvolle Metaebene, die den Prozess der Bildung historischer Werturteile abbildet. Diese Werturteile, die aus Karins fiktiven Lebensumständen und ihrer Gegenwart resultieren, lassen sich von Leserseite im Prozess der Identifikation zunächst probeweise übernehmen. Man kann aber auch – wie das für den Prozess der Sachurteilsbildung bereits dargestellt wurde – bewusst in Distanz zur Identifikationsfigur gehen und sich Gedanken machen über das Zustandekommen von Karins zunächst sehr naiven Erklärungsmustern wie: „Wenn kein Nachbar ein Jude ist, erzählt auch kein Nachbar von Judensachen, das ist schon klar" (*RRR* S. 53). Karin selbst bietet dafür zeitgenössische Reflexionsansätze an, z.B. wenn sie auf die immer gleichen Geschichten verweist, die sie gehört hat: „Mutti hat ja immer von den Bomben erzählt und Oma Domischkat von der Flucht über das Haff und der verlorenen Heimat" (*RRR* S. 52). Das macht deutlich, dass Karin in einer Gesellschaft lebt, die über Teile der Vergangenheit schweigt und die keinerlei Informationen zur Verfügung stellt, um den Nachgeborenen eigene Sachanalysen zu ermöglichen und auf deren Grundlage, differenzierte Urteile bilden zu können. Auf diese Weise können die Romanleser auf dem Weg des Vergleichs mit dem eigenen Wissen und den eigenen Möglichkeiten vom historischen Sachurteil über die im Roman erinnerte Zeit des Nationalsozialismus zu eigenen Werturteilen gelangen.

Dieser Prozess zieht sich durch die gesamte Handlung, so dass die Lektüre immer wieder zur Werturteilsprüfung anregt. Beispielsweise fragt sich Karin wenig später stark reflektierend „Warum haben sie mir das nie erzählt, das von den Juden? Immer nur die Bomben und die Bomben. Haben sie sich geschämt,

---

25 Vgl. Georg Veit: Von der Imagination zur Irritation. Eine Neubewertung des Fiktiven im Geschichtsunterricht, in: Geschichte lernen 52/1996, S. 9-12.

dass sie niemanden gerettet haben?". Als irritierend kann dann jedoch empfunden werden, dass sie pauschal hinzufügt: „Sie waren alle so feige, so schrecklich feige" (RRR S. 61). Damit wird wiederum eine Distanz provoziert, die die Leserinnen und Leser zu eigenen, differenzierten Urteilen anregt. Das zeigt, dass der Prozess des historischen Lernens auch in umgekehrter Reihenfolge erfolgen kann: Er kann auch durch die Konfrontation mit einem historischen Werturteil initiiert werden, das dann im Reflexionsprozess auf die zugrundeliegenden Sachurteile und Sachanalysen zurückgeführt und überprüft wird.[26]

Letztlich wird damit deutlich, dass die Bildung von Sach- und Werturteilen immer abhängig ist vom Wissen, aber auch von den Gegebenheiten der Zeit der Urteilenden. Generationsspezifische Ausprägungen von Urteilen werden verständlich, nachvollziehbar und auf diesem Weg reflektierbar.

Mit dieser Reflexion ist der Lernprozess nach dem Gautschi-Modell wieder beim Individuum/Leser angekommen, wo jetzt im Geschichtsbewusstsein Umorganisationen stattfinden können: Das neu erworbene Wissen über Fakten der Vergangenheit wie Sturmflutkatastrophe, Mauerbau und Eichmannprozess wird vorhandenen Wissensstrukturen hinzugefügt; die neu entstandenen Werturteile werden als persönliche Einstellungen und Haltungen so integriert, dass sie sich im eigenen Denken, Kommunizieren und Handeln niederschlagen. Durch diesen Prozess haben die Leserinnen und Leser in dreierlei Hinsicht an Orientierung gewonnen: Erstens haben sie ihr Gegenstandswissen über die Zeit erweitert, weil sie historische Imaginationen entwickeln; sie haben durch die Bildung von Urteilen an Orientierung gewonnen und die Kompetenzen ausgebildet, die ihnen eine aktivere Teilnahme an der Geschichts- und Erinnerungskultur ermöglichen.

Ein besonderer Glücksfall für die hier dargestellten Überlegungen ist, dass Kirsten Boie an ihrer Protagonistin exemplarisch aufzeigt, wie die Lektüre Historischer Jugendromane zu solchen Veränderungen im Geschichtsbewusstsein bzw. zu Kompetenzen, Wissensbildung und Orientierung führen kann. Sie lässt Karin das Buch *Sternkinder* von Clara Asscher-Pinkhof[27] lesen, einen der ersten Romane, in dem eine Holocaust-Überlebende im Bereich der KJL ihre Erfahrungen im KZ darstellt. Boie stellt nicht nur Karins Reaktionen auf das Buch dar, sondern auch die Denkprozesse, die das Buch in Karin auslöst. Die Lektüre trägt entscheidend dazu bei, dass Karin ihre naive Einstellung verliert und sich Urtei-

---

26 Gautschi stellt in seinem Prozessmodell des historischen Lernens dar, dass der Prozess in verschiedene Richtungen verlaufen kann. Der Übersichtlichkeit halber wurde im hier dargestellten vereinfachten Modell darauf verzichtet.
27 Das Buch ist nach wie vor auf dem Buchmarkt erhältlich; zuletzt in einer Neuübersetzung von Mirjam Pressler: Clara Asscher-Pinkhof: Sternkinder. Hamburg 2011. Es wurde bereits 1946 in Holland veröffentlicht, 1961 erschien die erste deutsche Übersetzung. 1962 bekam das Werk den Deutschen Literaturpreis.

le erarbeitet, die sich deutlich von denen der Elterngeneration unterscheiden. Die Gespräche über den Roman mit ihrer Freundin Regina sowie die Weigerung der Mutter, über das Thema zu sprechen, verdeutlichen die Eingebundenheit des Romans in die Geschichts- und Erinnerungskultur des Jahres 1961. Karin erfährt in der Auseinandersetzung mit *Sternkinder*, dass Zeitgeschichte immer auch Streitgeschichte ist, weil sich gerade hier die Vergangenheit als noch gar nicht so vergangen erweist:

> Im Küchenradio läuft das Wunschkonzert. „Ich hab ein Buch über den Krieg gelesen!", sagt Karin. [...] „Willst du das auch mal lesen, Mutti? Das ist so traurig!" „Nein, besten Dank!", sagt Mutti. „Ich hab den Krieg erlebt, da muss ich nicht auch noch darüber lesen." „Das ist nicht über die Bomben!", sagt Karin. „Das ist über die Juden! Wie sie die abgeholt haben, und dann haben sie sie umgebracht. Und manche Eltern haben versucht, ihre Kinder ins Ausland zu schmuggeln..." „Na, da konnten wir ja nun nicht hin!", sagt Mutti und sieht auf einmal ganz böse aus. „Was hast du denn plötzlich immer damit? Sei froh, dass du das nicht miterleben musstest! Das ist ja furchtbar, was für ein Schmutz da jetzt neuerdings immer hochgezerrt wird! Wer das nicht mitgemacht hat, der soll mal ganz still sein!" (*RRR* S. 57)

Die verlorenen Schuhe – Multiperspektivität führt zu Einsicht in den Konstruktcharakter von Geschichte

Das Prozessmodell historischen Lernens lässt sich in ähnlicher Weise auf den Roman von Gina Mayer anwenden. Auch in *Die verlorenen Schuhe* entsteht durch die vielen Vergangenheitspartikel, die in die Erzählhandlung einfließen, ein genaues Bild über das Leben im noch nicht von Kriegshandlungen betroffenen Schlesien, über die Situation der polnischen Zwangsarbeiter dort und dann insbesondere über die Situation auf der Flucht. Ob es die Kälte ist, der Hunger, der Gestank, die Angst, die Erfahrungen von Schmerz, Verlust und Tod – all diese Aspekte, die in ihrer Gesamtheit und aufgrund historischer Quellen nur bedingt subjektiv vorstellbar werden, individualisiert Gina Mayer anhand ihrer beiden Protagonistinnen derart, dass ein ‚Mit(er)leben' in der Lektüre ermöglicht wird. Auf diese Weise werden auch hier die Prozesse angeregt, die das Prozessmodell für die Auseinandersetzung mit historiographischen Medien herausstellt.

Die verlorenen Schuhe lässt die Leserinnen und Leser insbesondere bei der Figur der Inge an einem für Adoleszenzromanen typischen Lern- und Entwicklungsprozess teilhaben, in dem ebenfalls verschiedene historische Sachurteile dargestellt sind, die zur Auseinandersetzung einladen und auf diesem Weg eigene Werturteile anregen: beispielsweise, wenn Inge in Hirschberg erkennt:

> Wir sind alle schuldig [...]. Ich, weil ich nicht nachdenken und nicht genauer hinsehen wollte. Vater, weil er alles durchschaut und trotzdem geschwiegen hat. Wir sind min-

destens ebenso schuldig wie Wolfgang. Und wohin wir auch gehen, unsere Schuld wird uns überallhin folgen. (*DvS* S. 292)

Der Prozess der Urteilsbildung über Identifikation und Irritation muss hier nicht noch einmal im Detail betrachtet werden. Stattdessen sollen anhand von *Die verlorenen Schuhe* zwei weitere Aspekte vorgestellt werden, die aus geschichtsdidaktischer Perspektive Historische Romane interessant machen können und die sich an diesem Roman in besonderer Weise aufzeigen lassen.

Die verlorenen Schuhe referiert immer aus zwei Perspektiven auf den im Roman verhandelten ‚Ausschnitt aus dem Universum des Historischen'. Gina Mayer wechselt zwischen der internen Fokalisierung Inges und Wandas.[28] Dadurch werden sie zu gleichberechtigten Protagonistinnen, die in ihrer Charakterzeichnung jedoch sehr verschieden sind. Wanda und Inge erleben im Großen und Ganzen dieselbe Geschichte; aus den verschiedenen Perspektiven, die sich aus dem Vorleben und den Vorerfahrungen der Figuren ergeben, stellt sich das gemeinsame Schicksal aber ganz unterschiedlich dar: Inge ist eine bislang behütet aufgewachsene Großgrundbesitzertochter; Wanda eine polnische Zwangsarbeiterin auf dem Hof einer Nazigröße. Trotz der Zusammenführung der beiden Erzählstränge mit der gemeinsamen Flucht erleben beide Figuren diese Zeit aufgrund ihres Charakters, ihrer Herkunft, ihres Wissens und ihrer bisherigen Erfahrungen ganz unterschiedlich.

Diese literarische Darstellungsweise entspricht dem geschichtsdidaktischen Lehr- und Lernprinzip der Multiperspektivität. Dieses Prinzip fordert, dass ein historischer Sachverhalt möglichst aus mehreren, mindestens zwei unterschiedlichen Perspektiven beteiligter oder betroffener Zeitgenossen betrachtet werden sollte.[29] Das führt dieser Roman beispielhaft vor und verdeutlicht damit, welche historischen Einsichten über dieses Prinzip erworben werden können. Er zeigt, dass es nicht die eine einheitliche, alle Zeitgenossen gleichermaßen betreffende historische Entwicklung gibt, sondern dass bei allen Gemeinsamkeiten immer auch unterschiedliche Grade von Erfahrung und Betroffen-Sein zwischen Menschen festzustellen sind.

Über diese fiktional für den Jugendroman konstruierte Darstellung von Geschichte können Lernende ein wichtiges Merkmal jeder Quelle oder Darstellung erkennen: diese sind immer Ergebnis einer subjektiven Wahrnehmung des Geschichtsabschnitts, über den sie Auskunft geben. Die Lektüre führt vor Augen, dass die eindimensionale bzw. einfach perspektivierte Vermittlung von Geschichte höchstens ‚die halbe Geschichte' ist. Daraus kann die allgemeine Erkenntnis abgeleitet werden, dass eine Sachanalyse mehr als die Sichtweise einer Quelle berücksichtigen muss und dass vorgegebene Sach- oder Werturteile

---

28 Vgl. den Beitrag von Norman Ächtler im vorliegenden Band.
29 Vgl. Klaus Bergmann: Multiperspektivität. Geschichte selber denken. 2. Aufl. Schwalbach/Ts. 2008.

nur eine mögliche Sicht auf die Vergangenheit darstellen. Die multiperspektivische Darstellung der Romanhandlung lässt erkennen, dass es die ‚eine Geschichte' nicht gibt, sondern dass jede Geschichte – die fiktive wie die sachorientierte – ein Konstrukt ist.

Diese Einsicht kann durch die Lektüre der Paratexte unterstützt werden, die Gina Mayers Roman beigefügt sind. Viele Historische Jugendromane werden mit Nachworten, Glossaren oder Karten versehen. Das kann – wenn diese Paratexte mitgelesen werden – Auswirkungen auf das historische Lernen haben. Dem Romantext sind ein Nachwort, ein Glossar, eine Karte und das Interview mit einer Zeitzeugin beigefügt. Gerade das Nachwort und das Interview im Anhang können weitere Reflexionsprozesse anregen. Sie zeigen, wie die fiktionale Geschichte und die Fakten zusammenhängen, wie die Romanhandlung sich auf Quellen (vor allem in Form von Gesprächen der Autorin mit Zeitzeugen) zurückführen lässt und dadurch ansatzweise de-konstruiert werden kann. Wenn solche Reflexionen angestoßen werden, dann kann das zu tiefgreifenden Einsichten über das Wesen von Geschichte und ihrer Darstellung führen. Es kann erkannt werden, dass sowohl die Aussagen der Zeitzeugin als auch alle anderen überlieferten Quellen oder fiktionalen Verarbeitungen zum Themenbereich ‚Flucht und Vertreibung' lediglich kleine ‚Ausschnitte aus dem Universum des Historischen' zeigen, über die man sich der Vergangenheit immer nur annähern, sie aber nie mimetisch nachbilden kann.

Darüber hinaus kann gerade auch das Nachwort für die Sicht auf den Roman als geschichtskulturelle Manifestation sensibilisieren. Gina Mayer stellt hier dar, warum es ihr wichtig war, diese Geschichte zu schreiben und warum sie sie als Jugendroman gestaltet: „Weil ich mehr wissen wollte, weil ich die Geschichte, die ja nur eine Generation von meiner eigenen entfernt ist, kennenlernen wollte und weil ich sie an meine eigenen Kinder weitergeben wollte" (*DvS* S. 355). Der Hinweis zeigt die bewusste Einbettung des Romans in die gegenwärtige deutsche Geschichts- und Erinnerungskultur.

Bilanzierend lässt sich festhalten, dass die Lektüre Historischer Jugendromane wie *Ringel, Rangel, Rosen* oder *Die verlorenen Schuhe* in vielfältiger Weise historisches Lernen initiieren kann. Den Leserinnen und Lesern dürfte deutlich werden, was mit den Themen Nationalsozialismus, Flucht und Vertreibung oder Alltag in den 1960er Jahren verbunden ist, wie sie mit anderen historischen Themen oder Zeitabschnitten zusammenhängen und insbesondere welche Relevanz diese Zeitabschnitte für die individuelle und gesellschaftliche Gegenwart haben oder für die Zukunft haben könnten.[30]

---

30 Vgl. Gautschi (Anm. 14), S. 48.

Kompetenzerwerb im Lektüreprozess Historischer Jugendromane

Damit der zuvor beschriebene Lernprozess während der Lektüre eines Historischen Jugendromans ablaufen kann, benötigen die Leserinnen und Leser bestimmte Kompetenzen, die als fachspezifische Lesekompetenz für fiktionale Darstellungen von Geschichte zusammengefasst werden können. Es ist allerdings nicht sinnvoll, hier nur eine einzelne Kompetenz anzunehmen. Wie die Beschreibung des Lernprozesses anhand der beiden Romane gezeigt hat, müssen während der Lektüre verschiedene Operationen des historischen Denkens ausgeführt werden. Diese lassen sich auf der Grundlage des Kompetenzmodells von Gautschi beschreiben, das sich aus dem Prozessmodell des historischen Lernens ableitet.[31]

Das Modell setzt die narrative Kompetenz als zentrale Fähigkeit im historischen Denken ins Zentrum und ordnet ihr vier methodische Operationen unter, die im Prozess des historischen Lernens angewendet werden müssen:

- Den Kompetenzbereich der Wahrnehmung von Veränderungen in der Zeit (= Wahrnehmungskompetenz).
- Den Kompetenzbereich zur Entwicklung, Überprüfung und Darstellung von historischen Sachanalysen (= Erschließungskompetenz).
- Den Kompetenzbereich zur Analyse und Deutung (= Interpretationskompetenz).
- Den Kompetenzbereich zur Sinnbildung über Zeiterfahrung (= Orientierungskompetenz).[32]

---

31 Gautschi, Hodel, Utz (Anm. 14), S. 6.
32 Vgl. Gautschi (Anm. 14) S. 50ff.

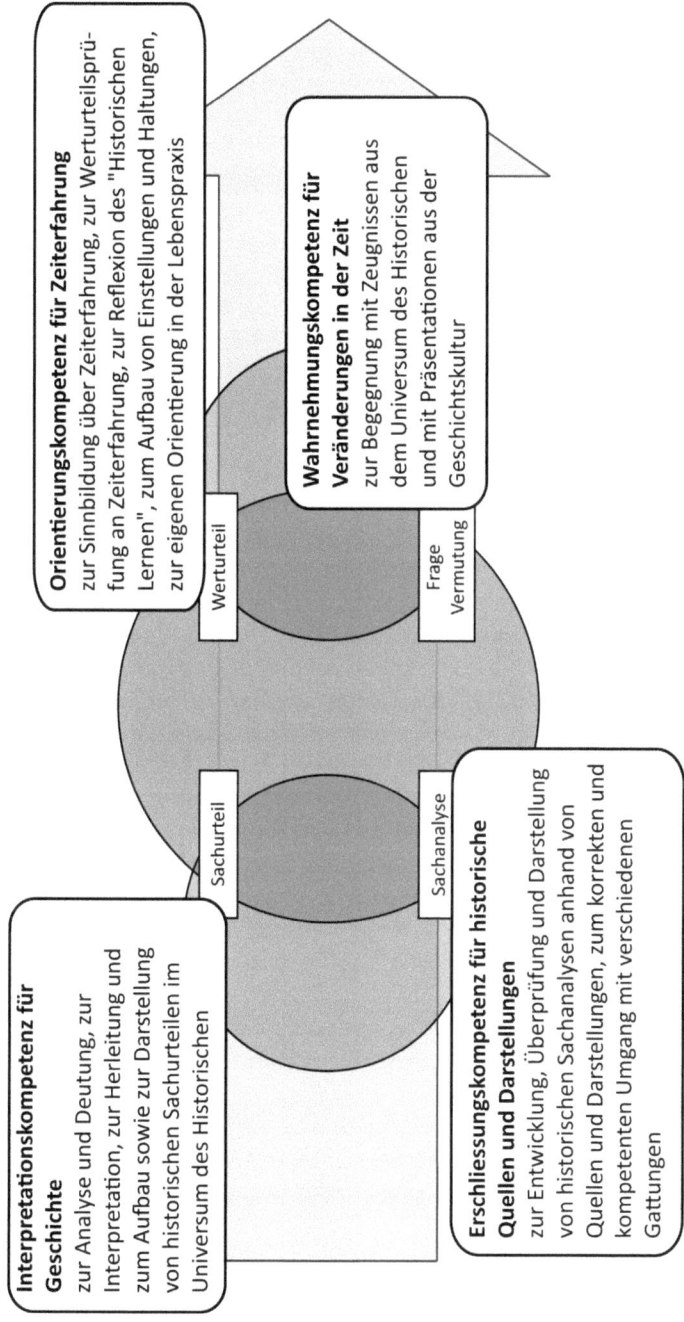

Abb. 3: Kompetenzmodell historischen Lernens nach Peter Gautschi, vereinfacht auf der Grundlage von: Peter Gautschi: Guter Geschichtsunterricht. Grundlagen, Erkenntnisse, Hinweise. Schwalbach/Ts. 2009, S. 51.

Angewendet auf das Medium des Historischen Jugendromans muss die fachspezifische Lesekompetenz für fiktionale Darstellungen von Geschichte als ein Teilbereich der narrativen Kompetenz gesehen werden. Als Teiloperationen lassen sich dann folgende Operationen festhalten:
- Die Leserinnen und Leser müssen sich von der Lektüre angesprochen fühlen und sie als Artefakt der Geschichtskultur wahrnehmen. Nur wenn sie den Text als Darstellung wahrnehmen, die auf Historisches referiert, kann der Prozess des historischen Lernens in Gang kommen und zu Fragen und Vermutungen zur spezifischen Ausprägung der gegebenen Darstellung führen.
- Als weitere Kompetenz müssen die Leserinnen und Leser über die Fähigkeit verfügen, den fiktionalen Text soweit auf seinen faktualen Gehalt zurückzuführen, dass sich eine Sachanalyse daraus ergibt. Dafür ist es keineswegs notwendig, alles Fiktive auszuschließen, vielmehr muss die Chance erkannt werden, fiktionale Elemente in ihrer Authentizität zu beurteilen, sie als Zeitzeichen wahrzunehmen und sie somit als Möglichkeit zu nutzen, Imaginationen für eine spezifische Zeitatmosphäre aufzubauen. Wenn das gelingt, ist eine Erschließungskompetenz für fiktionale Erzähltexte vorhanden, auf der im nächsten Schritt eine Sachanalyse aufbauen kann. Die Lektüre eines Nachwortes wie in *Die verlorenen Schuhe*, in dem sich die Autorin zum Verhältnis von Fiktion und Fakten äußert, kann dafür hilfreich sein.[33]
- Um von dort aus zu einem historischen Sachurteil zu gelangen, wird eine Interpretationskompetenz für Geschichte benötigt. Während der Lektüre muss der literarische Text analysiert und gedeutet sowie die Handlungszeit bzw. die erzählten Ereignisse in der Chronologie verortet werden können. Dafür muss im Rezeptionsprozess die Ebene der reinen Identifikation verlassen und Distanz zu den Handlungen und Urteilen der Protagonisten aufgebaut werden. Erst das ermöglicht die Bildung eigener Urteile und deren Reflexion. Das kann durch verschiedene literarische Mittel erleichtert werden: Irritierende Momente, wie sie in *Ringel, Rangel, Rosen* die Identifikation durchbrechen, können diese Distanz erzeugen, so dass die Leserinnen und Leser nicht in der Identifikation versinken, sondern den Text zu sich selbst in Beziehung setzen. Aber auch die Vorgabe von Urteilen, die zu eigenen Wertungen herausfordern, oder multiperspektivisches Erzählen können das unterstützen.
- Auf diesem Weg können die Leserinnen und Leser für sich selbst klären, wie das Vergangene mit dem Gegenwärtigen zusammenhängt und was es für sie selbst und ihre Zukunft bedeuten kann. Damit wird Orientierungskompetenz auf- und ausgebaut, so dass die Lektüre Historischer Jugendromane zur

---

33 Vgl. zu dieser Überlegung auch den Beitrag von Norman Ächtler in diesem Band.

Sinnbildung über Zeiterfahrung, zum Aufbau eigener Einstellungen und Haltungen sowie zur Werturteilsbildung und -prüfung genutzt werden kann. Damit haben sie letztlich auch die Voraussetzung, sich kritisch an der Geschichtskultur zu beteiligen.

Diese Aufzählung der notwendigen Kompetenzen lässt die Lektüre Historischer Romane zwar ausgesprochen anspruchsvoll erscheinen, jedoch wird auch deutlich, dass sich der dargestellte Lernprozess allmählich aufbaut und immer weiter ausdifferenziert. Die notwendigen Denk- und Arbeitsweisen sind zwar einerseits Voraussetzung, andererseits aber auch Ziel des historischen Lernens mit Jugendromanen. Das bedeutet, dass gar nicht eindeutig zwischen den Voraussetzungen und den Lernzielen unterschieden werden kann. Vielmehr wird durch die Lektüre solcher Romane die Kompetenzentwicklung angeregt, erweitert und ausdifferenziert, so dass das historische Lernen aus fiktionalen Texten durch das Lesen dieser Texte gelernt und immer weiter ausgebaut werden kann.

Die Betrachtung des Lektüreprozesses auf der Grundlage des Prozessmodells zum historischen Lernen zeigt, dass – einmal angestoßen – eine Reihe von Lernprozessen in Gang kommt. Wie wertvoll diese Lernprozesse für den Auf- und Ausbau eines kritischen Geschichtsbewusstseins sind, ist davon abhängig, wie reflektiert diese ablaufen, denn der Motor des gesamten Lernprozesses ist die Reflexion. Kleinere Lernzuwächse stellen sich immer ein und bewirken parallel zur allgemeinen Lesesozialisation auch einen allmählichen fachspezifischen Kompetenzaufbau.

Es sind allerdings auch unerwünschte Kurzschlüsse möglich. Beispielsweise könnten Leserinnen und Leser die dargestellten Situationen als Darstellung einer realen Vergangenheit auffassen, Wertungen aufgrund zu starker Identifikation unreflektiert übernehmen oder auf der Ebene der Identifikation stehen bleiben. Zeitzeichen könnten nicht als solche erkannt werden, so dass die Andersartigkeit der dargestellten Zeit nicht wahrgenommen wird. Diese Probleme minimieren sich im Laufe der Lesesozialisation vielleicht automatisch, doch kann der gezielte Aufbau so einer fachspezifischen Lesekompetenz für fiktionale Geschichtsdarstellungen den Prozess entscheidend beschleunigen, den Kompetenzaufbau intensivieren sowie für Wenig-Leser erst ermöglichen. Es ist deshalb durchaus sinnvoll, Schülerinnen und Schüler anzuregen, solche Romane als Freizeitlektüre zu lesen, es ist aber auch sinnvoll, Historische Jugendromane gezielt zum Gegenstand im Geschichtsunterricht zu machen.

Wenn der Lektüreprozess schulisch angeleitet oder begleitet wird, ist zweierlei wichtig: Zum einen muss verdeutlicht werden, dass und wie die in literarischen Texten verwendeten Zeitzeichen für den Aufbau von historischen Imaginationen genutzt werden. Zum anderen sollten Reflexionen angestoßen und im Sinne einer Kompetenzentwicklung gezielt weitergeführt werden. Dabei ist besonders der Schritt von der Identifikation zur Irritation als ein Prozess zu verdeutlichen, der zu eigenen Orientierungen führen kann. Dieser Schritt verlangt den Rezipienten mehr ab als die Identifikation, weil er Eigeninitiative und Widerstand fordert und erst wenn er wirklich gelungen ist, zu einer Bedürfnisbefriedigung führt. Insbesondere für wenig geübte Leser müssen deshalb Hilfen gegeben werden. Je nach Text muss das unterschiedlich stark erfolgen. In *Ringel, Rangel, Rosen* beispielsweise macht der Text selbst zahlreiche Distanzierungsangebote. Diese müssen allerdings während der Lektüre als solche akzeptiert werden, sonst erfolgt eine Ablehnung, aber keine weitere Denkarbeit, weil die Irritation nicht erfolgreich wirken konnte. Für den eigenen Aufbau von Sach- und Werturteilen ist entscheidend, dass erkannt und anerkannt wird, dass Karin als eine Figur angelegt ist, an deren Einstellungen sich die Leserinnen und Leser reiben sollen.[34] Für einen Text wie *Die verlorenen Schuhe*, der sehr stark auf die Identifikation setzt, sollten Distanzierungsmöglichkeiten unterrichtlich inszeniert und die multiperspektivische Darstellung dazu genutzt werden, den Konstruktcharakter jeder Geschichtsdarstellung zu verdeutlichen.

Die Aufgabe der Geschichtsdidaktik in Bezug auf das Medium Historischer Jugendroman liegt darin, aufzuzeigen, wo und wie unterstützend in den Regelkreis des historischen Lernens während der Lektüre Historischer Jugendromane eingegriffen werden kann, um das didaktische Potential dieser Texte nutzen zu können und über Reflexionen vertiefende Lernprozesse anzuregen. Auf diesem Weg kann die grundlegende Kompetenz auf- und ausgebaut werden, fiktionale Verarbeitungsformen von Geschichte, wie sie die Geschichtskultur in immer größerer Fülle bereithält, gewinnbringend zu nutzen und zu genießen.

---

34 Wird das nicht erkannt, wird der Text als zu kindlich abgelehnt, wie das Gespräch mit einigen jungen Leserinnen, das in diesem Band dokumentiert ist, gezeigt hat.

Historische Diskurse in Historischen Jugendromanen
Eine exemplarische Analyse zu den Romanen *Die verlorenen Schuhe* und *Ringel, Rangel, Rosen*

JEANNETTE VAN LAAK

Das Historische in Historischen Jugendromanen

Was interessiert Historikerinnen und Historiker an Historischen Jugendromanen wie *Die verlorenen Schuhe* von Gina Mayer oder *Ringel, Rangel, Rosen* von Kirsten Boie? Kennen sie die historischen Umstände zu Kriegsende oder zu Beginn der 1960er Jahre nicht ohnehin besser? Wie lassen sie sich auf die Fiktion, die Erzählung, die Handlung, die literarischen Figuren ein? Dessen ungeachtet ist es während der Lektüre spannend nachzuverfolgen, wie Autoren das vergangene Alltags- und Ereignisgeschehen ihrer Protagonisten in Szene setzen. Darüber hinaus spiegeln diese Romane aus der Geschichtswissenschaft bekannte historische Diskurse und Metaerzählungen in unterschiedlichen Ausprägungen wider.

Historische Metaerzählungen werden in der Geschichtswissenschaft als ‚master narratives' bzw. als ‚historische Meistererzählungen' bezeichnet, die über einen längeren Zeitraum übergeordnete historische Entwicklungslinien verfolgen. Bekanntlich greift auch die Historiographie auf literarische Erzählprinzipien zurück, um historisch komplexe Zusammenhänge an erzählbare Grundmuster rückzubinden.[1] Wir kennen etwa Erfolgs- und Misserfolgsgeschichten, Heils- und Unheilsgeschichten, progressive Geschichten und Verlustgeschichten. Einige dieser Verkürzungen sind für ideologische Botschaften anfällig, jedoch wirken die Pluralität der Meinungen im öffentlichen Diskurs oder – didaktisch gewendet – die Multiperspektivität hierbei in der Regel als Korrektive.

Für die Geschichte der Bundesrepublik Deutschland dürfen folgende historische Diskurse als bekannt gelten: Für die 1950er Jahre wurde eine „Flucht aus der Geschichte", ein „Verlust von Geschichte" sowie eine Selbststilisierung der Deutschen als „Kriegsopfer"[2] konstatiert, der sich Interpretationen von der

---

1 Vgl. Konrad H. Jarausch, Martin Sabrow: Meistererzählungen – Zur Karriere eines Begriffs, in: dies. (Hg.): Die historische Meistererzählung. Deutungen der deutschen Nachkriegsgeschichte nach 1945. Göttingen 2002, S. 9-32; Matthias Middell, Monika Gibas, Frank Hadler: Zugänge zu historischen Meistererzählungen. Leipzig 2000, S. 7-35.
2 Edgar Wolfrum: Geschichtspolitik in der Bundesrepublik Deutschland 1949-1989. Phasen und Kontroversen, in: Petra Bock, Edgar Wolfrum (Hg.): Umkämpfte Vergangenheit. Göttingen 1999, S. 55-81, hier S. 61ff.

"Stunde Null"[3] und dem "Wirtschaftswunder" anschlossen. Es folgten Interpretationen von der "D-Mark", der "sozialen Sicherheit"[4], von der "Westintegration"[5], der "Wiederbewaffnung" und von der "Integration der Flüchtlinge und Vertriebenen", die allesamt als Erfolgsgeschichten verfasst waren.[6] Parallel dazu wurden verschiedene Aspekte der Kontinuitäten zwischen dem Nationalsozialismus und den beiden deutschen Folgestaaten diskutiert.[7] Seit den 1990er Jahren werden die historischen Entwicklungen der zweiten Hälfte des 20. Jahrhunderts unter der Fragestellung einer Liberalisierung betrachtet,[8] wobei Wolfrum darauf verweist, dass der Prozess der Liberalisierung innerhalb der bundesrepublikanischen Gesellschaft erst während der 1960er Jahre eingesetzt habe.[9] Wolfrum selbst erzählt die Entwicklung der Bundesrepublik als eine unaufgeregte Normalisierungsgeschichte, deren Folgerichtigkeit sich vor allem aus der historischen Entwicklung seit 1989/90 ergibt und damit ebenfalls das Narrativ der Erfolgsgeschichte bedient.[10] Die hier aufgeführten historischen Diskurse zeigen einmal mehr die Vielfältigkeit der Interpretationen historischer Ereignisse, selbst wenn diese Diskurse sich dem ‚master narrative Erfolgsgeschichte' zuordnen lassen.[11]

In diesem Zusammenhang ergeben sich eine Reihe von Fragen für die geschichtswissenschaftliche Lektüre der Romane von Kirsten Boie und Gina

---

3 Vgl. Hagen Rudolph: Die verpasste Chance. Die vergessene Geschichte der Bundesrepublik. Hamburg 1979, S. 59ff; Christoph Kleßmann: 1945 – welthistorische Zäsur und „Stunde Null", Version: 1.0, in: Docupedia-Zeitgeschichte, 15.10.2010, https://docupedia.de/ zg/1945?oldid=76218.
4 Wolfgang Benz: Zwischen Hitler und Adenauer. Studien zur deutschen Nachkriegsgesellschaft. Frankfurt/Main 1991, S. 98ff.
5 Rudolph (Anm. 3), S. 299ff.
6 Vgl. hierzu Axel Schildt, Arnold Sywottek (Hg): Modernisierung im Wiederaufbau. Die westdeutsche Gesellschaft der 1950er Jahre. Bonn 1993; Manfred Görtemaker: Kleine Geschichte der Bundesrepublik Deutschland. Bonn 2002; Edgar Wolfrum: Die geglückte Demokratie. Geschichte der Bundesrepublik Deutschland von ihren Anfängen bis zur Gegenwart. Bonn 2007, S. 13ff.
7 Vgl. hierzu stellvertretend: Manfred G. Schmidt: Sozialpolitik: historische Entwicklung und internationaler Vergleich. Opladen 1988; Dietrich Staritz (Hg.): Das Parteiensystem der Bundesrepublik: Geschichte, Entstehung, Entwicklung. Opladen 1976.
8 Vgl. Ulrich Herbert: Liberalisierung als Lernprozess. Die Bundesrepublik in der deutschen Geschichte – eine Skizze, in: ders. (Hg.): Wandlungsprozesse in Westdeutschland. Belastung, Integration, Liberalisierung 1945-1980. Göttingen 2002, S. 7-49.
9 Wolfrum (Anm. 6), S. 13f.
10 Ebd., S. 17ff.
11 Es erfolgte in der Historiografie noch keine hinreichende Verständigung darüber, ob der Begriff der ‚historischen Meistererzählung' lediglich solche Narrative wie Erfolgs- und/oder Misserfolgsgeschichten etc. umfasst oder auch für nebeneinander existierende differente Diskurse verwendet werden kann.

Mayer: Welche der genannten historischen Diskurse finden wir in den Historischen Jugendromanen *Die verlorenen Schuhe* und *Ringel, Rangel, Rosen* wieder? Lassen sich Aspekte der jeweiligen Romanhandlung einem historischen Meisternarrativ zuordnen oder entzieht sie sich ihnen? Kurzum: In welchen Formen und Beschreibungen begegnet uns das Historische in den beiden Romanen?

Historische Diskurse in *Die verlorenen Schuhe*

Gina Mayer erzählt in *Die verlorenen Schuhe* die Geschichte von zwei jungen Mädchen, die auf ihrer Flucht von Schlesien nach Nördlingen in Bayern einen beachtlichen Weg allein zurücklegen. Als Protagonisten lernen wir Inge und Wanda kennen, zwei literarische Figuren, die unterschiedlicher nicht sein könnten: Inge ist die Tochter eines schlesischen Gutsbesitzers, die im Januar 1945 sowohl dem Abitur als auch einer Ehe mit einem jungen Wehrmachtsoffizier entgegenstrebt. Wanda hingegen ist eine der zahlreichen polnischen Zwangsarbeiterinnen auf dem Gut von Inges Vater; einer Arbeit, der sie sich nur indirekt – durch Schweigen – entziehen kann. Die Kriegsumstände, die vor allem durch das Vorrücken der Roten Armee bestimmt werden, zwingen die beiden Mädchen, die einander sehr distanziert gegenüberstehen, gemeinsam vor den Truppen der Roten Armee zu fliehen. Bedingt durch die Hauptfiguren weist der Text zwar wesentliche Eigenschaften des Adoleszenzromans auf,[12] doch das Historische fungiert nicht nur als Kulisse. Vielmehr umfasst es das Schicksal von Kindern und Jugendlichen während der letzten Kriegsmonate 1944/45. Der Roman *Die verlorenen Schuhe* erzählt dabei die Geschichte von Kriegskindern, die zwischen Dezember 1944 und Mai 1945 ihre Familien, ihr Zuhause sowie die Heimat verloren haben. Während in der Historiographie die Geschichte über Flucht und Vertreibung aus den Gebieten Pommerns und Ostpreußens, aus Schlesien und dem Sudetenland bereits seit Langem thematisiert wurde,[13] rückte das Schicksal von Kindern und Jugendlichen in der Kriegs- und Nachkriegszeit erst in den letzten Jahren in den Mittelpunkt des wissenschaftlichen Interesses. Bei der empirischen Erfassung und psychohistorischen Auswertung der Kriegserfahrungen von Kindern und Jugendlichen geht es nicht darum, Op-

---

12 Vgl. dazu den Beitrag von Norman Ächtler in diesem Band.
13 Vgl. Alfred Maurice de Zayas: Die Anglo-Amerikaner und die Vertreibung der Deutschen. Vorgeschichte, Verlauf, Folgen. 7. Aufl. Frankfurt/Main 1977; Günter Bödecker: Die Flüchtlinge. Die Vertreibung der Deutschen aus dem Osten. München, Berlin 1980; Josef Henke: Exodus aus Ostpreußen und Schlesien. Vier Erlebnisberichte, in: Wolfgang Benz (Hg.): Die Vertreibung der Deutschen aus dem Osten. Ursachen, Ereignisse, Folgen. Frankfurt/Main 1985, S. 91-104, hier S. 102ff; Petra Rogen (Hg.): Flucht, Vertreibung, Integration: Begleitbuch zur Ausstellung im Haus der Geschichte der Bundesrepublik Deutschland. Bielefeld 1995.

ferdiskurse zu bedienen oder gar Opferkonkurrenz zu betreiben, sondern darum, die Dimensionen dieser Erfahrungen zu erschließen.[14] Dieser von der Fachwissenschaft ‚vergessenen Generation'[15] nimmt sich Gina Mayer in ihrer Geschichte von Inge und Wanda an. Und das tut sie in einer behutsamen Erzählhaltung, indem sich die Erzählperspektiven Inge und Wandas abwechseln.

1. Die Flucht – Geschichte vom Überleben. Die historischen Ereignisse des Kriegsverlaufs im Winter 1944/45 treiben die fiktive Handlung voran, lösen die Flucht der beiden Mädchen und damit auch ihre persönlichen Entwicklungsprozesse aus. Die geografischen Stationen der Flucht sind belegbar: So kommen Inge und Wanda durch Breslau, Jauer, Dresden und Plauen, bevor sie in Nördlingen ein neues Zuhause finden. Dabei erfährt der Leser stets historisch Belegbares über die Zustände in den Städten, über ihren Verteidigungsstand oder über ihren Zerstörungsgrad. Auch alltagsprägende Aspekte der Flucht werden geschildert. So verlief der Rückzug der Deutschen aus Schlesien in geordneten Strukturen. Noch organisierten die Deutschen Flüchtlingsunterkünfte und Arbeitsmöglichkeiten. Auch Fahrkartenkontingente ins Reich wurden verteilt. Erzählerisch bettet Mayer also die Ereignisgeschichte über das Kriegsende in die Romanhandlung ein.

Darüber hinaus arbeitet die Autorin mit bekannten Bild- und Erzählsequenzen über den Nationalsozialismus, den Holocaust und die Flucht. So sehen die Mädchen auf einer ihrer Fluchtstationen, wie Häftlinge nationalsozialistischer Konzentrations- und Vernichtungslager transportiert wurden. Inge fragt Wanda entsetzt: „Was sind das für Männer?", diese antwortet beinahe lakonisch: „Juden. Polen. Kommunisten. [...] Alle, die den Nazis sonst noch missfallen haben. Weil sie nicht die richtige Rasse haben. Oder den Mund nicht halten konnten" (*DvS* S. 291).

Wanda, die Erfahrenere der beiden Protagonistinnen, fungiert hier als Wissensvermittlerin. Die Autorin legt der literarischen Figur sozusagen ihr eigenes Wissen in den Mund, zum Beispiel mit Wandas Mutmaßung darüber, ob diese Lagerinsassen aus Auschwitz seien (*DvS* S. 291). Deutlich wird diese Strategie auch an der von Wanda verwendeten Bezeichnung ‚Nazis', die eher unserem gegenwärtigen Sprachgebrauch entstammt. Inge vertritt an dieser Stelle eine betont naive Haltung und die Leser können sich fragen, ob sie ihren Enkeln spä-

---

14 Hartmut Radebold, Gereon Heuft, Insa Fooken (Hg.): Kindheiten im Zweiten Weltkrieg. Kriegserfahrungen und deren Folgen aus psychohistorischer Sicht. 2. Aufl. Weinheim u.a. 2009, S. 24f.

15 Vgl. Jürgen Reulecke, Reinhard Schmook, Jacek Jeremicz (Hg.): Kriegskinder in Ostdeutschland und Polen. Groß Neuendorfer Grenzgespräche 2007. Vorträge und Diskussion. Berlin 2008; Lu Seegers, Jürgen Reulecke (Hg.): Die Generation der Kriegskinder. Historische Hintergründe und Deutungen. Gießen 2009; Sabine Bode: Die vergessene Generation. Die Kriegskinder brechen ihr Schweigen. 12. Aufl. München 2009.

ter erzählen wird, von den Verbrechen der Nationalsozialisten nichts gewusst zu haben.[16]

Auf die Adoleszenz der Protagonistinnen bezogen, dienen die verschiedenen Stationen der Flucht auch dazu, den Reifeprozess der Protagonistinnen anzuregen, sich mit sich selbst auseinanderzusetzen und aufeinander zuzugehen. Darüber hinaus werden sie durch verschiedene Erlebnisse und Nachrichten gezwungen, ihr Verhältnis zu ihrer Umwelt und hierbei vor allem zu ihren Familien neu zu ordnen. Wandas Loslösung von ihrem Elternhaus ist Inges zeitlich vorgelagert. Bei einem Kinobesuch in Krakau wurde sie verhaftet und als Zwangsarbeiterin nach Hohenau verpflichtet. Wanda reagiert auf diese Gewalt- und Verlusterfahrung mit einer Verweigerungshaltung: Zwar hat sie von ihrem Vater die deutsche Sprache erlernt, doch in Hohenau stellt sie sich stumm und verzichtet damit auf mögliche Privilegien. Eine andere Möglichkeit des Protestes, der sich vor allem gegen ihren Zwangsarbeiter-Status richtet, sieht sie nicht. Die Flucht vor der Roten Armee ist für Wanda deshalb eine weitere Etappe ihrer Entwicklung, bei der sie bereits über Bewältigungsstrategien verfügt.

Für Inge ist die Flucht der erste tiefe Einschnitt: Binnen weniger Wochen verliert sie alles, was ihr Leben bislang ausgemacht hatte. Während sich Inge von ihrem heimlichen Verlobten Wolfgang am ehesten lösen kann, bleibt ihr hinsichtlich ihres Zuhauses keine Wahl. Der Verlust der Eltern ist ein Umstand, den sie am wenigsten versteht und mit dem sie am meisten hadert. Die Summe dieser Erfahrungen, dieser Verluste, verwirrt Inge und macht sie über weite Teile der Handlung handlungsunfähig, was als eine temporäre Gleichgültigkeit gegenüber ihrem Schicksal interpretiert werden kann. „Inge und Wanda gingen weiterhin jeden Tag in die Tuchfabrik und während sich vor ihr die Walze drehte, glitt Inge wieder zurück in ihre alte Teilnahmslosigkeit." (*DvS* S. 289)

Immer wieder braucht sie Wanda, die sie anschiebt, erst dann ‚funktioniert' sie. Die Autorin erzählt hierbei die historischen Erfahrungen vieler Zeitgenossen, vor allem jugendlicher Flüchtlinge. Diese Erfahrungen wurden so bislang kaum in Historischen Jugendromanen thematisiert, vor allem nicht innerhalb des Spannungsbogens, in dem eine Figur gestern noch an den Endsieg glaubt, heute leise Zweifel aufziehen lässt und sich morgen unvermittelt auf der Flucht befindet. Gina Mayer greift diese vielfältigen Verlustgeschichten auf: Sowohl Wanda als auch Inge verlieren die Eltern, die Heimat, den Freund, am Ende die Kindheit. Auf diese Verluste reagieren die Mädchen unterschiedlich: Während Inges zur Teilnahmslosigkeit neigt, sucht Wanda beständig nach praktischen Lösungen, nach einem Funktionieren – etwa wenn es um die Suche nach Unterkünften geht (*DvS* S. 117f). Aber auch Wanda kennt die Niedergeschlagenheit, dann ist es an Inge, den Alltag zu organisieren.

---

16 Vgl. Peter Longerich: „Davon haben wir nichts gewusst!" Die Deutschen und die Judenverfolgung 1933-1945. München 2005.

Wie komplex die Irritationen und die Nöte der Mädchen sind, spiegelt Gina Mayer in der Passage über die ‚verrückte Alte' wider, bei der Inge und Wanda für einige Tage leben (*DvS* S. 210-238). Die Mädchen merken schnell, dass mit der Frau etwas nicht stimmt, vor allem als sie Inge mit dem Namen „Ottilie" (*DvS* S. 211) anredet. Während Wanda ihre Sehnsucht nach Geborgenheit und Zugehörigkeit nicht preisgeben will, zeigt Inge Mitgefühl mit der Alten und sorgt sich um sie, auch und vor allem weil sie damit noch einmal in die Tochter-Rolle schlüpfen kann. Als Geschichte in der Geschichte steht die ‚Ottilie'-Geschichte hier stellvertretend für die Sorgen und Ängste von Eltern um ihre Kinder, etwa auch von Inges und Wandas Eltern, die Gina Mayer an dieser Stelle nicht erzählt. Zugleich steht sie für ein Abschiednehmen zwischen den Generationen.

Mit der Ankunft der Mädchen in der amerikanischen Besatzungszone bezieht sich die Autorin auf die Diskurse der Historiographie über die Wiedergutmachungsbestrebungen an den Zwangsarbeiterinnen und Zwangsarbeitern. Wanda fehlen auf der Flucht Ausweispapiere und Urkunden, die ihre Identität bestätigen. Infolge des Annäherungsprozesses geben sich die beiden Mädchen als Schwestern aus, schließlich wird aus Wanda offiziell Waltraud Baken (*DvS* S. 338f). Das ermöglicht ihr ein künftiges Leben in Deutschland. Man kann sich hier fragen, inwieweit diese Nuance der Romanhandlung auf die Wiedergutmachungspolitik und Entschädigungsdebatte der Bundesrepublik verweist.[17]

Ein Detail des Romans irritiert: Warum muss Wanda ausgerechnet den sehr deutschen Vornamen Waltraud wählen? War dies der Alliteration geschuldet? Dieser Umstand irritiert deshalb, weil bereits die Nationalsozialisten auf Namenskennzeichnungen großen Wert gelegt und damit Stigmatisierung und Ausgrenzung Vorschub geleistet hatten.[18] Für die Romanhandlung mag dies schlüssig sein, weil Wanda als Polin nach Kriegsende sonst in ein DP-Lager gekommen und in ihre Heimat, wo sie vermutlich keine Familienangehörigen mehr hätte, zurückgeschickt worden wäre. Doch ein bisschen Widerstand gegen einen solchen Pragmatismus und gegen diese Art der Menschlichkeit hätte sich der Leser an dieser Stelle von den literarischen Figuren durchaus gewünscht; denn jungen Lesern wird an dieser Stelle suggeriert, dass ein deut-

---

17 Vgl. Mark Spoerer: Zwangsarbeit im Dritten Reich. Verantwortung und Entschädigung, in: Geschichte in Wissenschaft und Unterricht 9/2000, S. 508-527; Ulrich Herbert (Hg.): Europa und der „Reichseinsatz". Ausländische Zivilarbeiter, Kriegsgefangene und KZ-Häftlinge in Deutschland, 1938-1945. Essen 1991; Constantin Goschler: Schuld und Schulden. Die Politik der Wiedergutmachung für NS-Verfolgte seit 1945. Göttingen 2005, S. 450ff; ders.: Wiedergutmachung für NS-Verfolgte: Einführung und Überblick, in: zeitenblicke 3/2004, http://www.zeitenblicke.historicum.net/2004/02/goschler.
18 Elisabeth Beck-Gernsheim: Der Name als Zeichen. Jüdische Namen und jüdische Identität im Wandel, in: Ariane Huml, Monika Rappenecker (Hg.): Jüdische Intellektuelle im 20. Jahrhundert. Würzburg 2003, S. 63-76, hier S. 72f.

scher Name und geordnete Familienverhältnisse erneut den Schlüssel zu einer künftigen Erfolgsgeschichte liefern. Im Geschichtsunterricht wäre somit eine Problematisierung der Episode dringend angeraten.

2. *Die Alliierten.* Die Darstellung der alliierten Truppen folgt im Roman einem Schwarz-Weiß-Bild. Stereotyp werden die Russen als diejenigen dargestellt, vor denen es sich in Acht zu nehmen gilt. Sowohl die deutschen Zivilisten als auch die polnischen Zwangsarbeiter haben Angst vor der Roten Armee. Interessanterweise lässt Mayer dabei nur selten Deutsche zu Wort kommen, sondern meist Vertreter der polnischen Bevölkerung. So fragt Wanda Andrzej, der in Hohenau ebenfalls Zwangsarbeit verrichten muss, warum er Angst vor den Russen habe: „'Weil ich sie kenne', gab er ruhig zurück. ‚Ich hab erlebt, wie sie unser Dorf besetzt haben. Ich hatte eine Frau. Sie erwartete ein Kind.' Mehr sagte er nicht. Es genügte ja auch" (*DvS* S. 99).

Kurz darauf erklärt der junge Zwangsarbeiter Wanda, warum die Soldaten der Roten Armee so gewalttätig waren:

> „Die russischen Soldaten sind wie Tiere", fuhr er dann fort. „Sie haben keinen Urlaub bekommen, die ganze Zeit über keinen Tag Urlaub. Seit der Krieg vor über fünf Jahren angefangen hat, haben sie nichts anderes gesehen als Mord und Todschlag. Am Anfang waren viele von ihnen junge Burschen, nun hat der Krieg sie zu Männern gemacht. Und zu was für Männern!" (*DvS* S. 99)

Hier legt die Autorin dem jungen Polen die Erkenntnisse der historischen Militärforschung in den Mund.[19] Das Letzte, was Andrzej Wanda mit auf den Weg gibt, ist seine Warnung „Hüte dich vor dem Triumph der Sieger!" (*DvS* S. 100). Damit benennt er die drohende Gefahr durch die Rote Armee in aller Deutlichkeit. Der Eindruck, dass von den russischen Truppen nichts Gutes zu erwarten sei, entsprach der Erfahrungsgeschichte vieler im Jahre 1945.

Mit Blick auf ihre Adressaten, so Gina Mayer im Interview, verzichtet die Autorin auf die Schilderung einer Vergewaltigung.[20] Zwar wird Inge durch Rotarmisten bedroht, doch Wanda kann Inge aus dieser Situation befreien (*DvS* S. 189ff). Nur wenig später geraten die beiden Mädchen in ihrer provisorischen Flüchtlingsunterkunft in eine ähnliche Lage, die potentiellen Täter könnten Wehrmachtssoldaten sein (*DvS* S. 254ff). Beide Szenen eröffnen den Lesern Raum für eigene Imaginationen. Mit der zweiten für die Mädchen bedrohlichen Szene eröffnet Mayer den Blick auf die mit Kriegen einhergehende Verrohung und Gewalt gegen Zivilisten. Damit sind die Stereotype über den Russen zwar

---

19 Vgl. z.B. Gerd Koenen: Utopie der Säuberung. Was war der Kommunismus? Berlin 1998, S. 323f; Silke Satjukow: Besatzer. „Die Russen" in Deutschland 1945-1994. Göttingen 2008, S. 35ff.
20 Vgl. Interview mit der Autorin in diesem Band.

nicht aufgehoben, doch ein Abgleiten in das Klischeehafte wird damit gemindert.

Die Amerikaner hingegen werden anders dargestellt: „Hüte dich vor dem Triumph der Sieger!" warnt keine der literarischen Figuren. Stattdessen spricht der Amerikaner, der Wanda einen deutschen Pass ausstellt, fließend Deutsch, stellt keine unangenehmen Fragen und verhält sich ihr gegenüber korrekt. Später beginnen Wanda und Inge als Schreibkräfte in der amerikanischen Verwaltung. Sie werden gefragt, ob sie im amerikanischen Offizierskasino Jazz spielen wollen. Obwohl sie keine Vorstellung von dieser Musikrichtung haben, nehmen sie diese Herausforderung an, nicht zuletzt weil sich die Amerikaner als ihre Förderer erweisen. Zudem verspricht der Swing Zerstreuung in ihrer nach wie vor prekären Lage.

Damit verändert sich der Duktus der Romanhandlung: Die Verlust- und Überlebensgeschichte wandelt sich in eine Kompensationsgeschichte, die das Verlorene zwar nicht wiederzubringen, aber doch zu kompensieren vermag: Die Arbeit bei den Amerikanern symbolisiert die Förderung und Umerziehung, eine kleine Wohnung in der Stadt steht für Unabhängigkeit und die Zerstreuungen am Abend kündigen die kommende Unterhaltungsindustrie an. Auch familiäre Bindungen erneuern sich: So findet Inge ihren Vater wieder, der in sowjetischer Kriegsgefangenschaft ist, und der ehemalige Wehrmachtssoldat Friedrich wirbt um Wanda.

Am Schluss noch eine Anmerkung zum Zeitzeugeninterview, das Mayer für ihren Band ausgewählt und bearbeitet hat: Es folgt dem Nachwort, aus dem wir erfahren, dass die Autorin im Vorfeld ihrer literarischen Arbeit Zeitzeugen befragt hat. Die auf den S. 258ff. abgedruckte Interviewpassage ist ein Beispiel dafür; es dient dazu, die literarische Erzählung Mayers zu illustrieren und zu bezeugen.[21] Es ist davon auszugehen, dass dieses Zeitzeugeninterview auch dem Sujet des Historischen Jugendromans geschuldet ist, der Verständnisfragen der Jugendlichen antizipiert und diese nicht zuletzt auch mit dem Glossar beantwortet. Die Autorin gewährt ihrer Leserschaft auch einen Einblick in ihre Recherchearbeit, wobei unklar bleibt, wie diese Interviews angelegt waren, ob als Experteninterviews oder als lebensgeschichtliche Befragungen, wie sie etwa in der *Oral History*[22] Anwendung finden. Auf jeden Fall machen Roman und Interview auf das Wechselverhältnis von Faktizität und Fiktionalität im Historischen Jugendroman aufmerksam.

---

21 Vgl. Holger Möhlmann: Der Zeitzeuge im deutschen TV-Journalismus. Erinnerung im Fokus, in: Fachjournalist 04/2010, S. 17-21; Alexander von Plato: Zeitzeugen und die historische Zunft. Erinnerung, Kommunikation, Tradierung und kollektives Gedächtnis in der qualitativen Geschichtswissenschaft – ein Problemaufriss, in: BIOS 13/2000, S. 5-29.

22 Vgl. Dorothee Wierling: Oral History, in: Michael Maurer (Hg.), Aufriß der Historischen Wissenschaften. Bd. 7: Neue Themen und Methoden der Geschichtswissenschaft. Stuttgart 2003, S. 81-151.

Man mag manche Pauschalisierung in der historischen Darstellung des Romans kritisieren und die Einbettung mancher historischer Details für zu konstruiert halten, wichtiger ist jedoch, dass Gina Mayer denjenigen ihre Erzählkraft geliehen hat, denen bislang zu selten Gehör geschenkt wurde: den Kindern und Jugendlichen um 1944/45, die in diese Zeit hineingeboren wurden und sich zurechtzufinden hatten.

Historische Diskurse in *Ringel, Rangel, Rosen*

Die 1950er und 1960er Jahre haben Konjunktur; nicht nur in der deutschen Historiographie, sondern auch in der deutschen Literatur. Auf den Historiker Edgar Wolfrum wurde bereits eingangs verwiesen. Während dieser seine Geschichte der Bundesrepublik in den 1950er Jahren folgerichtig als Erfolgsgeschichte konzipiert, gelingt es Axel Schildt, die verschiedenen Entwicklungsoptionen der Zeit aufzufächern und die ‚Ankunft im Westen' zumindest in unterschiedlichen Geschwindigkeiten darzustellen.

In *Ringel Rangel Rosen* begegnet uns die Geschichte dieser Zeit in verschiedenen literarischen Figuren: Wir lernen Karin und ihre Eltern, Gerda und Alfred sowie einige Bewohner der Behelfssiedlung kennen. Gerda und Alfred hatten sich im Krieg kennengelernt. Gerda wurde ausgebombt, während Alfred in der Wehrmacht Hitler und dem Dritten Reich diente. Im Sommer 1961, zu Beginn der Romanhandlung, lebt die Familie mit zwei Kindern in einer Behelfssiedlung, die in dieser Art typisch für die 1950er und 1960er Jahre waren. Auch Regina, Karins Freundin, Oma Domischkat, Familie Heinkes, Lotti und Waldemar, Onkel Heinrich, und die Geschwister Harald und Rita wohnen in dieser Siedlung hinter dem Deich. Alle diese Familien haben im Krieg nicht nur ihre Heimat, sondern auch ihr Hab und Gut verloren. Boie skizziert diese Schicksale mit wenigen Worten, weckt damit die Imagination und Assoziationsfähigkeit der Leser und deutet die Komplexität der Zeit an.

Die Autorin erzählt ihre Geschichte in drei Sequenzen, die sich über einen Zeitraum von etwa 24 Monaten erstrecken. Der erste Teil erzählt von den Sommerferien 1961 und davon, wie Karin sich langsam zum Teenager entwickelt. Der zweite Teil schildert die Flutkatastrophe, von der die Bewohner der Siedlung über Nacht überrascht werden, wie Karin zusammen mit Oma Domischkat auf dem Dach überlebt und wie die Familie wieder zusammenfindet. Im letzten Drittel begegnen sich die Überlebenden der Flutkatastrophe und ehemaligen Bewohner der Behelfssiedlung auf Oma Domischkats Beerdigung. Es scheint dabei fast so, als würde mit Oma Domischkat auch das besondere Lebensgefühl der Behelfssiedlung zu Grabe getragen.

Auf die Geschichte der Bundesrepublik bezogen ist die Handlung des Romans in einer Umbruchsituation angelegt: Der Beginn der 1960er Jahre steht für den „Übergang von der Zusammenbruchsgesellschaft der unmittelbaren Nachkriegszeit und kargen ‚Normalität' Anfang der fünfziger Jahre zur prosperierenden Konsumgesellschaft ein Jahrzehnt später".[23] Die Hamburger Flut vom Februar 1962 wirkt neben den traumatischen Explikationen im Hinblick auf die ‚prosperierende Konsumgesellschaft' katalytisch. Karins Familie lebt vor der Katastrophe in einer Behelfssiedlung, nach der Flut erhält die Familie eine Drei-Zimmer-Wohnung in einem der neuen Hamburger Hochhäuser. Der Fernsehapparat kann ersetzt werden, Wasser und Strom kommen nun aus der Wand, im Keller rumpelt eine Waschmaschine und Vater Alfred kann sich sogar ein Auto kaufen. Gekonnt beschreibt Boie das sogenannte ‚1-2-3-4-Syndrom' der damaligen Zeit: ‚Eine Frau, zwei Kinder, drei Räume, 4 Räder', mit diesem Motto können sich auch Karins Eltern am Ende des Romans schmücken.[24]

Es stellt sich nun die Frage, ob und inwieweit auch *Ringel Rangel Rosen* ein Roman über eine Verlust- und Überlebensgeschichte ist, die in einer Kompensationsgeschichte mündet?

1. Ringel, Rangel, Rosen oder Die Entdeckung der Geschichte. Kirsten Boie perspektiviert ihre Geschichte aus Sicht der dreizehnjährigen Karin, die der ‚Generation Eins' der Bundesrepublik angehört.[25] Die Autorin erzählt eine beispielhafte Familiengeschichte, die parallel zur Nachkriegszeit und zur Geschichte des Dritten Reiches angelegt ist. Über diese Vergangenheiten verliert die Autorin jedoch kaum ein Wort. Angeregt durch ihre Freundin Regina, die ihr ein Buch über jüdische Kinder in der NS-Zeit aus der Buchhalle empfiehlt, und über die Nachrichten aus dem Fernsehen, die über den Eichmann-Prozess berichten, will Karin wissen, was ihre Eltern im Krieg gemacht haben und ob sie den Juden geholfen haben.

Boie erzählt mit diesem Roman exemplarisch, wie sich junge Menschen in den 1950er und 1960er Jahren die Vergangenheit ihrer Eltern aneigneten. Flankiert wird dieser Aneignungsprozess durch die Darstellung damaliger politischer Ereignisse, die in der Historiografie mit dem Begriff der Ereignisgeschichte bezeichnet werden. Historische Begebenheiten werden in *Ringel, Rangel, Rosen* beispielsweise durch die Nachrichten als Informationen über das Tagesgeschehen vermittelt. So gelingt es Boie, ein Zeitkolorit der späten 1950er und frühen 1960er Jahre einzufangen, als *Die Tagesschau* bundesdeutsche Familien für fünfzehn Minuten vor dem Fernsehgerät vereinte.[26]

---

23 Axel Schildt: Ankunft im Westen. Ein Essay zur Erfolgsgeschichte der Bundesrepublik. Frankfurt/Main 1999, S. 50f.
24 Ebd., S. 76.
25 Dorothee Wierling: Wie (er)findet man eine Generation? Das Beispiel des Geburtsjahrganges 1949 in der DDR, in: Jürgen Reulecke (Hg.): Generationalität und Lebensgeschichte im 20. Jahrhundert. Oldenburg 2003, S. 217-228, hier S. 225f.
26 Schildt (Anm. 23), S. 78.

> Irgendetwas ist wieder in der Ostzone los, sie [Karin] hat nicht genau hingehört, was. Da wird es ja immer schlimmer und schlimmer, man muss keine Nachrichten gucken, um das zu wissen. Über die Ostzone weiß jeder Bescheid. (*RRR* S. 22f.)

An anderer Stelle heißt es ebenfalls aus Karins Perspektive:

> Auf dem Bildschirm springt jetzt ein Mann in Uniform und mit Gewehr über die Mauer, wo sie noch ganz niedrig ist. Eigentlich sollte er ja die Bauerarbeiter bewachen, damit die so was nicht machen, das ist doch witzig.
> Wenn sie solche Sachen zeigen, ist die Tagesschau gar nicht langweilig. (*RRR* S. 36)

Karins Vater kommentiert den Mauerbau als Maßnahme der DDR-Regierung:
„‚Das sind doch alles Verbrecher!', sagt Vati und schüttelt den Kopf. ‚Die da in der Zone am Ruder sind. Arme Brüder und Schwestern, kann man ja gar nicht mit ansehen.'" (*RRR* S. 35)

Diese Beispiele machen deutlich, wie Boie über die Nachrichten die historischen Ereignisse ganz sachlich benennt und diese erst durch literarische Figuren eine Bewertung erfahren.

Die Paraphrase der ‚Brüder und Schwestern in der Zone' ist eine zeittypische Wendung. Sie spiegelt die verbreitete Haltung der Bundesdeutschen zum anderen deutschen Staat wider. Auch wenn der Begriff des ‚Antikommunismus' nicht fällt, wird deutlich, dass sowohl die Männerfiguren Alfred und Onkel Heinrich als auch die Frauenfiguren dieser Einstellung anhängen. Der Kommunismus galt in dieser Zeit als *das* Feindbild par excellence. Die Erzählungen der spät aus der sowjetischen Kriegsgefangenschaft heimkehrenden Wehrmachtssoldaten über den ‚Iwan' und der nicht abreißende Flüchtlingsstrom aus der SBZ/DDR bestärkten diese Haltung.[27] Boie skizziert diesen latenten Antikommunismus indirekt. Indem sie die politischen Ereignisse um den Mauerbau in der DDR über die Nachrichten sachlich und neutral, scheinbar beiläufig erzählt, und die antikommunistische Einstellung der erwachsenen literarischen Figuren durchscheinen lässt, wird auf subtile Weise deutlich, welche Integrationskraft dieser Projektion innewohnte.[28] An dieser Stelle bliebe zu fragen, ob die Deutschen in den westlichen Besatzungszonen den bis 1945 praktizierten Antisemitismus nicht gegen den Antikommunismus austauschten und damit einer Aufarbeitung auswichen.

Karins Weg ist allerdings ein anderer. Sie bemerkt in der Art und Weise, wie ihr Vater den Mauerbau bewertet, dass er vorgegebene Interpretationen übernimmt: „Natürlich hat Vati keine echten Brüder und Schwestern in der Zone. So nennt man alle Leute, die da leben, eigentlich komisch." (*RRR* S. 35) Damit befindet sie sich bereits mitten im Entdeckungsprozess über die Vergangenheit der Eltern. Die größeren Hindernisse und Auseinandersetzungen stehen ihr dabei jedoch noch bevor.

---

27 Ebd., S. 97.
28 Rudolph (Anm. 3), S. 167ff; Schildt (Anm. 23), S. 98.

Während die Erwachsenen immerhin über die politischen Ereignisse in der Zone sprechen, weichen sie Karins direkten Nachfragen nach den Juden konsequent aus.[29] Karin kennt den Krieg und die damit verbundene Verlustgeschichte der Mutter, sie weiß um die Flucht von Oma Domischkat und sie kennt die Abenteuergeschichten der einstigen Soldaten. *Die Tagesschau* informiert die Bewohner der Behelfssiedlung über den Eichmann-Prozess. Wir wissen heute, dass damals 95 Prozent der Deutschen diesen Prozess über die Printmedien und das Fernsehen verfolgten.[30] Wenn Karin nach dem Schicksal der Juden fragt, reagiert Mutter Gerda aufgebracht, stilisiert sich einmal mehr als Kriegsopfer und verbittet sich jede Diskussion über die Vergangenheit:

> „Sei froh, dass du das nicht miterleben musstest! Das ist ja furchtbar, was für ein Schmutz da jetzt neuerdings hochgezerrt wird! Wer das nicht mitgemacht hat, der soll mal ganz still sein!" (*RRR* S. 57)

An anderer Stelle schiebt die Mutter jede Verantwortung auf die Person Hitlers:

> „Das hat man ja erst hinterher gemerkt, dass der Hitler ein Verbrecher war. Hat uns alle ins Verderben gestürzt. Vati an der Ostfront, unsere Wohnung weg, Oma Domischkats Ostpreußen weg, das konnte ja vorher keiner ahnen." (*RRR* S. 44)

Hier zeichnet Boie ein unmissverständliches Bild der deutschen Nachkriegsgesellschaft, die sich mit der Personalisierung und damit der Fokussierung der Vergangenheit auf die Person Hitlers ihrer Mitverantwortung entzieht und sich hinter der Schutzbehauptung des Nichtwissens verschanzt.[31]

Weil die Erwachsenen schweigen und die Reportagen oder TV-Sendungen über historische Themen noch fehlen, greifen Karin und ihre Freundin Regina auf herkömmliche Medien wie Bücher oder ein Foto-Album zurück, um sich die Vergangenheit der Eltern anzueignen. Die Kriegsfotografien des Vaters lassen Karin ahnen, dass Hitler nicht alle Verbrechen allein begangen hat; diese Form der Aneignung korrespondiert mit der Ausstellung über die Wehrmachtsfotografien *Fremde im Visier. Fotoalben aus dem Zweiten Weltkrieg*, die in den letzten Jahren in Frankfurt/Main und anderen Städten zu sehen war.[32]

Boie lässt nicht nur Karins Eltern schweigen: Auch über die politischen Einstellungen der anderen literarischen Figuren erfahren wir kaum etwas. Die Geschichtswissenschaft interpretiert diese Haltung vieler Deutscher als eine Mischung aus Desinteresse und Desinformiertheit.[33] Das spiegelt Boie im Roman: Während die Nachrichten über den Mauerbau dazu dienen, zumindest in der

---

29 Vgl. den Beitrag von Lehnen/Schüler in diesem Band.
30 Wolfrum (Anm. 6), S. 273.
31 Vgl. Longerich (Anm. 16).
32 Vgl.http://www.sueddeutsche.de/muenchen/fotoalben-aus-dem-zweiten-weltkrieg-fremde-im-visier-1.126197; Petra Bopp: Fremde im Visier: Foto-Alben aus dem Zweiten Weltkrieg. Berlin 2010.
33 Schildt (Anm. 23), S. 93f.

Auseinandersetzung mit dem anderen deutschen Staat eine Position zu beziehen und damit eine politische Haltung auszudrücken, unterstreichen die Hinweise über den Eichmann-Prozess die Haltung der Erwachsenen zu ihrer Vergangenheit sowie das Interesse der nachwachsenden Generation an der Vergangenheit der Eltern.

2. Ringel, Rangel, Rosen oder „Nie wieder!" Ringel, Rangel Rosen ist ein Roman über das Ende der Nachkriegszeit. Diese wurde von einem „Nie wieder!" bestimmt, das unterschiedliche Intentionen verfolgte. Es wurde durch die Überlebenden nationalsozialistischer Konzentrations- und Vernichtungslager besetzt, die sich – wie etwa im Falle Buchenwalds – nach Ende ihrer Haft schworen, nie wieder solch unmenschliche Zustände zuzulassen.[34] Diese Haltung wurde nach Kriegsende in den deutschen Besatzungszonen zum handlungsleitenden Impuls bei der Überwindung der nationalsozialistischen Herrschaft und seiner Ideologie. Möglicherweise liegt der Ausgangspunkt in Boies Roman auch in diesem „Nie wieder!".

Dieser Gedanke existierte auch in der deutschen Zivilgesellschaft. Für die Frauen in *Ringel, Rangel, Rosen* ist das „Nie wieder!" allerdings darauf gerichtet, dass sie und ihre Familien solche Kriegserfahrungen nicht noch einmal widerfahren mögen. Auch wenn die konkreten Erfahrungen weitgehend diffus bleiben,[35] ahnen die Leser, dass es um Verluste geht, um Verluste jeglicher Art. Historiker und Soziologen haben diese Verlusterfahrungen zum so genannten ‚Scarlett O'Hara-Erlebnis' in Beziehung gesetzt, die nach aller erfahrener Erniedrigung schwört, „nie wieder Hunger zu leiden".[36] Zwar legt Boie Karins Mutter Gerda einen solchen Schwur nicht in den Mund, doch viele Episoden spiegeln diese Einstellung wider. So fürchtet Gerda nichts so sehr wie einen erneuten Krieg. Für alle Eventualitäten steht die blau-grün karierte Tasche im Schrank, gepackt mit den wichtigsten Ausweisen und Papieren und mit einem Fotoalbum:

> Die Tasche hat Mutti immer gepackt im Wohnzimmerschrank, das hat sie im Krieg gelernt. Da gab es nachts immer Alarm, dann musste man ganz schnell in den Luftschutzkeller, wenn die Bomben kamen. Da hatte man immer seine Papiere gepackt, hat Mutti erzählt, und sie hatte auch immer saubere Unterwäsche zum Wechseln und ihre Zahnbürste...
> Karin hat das immer albern gefunden. Jetzt ist doch kein Krieg. (*RRR* S. 96)

Diese Tasche verschwindet erst in der neuen Wohnung, in der sich vor allem Gerda in Sicherheit vor einer erneuten Flut wähnt. In der neuen Wohnung

---

34 Lutz Niethammer: Heimat und Front. Versuch, zehn Kriegserinnerungen aus der Arbeiterklasse des Ruhrgebiets zu verstehen. in: ders. (Hg.): ‚Die Jahre weiß man nicht, wo man die heute hinsetzen soll.' Faschismuserfahrungen im Ruhrgebiet. Berlin 1983, S. 163-232.
35 Vgl. den Beitrag von Katrin Lehnen, Lisa Schüler in diesem Band.
36 Schildt (Anm. 23), S. 101f.

spiegelt sich auch der Satz „Nie wieder!" nicht mehr. Vor allem für die Mutter ist damit die ‚Ankunft im Westen' vollzogen. Sie hat nun eine neue moderne Wohnung im Gegensatz zum einstigen Behelfsheim, in dem es immer etwas zu klein und zu eng war.

3. *Ringel, Rangel, Rosen oder eine Frage der Reue?* Während die Mutter in der Romanhandlung vor allem von einem „Nie wieder!" angetrieben wird und dabei nicht müde wird, gegenüber ihrer Tochter die Tugenden deutscher Mädchen zu deklamieren, fällt es zunächst schwer, Vater Alfred und seine Haltung zur Vergangenheit oder gar zu seiner Gegenwart einzuschätzen. Das Leben und der Alltag im Behelfsheim sind ihm das ‚Paradies'. Hier scheint er zu Hause zu sein, hier scheut er keine Mühen, um seiner Familie das Leben so angenehm wie möglich zu machen. So schenkt er seiner Frau nicht nur ein Radio und eine Schrankwand, sondern als einer der ersten in der Siedlung auch einen Fernsehapparat, selbst wenn für diesen kaum Platz in der Unterkunft ist. „Vati" wird als liebenswert und stark vorgestellt. Seine Tochter nennt er liebevoll hilflos „Schietbüdel" (z.B. *RRR* S. 63). In seinen Armen fühlt Karin sich geborgen. Als Karin wiederholt nach dem Schicksal der Juden fragt und mit der Mutter in Konflikt gerät, versucht er die Haltung seiner Frau zu erklären, ohne jedoch die eigene Meinung kenntlich zu machen:

> „Schietbüdel! Du darfst Mutti nicht so traurig machen, Mutti tut doch alles für euch. Das waren ganz andere Zeiten damals, das könnt ihr heute wirklich nicht verstehen. Ihr hört jetzt immer nur das Schreckliche, aber davon haben Mutti und die Menschen damals doch gar nichts mitgekriegt. Mutti war beim BDM, das war so ähnlich wie bei den Pfadfindern, da haben sie Fahrten gemacht und Lieder gesungen, und was in der Politik passiert ist, dafür haben sie sich doch gar nicht interessiert! Du interessierst dich doch auch nicht für Politik, Karin, das war bei Mutti damals genauso!" (*RRR* S. 63)

Dies ist die einzige Passage, in der der Vater seiner Tochter etwas zu erklären versucht. Dabei interpretiert er die Gereiztheit der Mutter auf Karins Nachfrage als Traurigkeit und fordert von seiner Tochter, die Mutter mit unangenehmen Fragen zu verschonen. Er räumt ein, dass die Mutter über den Krieg nicht alles weiß und dass er nach seiner Rückkehr über seine Fronterfahrungen geschwiegen hat. Damit manifestiert er die Schutzbehauptung seiner Frau, von den Verbrechen der Nationalsozialisten nichts zu wissen. Gleichzeitig erleichtert ihn Karins Wissen um „das Schreckliche", das wiederum weitgehend undifferenziert bleibt. Erhofft er sich von seiner Tochter so etwas wie Verständnis, wenn nicht gar Absolution von der nachwachsenden Generation? Räumt er an dieser Stelle seine Mitverantwortung an den Geschehnissen zwischen 1939 und 1945 ein? Vielleicht fehlt deshalb am Ende das Bild im Fotoalbum. Vielleicht interpretiert der Vater das ärmliche und provisorische Leben in der Behelfssiedlung als (s)einen Beitrag, die auf sich geladene Schuld während des Krieges irgendwie abzutragen. Hierfür spräche sein Verstummen im dritten Teil des Romans, sein

Rückzug auf den Balkon der neuen Wohnung. Dieses Verstummen ehemaliger Wehrmachtssoldaten korrespondiert mit psychohistorischen Befunden der 1980er und 1990er Jahre: So zeigte Lutz Niethammer nach der Analyse von zehn Kriegserinnerungen von Arbeitern aus dem Ruhrgebiet auf, wie schwer es ehemaligen Wehrmachtssoldaten nach dem Krieg fiel, persönliche Kriegserlebnisse positiv so umzudeuten, dass sie gesellschaftlich akzeptiert wurden,[37] während Heinz Bude auf die unterschiedlichen Erfahrungen des Kriegs bei Männern und Frauen verwies.[38]

Zu Beginn des dritten Teils wird deutlich, dass Karin das Bündnis mit ihrem Vater nicht eingehen wird. Zu sehr ist sie von seinen Kriegstaten, die das Fotoalbum vermuten lässt, erschüttert. Am Ende des Romans kann der Abstand zwischen Vater und Tochter kaum größer sein. Nicht nur, dass es dem Vater nach der Flut nicht mehr möglich ist, auf seine Weise mit einem Leben im Provisorischen Buße zu tun. Die erneute Katastrophe, dieses Mal eine Naturkatastrophe, verschließt ihm für lange Zeit – wenn nicht für immer – den Mund. Eine Aufarbeitung von Verantwortung und Schuld wird damit unmöglich. Fortan ertränkt Alfred die Vergangenheit mit einem Bier auf dem Balkon. Boie lässt am Ende des Romans offen, wer die Bildserie entfernt hat, die zumindest Zweifel an der Schuldlosigkeit des Vaters während des Kriegs erlaubt. Allein die Entfernung der Fotografien kann als Schuldeingeständnis bzw. als ein Eingeständnis von Verantwortung gewertet werden.

Die Diskussion über die Schuld der Deutschen am Nationalsozialismus, am Zweiten Weltkrieg und am Holocaust wird seit Kriegsende auf unterschiedlichen politischen und öffentlichen Ebenen geführt und sie bewegt sich zwischen kollektiver und individueller Schuld, wobei die Frage der Kollektivschuld zunächst vor allem politisch diskutiert wurde und die Debatten hierzu erst in den letzten 20 Jahren eine Historisierung erfuhren.[39] Die Autorin, selbst Jahrgang 1950, wurde mit diesen Debatten sozialisiert und versteht es diesen Aspekt so zu skizzieren, dass er am Beispiel von Vater Alfreds Haltung erneut befragt werden kann.

---

37 Vgl. Niethammer: Heimat (Anm. 34).
38 „Den Männern fehlte die Vorstellung dafür, was es heißt im Luftschutzbunker mit den Kindern im Arm das Ende der Bombardierungen abzuwarten. Und die Frauen wollten an die Männergeschichten von toten und anderen Kameraden nicht rühren." Heinz Bude: Bilanz der Nachfolge. Die Bundesrepublik und der Nationalsozialismus. Frankfurt/Main 1992, S. 71.
39 Stellvertretend sei hier verwiesen auf Karl Jaspers: Die Schuldfrage. Für Völkermord gibt es keine Verjährung. München 1979; Theodor Adorno: Schuld und Abwehr, in: ders. (Hg.): Soziologische Schriften II. GS Band 9.2. Frankfurt/Main 1997; Norbert Frei: 1945 und wir. Das Dritte Reich im Bewusstsein der Deutschen. München 2005.

4. Ringel, Rangel, Rosen oder Wegbereiter der ‚68er'? An welchen Werten orientierte sich die Nachkriegsgesellschaft? Historiker haben herausgearbeitet, dass sich in der jungen Bundesrepublik öffentliche Institutionen und gesellschaftliche Einrichtungen vor allem an den Werten aus der Vorkriegszeit ausrichteten, die wenig belastet schienen.[40] Ob es im Privaten auch so war, ist noch nicht erforscht. Boie jedenfalls lässt Karins Eltern an den Werten ihrer Kindheit festhalten; dies waren partiell die Werte des Nationalsozialismus: So wird Gerda nicht müde ihrer Tochter zu erklären: „Eine deutsche Frau raucht nicht, trinkt nicht und schminkt sich nicht." (*RRR* S. 38) – und trägt auch keinen Pony, wie der Satz weitergedacht werden kann.

Die Nachkriegsgeneration, für die Karin exemplarisch stehen kann, orientiert sich jedoch an anderen Werten: Für sie ist das Amerikanische spannend und aufregend. Darüber hinaus kann sich die Jugend damit von den Erwachsenen, dem Alten, abgrenzen. In Boies Roman kann der Leser nachspüren, wie groß die Differenz zwischen den Liedern von Hans Albers und denen von Elvis Presley war. Aber es ist eben nicht nur Elvis Presley, der eine neue Zeit ankündigt. Auch der unterschwellige Konflikt zwischen der Tätergeneration und der nachfolgenden unbelasteten Generation wird in *Ringel, Rangel, Rosen* eindrücklich erzählt. Dieser Konflikt besteht im Beschweigen der ‚unbewältigten Vergangenheit', wie es in der Historiographie bezeichnet wird, einem Verhalten, dass die nachwachsende Generation der Bundesrepublik ab Mitte der 1960er Jahre nicht mehr akzeptieren wird.[41] Doch Boie spannt den Handlungsbogen nicht bis in diese Jahre hinein. Deshalb wirkt gerade die Flutkatastrophe in vielerlei Hinsicht katalytisch: Sie treibt nicht nur Karins persönlichen Entwicklungsprozess voran. Den Eltern ermöglicht diese Katastrophe ein weiteres Beharren auf einem Opferstatus und damit verbunden die Fortsetzung des Schweigens. Damit leistet Boie auch einen Beitrag zur Klärung der Vorgeschichte von 1968, denn Karin könnte ohne weiteres 1967/68 zu den Studierenden gehören, die den ‚Muff unter den Talaren' anprangern und dagegen protestieren wird.[42]

Fazit

Die Analyse des Historischen in Historischen Jugendromanen hat gezeigt, wie facettenreich und komplex Geschichte in literarischen Erzählformen eingebunden sein kann. In *Die verlorenen Schuhe* ordnen sich die Erzählstränge dem ‚master narrative' einer Erfolgsgeschichte unter. Die Mädchen Inge und Wanda müssen vor den heranrückenden Truppen der Roten Armee fliehen und sich damit auf eine individuelle Entwicklungsreise begeben. Diese trägt zwar Züge einer Emanzipationsgeschichte in sich, doch mündet diese – ganz traditionell

---

40 Vgl. Herbert: Liberalisierung (Anm. 8).
41 Norbert Frei: 1968. Jugendrevolte und globaler Protest. München 2008, S. 78.
42 Ebd., S. 79ff sowie S. 112ff.

und damit leider stereotyp – in der Wiederaufnahme oder Erneuerung familiärer Bindungen. Auf die stereotype Darstellung der alliierten Truppen, die Amerikaner als ‚die Guten', die Rotarmisten als ‚die Bösen' oder ‚die zu Fürchtenden' wurde hingewiesen. Und doch bleibt es das Verdienst der Autorin, die bislang wenig beachtete Fluchterfahrung von Kindern und Jugendlichen um 1945 thematisiert zu haben.

Auch *Ringel, Rangel, Rosen* kann als Verlust-, Überlebens- und schließlich als Kompensationsgeschichte interpretiert werden. Die Zuschreibung ‚Erfolgsgeschichte' scheint jedoch kaum möglich, weil die Kargheit der Erzählung auf die Brüchigkeit von Erfolgen verweist. Somit gelingt es Boie beispielhaft, das Nebeneinander unterschiedlicher Ansichten, Einstellungen und Wertungen darzustellen sowie die Komplexität historischer Diskurse anzudeuten.

Historische Jugendromane in pädagogischer Sicht
Ein Essay über Muster und Inhalte jugendlichen Erfahrungserwerbs
LUDWIG DUNCKER

Erzählungen über vergangene historische Epochen werden für heutige jugendliche Leserinnen und Leser nicht automatisch dadurch interessant, dass sich die Hauptakteure der Erzählungen selbst im jugendlichen Alter befinden. Auf die hier zu untersuchenden Historischen Jugendromane von Gina Mayer und Kirsten Boie bezogen bedeutet dies, dass die Lektüre über Ereignisse von Flucht und Vertreibung bzw. Flutkatastrophe heutige Jugendliche nicht schon dadurch in den Bann zieht, dass die Protagonistinnen von *Die verlorenen Schuhe* und *Ringel, Rangel, Rosen* ebenfalls Jugendliche oder junge Erwachsene sind. Auch wenn dieselbe Altersstufe eine günstige Voraussetzung sein kann, um eine Identifikation mit den Figuren der Romane zu ermöglichen, so müssen doch einige inhaltliche und strukturelle Momente hinzutreten, um ein Interesse an der Lektüre zu wecken und so gleichsam eine Brücke zwischen Roman und Rezipienten zu bauen. Um das Aufspüren solcher Berührungsflächen soll es im Folgenden gehen. In den Blick geraten Strukturmomente der beiden Romane von Kirsten Boie und Gina Mayer, die als Muster des Erwerbs von Erfahrungen im Übergang vom Jugendalter zum Erwachsenwerden identifizierbar sind.

Gleichwohl kann hier kein Forschungsbericht gegeben werden. Dies ist schon deshalb nicht möglich, weil es nicht um eine empirische Untersuchung geht, sondern um eine pädagogische Stellungnahme zu zwei literarischen Werken. Weder geht es darum, die historischen Stimmigkeiten der in den Romanen verarbeiteten Szenen und Situationen im Spiegel einer historischen Jugendforschung zu beleuchten, noch darum, Muster einer jugendlichen Rezeptionsästhetik zu erfassen, die schlüssig belegen könnten, wie die beiden Historischen Romane die Rezeptionsgewohnheiten heutiger Jugendlicher erreichen. Was versucht werden soll, ist vielmehr, in einer Art thematischen Verdichtung jene Strukturmomente jugendlichen Erfahrungserwerbs aufzuzeigen, die erklären können, warum die Lektüre der beiden Romane für junge Rezipienten zumindest potentiell interessant erscheint. Weil dies nicht als Forschungsbericht ausweisbar ist, wird für die folgenden Ausführungen eine eher essayistische Form gewählt.

Um eine Verbindung herzustellen zu den letzten Kriegsjahren im Zweiten Weltkrieg bzw. zur Flutkatastrophe von Hamburg im Jahr 1962, die für heutige Jugendliche wohl nur noch in Ausnahmefällen auch über Erzählungen von Großeltern präsent sind, erscheint es sinnvoll zu sein, nach Strukturanalogien zu suchen, die auf dem Weg zum Erwachsenwerden auch in unterschiedlichen historischen Zeiten und unter veränderten gesellschaftlichen Bedingungen des Aufwachsens als Problem des selbständig Werdens in Erscheinung treten. Diese

Hypothese könnte es jedenfalls erlauben, Potentiale des Verstehens, Nachempfindens und Sich-Hineinversetzens in eine andere Zeit freizulegen. Gleichwohl kann die Identifikation mit den Akteuren der Romane immer nur partiell erfolgen. Insofern sind Strukturmomente jugendlichen Erfahrungserwerbs durch ein Spannungsfeld von Nähe und Distanz, von Gleichheit und Differenz geprägt. Überwiegt die Gleichheit oder Ähnlichkeit, wird die besondere Authentizität der Erfahrung der jugendlichen Hauptakteure in den Romanen verfehlt, überwiegt jedoch die Differenz, könnten die Romanfiguren fremd, unverständlich oder auch langweilig wirken.

Wie lässt sich nun in diesem Spannungsfeld von Vertrautheit und Fremdheit das Spezifische jugendlichen Erfahrungserwerbs in den beiden Romanen entdecken? Wie kann durch Ähnlichkeiten und Parallelen zu gegenwärtigen Formen der Akkumulation von Lebenserfahrung bei heutigen jungen Menschen ein Interesse geweckt werden, ohne dabei die Authentizität historischer Ereignisse zu verletzen oder zu verfälschen? Lässt sich durch ein Aufzeigen solcher Strukturmomente gar erklären, wie bei jungen Leserinnen und Lesern ein Interesse an historisch weit zurückliegenden Ereignissen zustande kommen kann? In sieben Punkten soll diesen Fragen hier nachgegangen werden. Dabei werden einige Topoi der erziehungs- und sozialwissenschaftlichen Jugendforschung einbezogen, die sich als Parameter für die Beschreibung jugendlichen Erfahrungserwerbs vielfach bewährt haben.[1]

1. Übergänge im Lebenslauf

In einem ersten Punkt ist festzuhalten, dass in den beiden Historischen Jugendromanen geschichtliche Ereignisse in Verbindung mit jugendlichen Statuspassagen angesprochen werden. Es geht um sensible Übergänge sowohl von der Kindheit ins Jugendalter wie auch um den Übergang vom Jugendalter ins Erwachsensein. Frühes und spätes Jugendalter werden dabei als Phasen sichtbar, in denen sich neue Perspektiven für die Deutung der Wirklichkeit öffnen, in denen aber auch Risiken und Gefahren drohen und kindliche bzw. jugendliche Naivität verloren gehen.

In beiden Romanen wachsen die Mädchen in relativ behüteten Verhältnissen auf. Sowohl der Gutshof in Schlesien als auch die kleinbürgerliche Welt in Hamburg bieten einen Schonraum, der den heranwachsenden Protagonistin-

---

1 Vgl. hierzu beispielsweise Erik H. Erikson: Jugend und Krise. Die Psychodynamik im sozialen Wandel. Stuttgart 1981; Rolf Göppel: Das Jugendalter. Entwicklungsaufgaben – Entwicklungskrisen – Bewältigungsformen. Stuttgart 2005; Klaus Hurrelmann, Bernd Rosewitz, Hartmut K. Wolf: Lebensphase Jugend. Eine Einführung in die sozialwissenschaftliche Jugendforschung. Weinheim, München 1985; Günter Mey: Adoleszenz – Identität – Erzählung. Theoretische, methodische und empirische Erkundungen. Berlin 1999.

nen Schutz und Geborgenheit vermittelt. Kirsten Boie spricht sogar von einem „Paradies", in dem ihre Hauptfigur Karin aufwächst. Es gibt umsorgende Eltern, eine materielle Sicherheit ohne Existenznöte und die Erfahrung eines sozialen Umfelds, dem man vertrauen kann. Insofern scheint die Welt weitgehend in Ordnung zu sein. Auch für Gina Mayers Protagonistin Inge gibt es keinen Grund, mit den Gegebenheiten unzufrieden zu sein.

Aber diese Welten bekommen nach und nach Risse, Vorahnungen dämmern herauf, die den Mädchen zeigen, dass schlimme Dinge geschehen sind oder noch geschehen werden. Im Roman von Boie wird eine kleinbürgerliche heile Welt um das Jahr 1960 herum gezeichnet, in der eine heitere Oberfläche gepflegt wird, die nur mühsam das Verschweigen und die Verdrängung von Kriegsschuld und Verstrickung der Erwachsenen in die nationalsozialistische Vergangenheit verbergen können. Immer wieder sickert durch, dass Verwandte, Nachbarn und sogar die Eltern in Vorgänge verwickelt waren, über die diese nicht sprechen wollen. Massiv ist dann die Erfahrung der Naturkatastrophe und die verheerende Überschwemmung von Hamburg als schicksalhafte Zäsur, deren Bewältigung auch das Leben und Überleben von Karin bestimmt.

In *Die verlorenen Schuhe* verdichten sich die Informationen über das Herannahen der Kriegsfront, die zunächst nicht ernst genommen und in ihrem Wahrheitsgehalt bezweifelt werden. Umso plötzlicher erscheint dann der unvermittelte Aufbruch der Erwachsenen, von denen Inge nicht über die Ereignisse aufgeklärt wird und deshalb unvermittelt selbst vor der Notwendigkeit zur eigenen Flucht aus der Heimat steht.

Beide Romane beschreiben, wie ein dreizehnjähriges bzw. ein siebzehnjähriges Mädchen recht gewaltsam aus ihrer Geborgenheit herausgerissen werden, wie sie nun, besonders dramatisch bei Inge, selbst handeln müssen. Dabei wird vieles in Frage gestellt, was vorher richtig und gültig war. Vor allem ist es der Verlust an sozialer und familialer Sicherheit, die die behütete Phase von Kindheit und Jugend abrupt beenden. Pädagogisch bedeutsam ist hier, wie das Größerwerden mit der Herausforderung verbunden wird, sich von den Erwachsenen abzugrenzen bzw. das eigene Schicksal zu meistern oder wenigstens neu zu deuten, in das man unverhofft hineingeworfen wird. Erwachsenwerden ist in recht dramatischer Weise thematisiert als Notwendigkeit, die eigene Naivität zu überwinden und die Selbstverständlichkeit der behüteten Welt zu verlassen.

2. Das Verhältnis der Generationen

Ein wichtiger Aspekt in den beiden Romanen betrifft das Verhältnis der Generationen zueinander. Auffällig ist dabei zunächst, worüber die Erwachsenen nicht mit den Jugendlichen sprechen und welche Fragen sich die Jugendlichen nicht trauen, vorzubringen. Die ältere Generation versucht Informationen vorzuenthalten und Gesprächsthemen, von denen sie annehmen, dass sie für die Mädchen oder auch für sie selbst nicht geeignet sind, aus dem Weg zu gehen. In *Die verlorenen Schuhe* wollen die Eltern das drohende Unheil der herannahenden Kriegsfront nicht benennen. In *Ringel, Rangel, Rosen* – Katrin Lehnen und Lisa Schüler beleuchten dies in ihrem Beitrag ausführlich – verschweigen sie die eigenen Verstrickungen in die nationalsozialistische Vergangenheit. Das geht bis hin zur Konstruktion von Lügengebäuden, die die scheinbar heile Welt der Mädchen im Sinne einer Behütung bewahren sollen. In beiden Romanen fehlt bei den Erwachsenen das Bemühen, die Realität sich selbst und den Jugendlichen gegenüber zu erklären. Sie machen ihnen – und teilweise auch sich selbst – etwas vor, was mit der Wirklichkeit nicht übereinstimmt. Entsprechende Fragen der Mädchen werden abgewehrt. Sogar der Verlobte von Inge, der junge Offizier Wolfgang, behandelt sie von oben herab, spricht sie als „Kind" an (z.B. *DvS* S. 18, 67) und behauptet mehrfach, dass sie die Vorgänge nicht verstehen könne.

Es gibt allerdings eine Ausnahme: Der Vater von Gina Mayers zweiter Hauptfigur Wanda, ein polnischer Literaturwissenschaftler, für den die deutsche Kultur eine ideale Welt repräsentiert, kann es nicht fassen, wie mit dem Überfall der deutschen Wehrmacht auf Polen und den Folgen des nationalsozialistischen Rassenwahns nicht nur sein eigenes Leben, sondern auch seine Ideale zerstört werden.

Ansonsten wird ein Bild von Eltern gezeichnet, die sich in ihren politischen Irrtümern verstrickt haben und diese Irrtümer vor den eigenen Kindern zu verbergen suchen. Dabei wird auch massiver emotionaler Druck aufgebaut, der verhindern soll, dass die eigenen Kinder Fragen stellen. So unterbricht Karins Vater ihr Fragen mit der Mahnung: „Du darfst Mutti nicht so traurig machen." (*RRR* S. 63) Die Jugendlichen sind jedoch sehr hellhörig und setzen sich aus einzelnen Informationen, die sie oft zufällig beim Lauschen erhalten, ein Bild zusammen. Nach und nach durchschauen sie das Verdrängen und Verschweigen der Kriegsschuld oder, wie bei Gina Mayer, die Selbstrechtfertigungen, die Sprache der Propaganda, die Parolen des Durchhaltens bis zum Endsieg. Dringt etwas an die Oberfläche und werden Fragen gestellt, wird abgewiegelt: „Das waren ganz andere Zeiten damals, das könnt ihr heute wirklich nicht verstehen" (ebd.). Für Karin entsteht die bohrende Frage, ob ihr Vater als Soldat gemordet hat, als sie ein Fotoalbum entdeckt, aus dem zwei Fotos herausgerissen wurden, die hätten belegen können, wie „erwischte Freischärler" und „gefangene Heckenschützen" (*RRR* S. 140f) erschossen wurden.

Die Jugendlichen erhalten ein Bild von der älteren Generation, das gekennzeichnet ist von Widersprüchen, Schwächen und Fehlern, es enthält auch die Erfahrung, dass es Erwachsene nicht immer gut meinen, ihre Kinder sogar täuschen und betrügen (mehr noch bei Inge als bei Karin). Es gibt die Erfahrung des Ausgeliefert- und Unterlegenseins, die jedoch im Verlauf beider Bücher abnimmt und so auch den Weg vom Jugend- zum Erwachsenenalter konstruktiv begleitet. Es gibt Streit und Durchsetzungskämpfe, wie etwa bei Karin, die endlich eine andere Frisur haben und sich schminken will und sich in dieser Auseinandersetzung letztlich durchsetzt. Auch Inge tritt am Ende ihrer Flucht selbstbewusst auf, zum Beispiel gegenüber den von Brandts, die beinahe ihre Schwiegereltern geworden wären.

Interessant an *Ringel, Rangel, Rosen* ist in diesem Zusammenhang besonders die Darstellung, wie die Elterngeneration die eigene Kriegsschuld verdrängt und das Gespräch mit ihren Kindern verweigert. Für Inge aus *Die verlorenen Schuhe* ist die Kriegsschuld von Anfang an klar, auch wenn dieses Thema zu Hause nie zur Sprache kam. Bei Boie ist es anders: Karin hatte einen Roman über den Krieg und die Judenverfolgung von ihrer Freundin ausgeliehen und gelesen. Sie erhält die von den Eltern zurückgehaltenen Informationen aus diesem Buch. Karins Mutter reagiert unwirsch: „Was hast du denn plötzlich immer damit? Sei froh, dass du das nicht miterleben musstest! Das ist ja furchtbar, was für ein Schmutz da jetzt neuerdings immer hochgezerrt wird! Wer das nicht mitgemacht hat, der soll mal ganz still sein!" (*RRR* S. 57). Die Verdrängung der Kriegsschuld zählt zu den eigentümlichen Merkmalen der deutschen Nachkriegszeit. Alexander Mitscherlich hat in dieser kollektiven Verdrängung auch die Ursachen für den Studentenprotest von 1968 gesehen.[2] Eine ‚vaterlose Gesellschaft', die das Gespräch mit ihren Kindern im Jugendalter verweigert, wird zur Belastung für eine Jugendgeneration, die Fragen stellt und sie nicht beantwortet bekommt. Der Ausbruch von Auflehnung und Protest erscheint dann wie eine logische Konsequenz.

In den beiden Jugendromanen ist von Revolte jedoch nichts spürbar. Der Schwerpunkt liegt mehr in der eigenen Lebensbewältigung und der Überwindung der durch mangelnde Erfahrung begründeten eigenen Naivität.

3. Wertewandel und normative Orientierungen

Die Erfahrung von Krieg und Vertreibung sowie die Bewältigung der Naturkatastrophe 1962 in Hamburg sind begleitet von einer Perversion zahlreicher Wertvorstellungen. Zahlreiche bürgerliche und humane Werte, die während der Kindheit erworben wurden und im familiären und gesellschaftlichen Umfeld das Zusammenleben ordneten, werden durch die Notsituationen außer Kraft gesetzt und teilweise in ihr Gegenteil verkehrt. So gibt beispielsweise Inge die polnische Zwangsarbeiterin Wanda als ihre Schwester und Halbschwester aus, Lüge und Notlüge werden wichtig für das Überleben, Raub und Diebstahl alltägliche Erscheinungen. Gerade Inge macht hier schlimme Erfahrungen, als sie mehrfach lebenswichtige Ressourcen, die sie auf die Flucht mitnehmen konnte, durch Diebstahl verliert. Auch materielle Werte verschieben sich dramatisch:

---

2 Vgl. Alexander Mitscherlich: Auf dem Weg zur vaterlosen Gesellschaft. Ideen zur Sozialpsychologie. München 1971.

Wertvoller ererbter Schmuck wird gegen Würste eingetauscht. Es gibt die Erfahrung von Willkür, Gewalt, Recht- und Schutzlosigkeit, gegen die niemand einschreitet. Äußerlichkeiten werden unwichtig angesichts der Not zu überleben: Frisur, Kleidung, ein gepflegtes Erscheinungsbild. Eine junge Frau darf nicht mehr attraktiv aussehen, um sich nicht der Gefahr sexueller Übergriffe und drohender Vergewaltigung auszusetzen. Schlimm ist die Erfahrung, wie Vertrauen missbraucht wird. Der letzte Rat des Vaters an Inge war: „Trau, schau, wem" (*DvS* S. 83). Dass Not und Existenzangst die Menschen in unberechenbarer Weise verändern und blanker Egoismus das Verhalten bestimmt, wird zur alltäglich erfahrbaren schmerzhaften Wirklichkeit. Nur wenige Menschen widerstehen diesem Sog: So tritt eine Bäckersfrau auf, die Mitgefühl zeigt. Oder es nimmt eine Pfarrfrau Flüchtlinge in ihr Haus auf, obwohl sie selbst unter Not leidet. Dies überrascht deshalb, weil sonst der christliche Glaube an Gott in beiden Romanen in ein schlechtes Licht gerückt wird und durchweg abwertend zur Sprache kommt. Hier wird ein explizit normativer Standpunkt der Autorinnen sichtbar. Auf folgende Stelle sei hier illustrierend verwiesen:

> Aber nun erging es Wanda schlecht, viel schlechter, als sie es sich jemals hätte vorstellen können, doch der Glaube war ihr keine Stütze. Sobald ihr Unglück begonnen hatte, schon damals im Sammellager, war ihr Glaube auseinandergebrochen wie ein Stück morsches Holz. Sie hatte die Überreste weggeworfen. Nur manchmal, wenn die Verzweiflung in ihr überhandnahm, faltete sie unwillkürlich die Hände. Aber sie betete niemals. Gott hatte sie in ihrem Elend verlassen. Man konnte ihm aber keinen Vorwurf daraus machen, weil es ihn nämlich gar nicht gab. (*DvS* S. 30)

In *Ringel, Rangel, Rosen* werden bezüglich der Werte und Normen jedoch an einigen Stellen auch Kontinuitäten hergestellt. Bei aller nachträglichen Verdrängung der eigenen Verstrickung in den Nationalsozialismus – der Vater von Karin war Soldat, ihre Mutter war BDM-Führerin – betonen Karins Eltern, besonders ihre Mutter, dass ‚nicht alles schlecht gewesen' sei. Auch wird dem Satz: „Die deutsche Frau raucht nicht, trinkt nicht und schminkt sich nicht" (*RRR* S. 38) weiterhin Gültigkeit zugeschrieben und als Maxime für das eigene Erziehungsverhalten zugrunde gelegt.

4. Aufbruch in neue Welten

Die jugendlichen Hauptfiguren beider Romane werden in ungeplante und unplanbare Situationen hineingeworfen, die fast abenteuerliche Merkmale aufweisen würden, wenn es nicht um die Bedrohung von Leib und Leben ginge. Es gibt bei beiden Mädchen die Sehnsucht nach Bewährung. So klagt Karin darüber, immer nur Erbsen auspulen und in der Küche helfen zu müssen, immer nur in die Schule gehen und Kartoffeln schälen zu müssen. Sie bedauert, nicht selbst Juden beim Überleben helfen oder sonst richtig nützlich sein zu können.

Endlich einmal gewohnte Bahnen zu verlassen und auf sich selbst gestellt zu sein, sich nicht immer helfenden und schützenden Händen ausgeliefert sehen zu müssen – dies wird zu einem erstrebenswerten Ziel des Erlangens von Selbstständigkeit. In den Romanen wird dann die Erfahrung einer radikal offenen Zukunft thematisiert, es werden Situationen geschildert, in denen für ihre Bewältigung nicht auf Gewissheiten und zuverlässige Handlungsmuster zurückgegriffen werden kann. Dies erzeugt nicht nur Spannung für die Lektüre, es dürften in grundsätzlicher Weise Anschlussflächen entstehen für jugendliche Leserinnen und Leser, die selbst vom Ausbruch aus dem Trott des Alltags und dem Aufbruch in neue Welten träumen, Welten, in denen Freiheit, Ungebundenheit und Abenteuer vorherrschen und Gelegenheiten für persönliche Bewährung bei der Lösung von Problemen entstehen.

Die Struktur von Erfahrungsprozessen kommt unter diesem Aspekt in seiner konsequentesten und dichtesten Bedeutung zum Tragen. Es ist die Struktur der Negativität, die in der existenzphilosophischen Interpretation des Erfahrungsbegriffs herausgearbeitet wurde und besagt, dass im Leben Ereignisse eintreten, die unplanbar sind und die die Botschaft enthalten, dass viele Dinge anders kommen als vermutet.[3] Es sind die durchkreuzten Erwartungen, die sich dem Menschen schicksalhaft zumuten und ihn auf die Grundfrage der Nichtbeherrschbarkeit seiner Existenz zurückwerfen. Ausgeliefert zu sein an die schicksalhaft eintretenden Ereignisse und die Erfahrung der Diskontinuitäten des Lebens signalisieren deshalb zu jedem Zeitpunkt die Möglichkeit des absoluten Scheiterns und der Erfahrung von Zeit als eine Aneinanderreihung krisenhafter Momente. In einem solchen Verständnis von Erfahrung kann es keine Gewissheiten mehr geben, weil sie mit jedem Ereignis wieder neu zur Disposition gestellt werden. Es ergeben sich dadurch Situationen, deren Ambivalenz kaum noch steigerungsfähig erscheint. Der Aufbruch ins Neue erfordert ein Loslassen alter Erfahrungen, neue Sicherheiten müssen erst erkämpft und erarbeitet werden, ohne dass damit eine dauerhafte Stabilität erreichbar wäre. Vertikale Orientierungen im Leben schrumpfen zusammen auf die Bewältigung unvorhersehbarer Momente, die die Gegenwart beschert.

5. Die Erfahrung sozialer und kultureller Differenz

Beide Romane enthalten zahlreiche Situationen, in denen die Bilder sozialer und kultureller Unterschiede in Bewegung geraten. Bei Inge erscheint die soziale Hierarchie zunächst ganz selbstverständlich. Es gibt Großgrundbesitzer und Herren auf der einen sowie Knechte, Mägde und Fremdarbeiter auf der anderen Seite. Aber durch die Not der eigenen Flucht gerät die Hierarchie grundlegend ins Wanken, so dass sich im Laufe des Romans die Veränderung zumin-

---

3 Vgl. Otto Friedrich Bollnow: Existenzphilosophie und Pädagogik. Stuttgart 1970.

dest am Beispiel der Beziehung zwischen Inge und Wanda zunehmend als gleichberechtigte Symmetrie einspielt und Fragen der sozialen Herkunft mehr und mehr eine untergeordnete Rolle spielen. Auch die Zuschreibung sozialer und kultureller Klischees gerät in eine neue Dynamik. Die Vorurteile und Feindbilder, die während des Nationalsozialismus auch durch die offizielle rassistische Ideologie geschürt wurden, geraten ins Wanken. Drastisch beschrieben wird dies am Beispiel des Vaters von Wanda. Als Bewunderer der deutschen Kultur und ihrer Errungenschaften in Literatur, Kunst und Musik muss er nun erleben, dass sich die Deutschen wie Barbaren aufführen, wie sie seine Universität zerstören und die slawische Bevölkerung als minderwertig behandeln. Auch Soldaten, die zunächst als Bedrohung und als gewalttätige Zerstörer und Unterdrücker, als Mörder und Vergewaltiger ins Bild rücken, sind von der Veränderung der Zuschreibung nicht ausgenommen. Im Laufe der Flucht von Inge und Wanda werden zumindest die amerikanischen Soldaten als Befreier und Erlöser gefeiert, das reicht bis zum fast kitschig anmutenden Ende der Geschichte, als Inge mit ihrem Klavierspiel bei ihren Auftritten als Star gefeiert und von amerikanischen Soldaten als Beispiel für das ‚deutsche Fräuleinwunder' umjubelt wird.

Im Roman von Gina Mayer werden unterschiedliche Muster jugendlicher Lebensläufe kontrastiv einander gegenübergestellt. Wolfgang von Brandt, der Verlobte von Inge, entstammt einer Familie, in der die militärische Laufbahn immer schon einen hohen Stellenwert einnahm. Er selbst sucht Anerkennung in der Familie dadurch zu erhalten, dass er selbst in der Wehrmacht Karriere macht. Der Krieg bietet ihm einen willkommenen Anlass, sich zu bewähren. Stromlinienförmig angepasstes Verhalten und die kritiklose Übernahme der politischen Ziele des Nationalsozialismus sind die Folge.

Geradezu gegensätzlich dazu wird die Figur des Marek entworfen, der im sozialistischen Untergrund arbeitet. Marek ist überzeugter Kommunist und findet in den politischen Konfrontationen des Krieges alle Argumente für die Richtigkeit seiner Position, ohne über eigene Widersprüche zu stolpern. Insofern zeigt sich auch bei ihm eine gewisse dogmatische Härte, die bis in die Ausgestaltung von Beziehungen zu jungen Frauen reicht. Die Instrumentalisierung aller Lebensvorgänge für die marxistisch-leninistische Ideologie wird an vielen Details ausgeleuchtet.

Wanda und Inge kommen aus bürgerlichen Milieus, die auch einen starken Bildungsanspruch transportieren. Unterschiede ergeben sich durch die Lebensläufe, die vor allem Wanda aufgrund ihrer slawischen Herkunft stark benachteiligen und ihr in viel existentiellerer Weise die Kraft des Überlebens abverlangen. Was es heißt, durch Herkunft und Sprache benachteiligt zu sein, wird an der Darstellung ihres Schicksals plastisch sichtbar. Früher als Inge verliert sie die Naivität und erkämpft sich Verhaltensweisen, die ihr das Überleben sichern. Hierzu gehört auch, nicht erkennen zu lassen, dass sie die deutsche Sprache versteht: „Es war gefährlich, wenn man ihnen zeigte, dass man sie verstand" (*DvS* S. 23).

Bei Karin zeigt sich die Erfahrung des sozialen und kulturellen Wandels in etwas anderen Kategorien. Es ist der Aufbruch aus der kleinbürgerlichen Enge mit all ihrer relativ heiteren, insgesamt jedoch recht oberflächlichen und leicht verkrampften Lebenswelt. Diese kleinbürgerliche Idylle bekommt mehr und mehr Risse. Nachrichten über den Eichmann-Prozess in Israel sowie über den Mauerbau der DDR dringen hindurch und werfen Fragen nach der Vergangenheit auf. Auch Fernseh-Unterhaltungsprogramme sind eingebunden in die Inszenierung einer vordergründig heilen Welt, die sich gegen die Vergangenheit abzuschotten versucht. Gegen die Versuche der Erwachsenen, diese Risse zu übertünchen und zu verdrängen entsteht in der jungen Generation nun eine Art ästhetischer Rebellion. Jugendliche Eigenständigkeit wird, abgesehen von einigen kritischen Rückfragen, nicht diskursiv und argumentativ behauptet, sondern macht sich Raum durch eine eigene ästhetische Praxis. Die Haare toupieren, Stöckelschuhe tragen, anstatt Zöpfen eine Pony-Frisur wünschen, eigentlich harmlose Anzeichen des Größer-Sein-Wollens, werden zu Symbolen der Aufsässigkeit und Geschmacklosigkeit („ordinär", *RRR* S. 58) aufgewertet. Die Musik von Elvis Presley gilt in den Bewertungen der Erwachsenen als „primitiv" (*RRR* S. 17). Dies ist neu im Vergleich zu früheren Formen jugendlichen Emanzipationsdrangs: Vertikale Orientierungen werden zurückgedrängt zugunsten horizontaler Orientierungen, die unterfüttert werden mit den Mitteln ästhetischer Selbststilisierung als neue Formen einer jugendkulturellen Praxis.

6. Begegnungen mit Freundschaft und Liebe

Der Erwerb und die Verarbeitung von Erfahrungen im Jugendalter schließt immer auch erste Begegnungen und Konfrontationen mit Freundschaft und Liebe in ihren sexuellen und erotischen Konnotationen ein. So schildern auch die beiden Autorinnen in zahlreichen Nuancen und Abstufungen Situationen, die die jugendlichen Protagonistinnen suchen oder in die sie sich hineingeworfen fühlen. Diese Schilderungen erfolgen in sehr behutsam und einfühlsam gewählten Formulierungen. Vieles wird nur angedeutet, so dass die Spannweite aus Schwärmerei und flüchtiger Verliebtheit, von schüchterner Zurückhaltung bis hin zu obsessivem Verlangen differenziert in die Handlungen eingewoben sind. Auch die Verletzlichkeit eigenen Selbstbewusstseins, das sich der Wertschätzung durch das andere Geschlecht erst vergewissern muss, wird taktvoll angesprochen, wenn sich beispielsweise Karin schämt, einen „schlottrigen Badeanzug" (*RRR* S. 14) tragen zu müssen, wo sie doch so gerne einen Bikini hätte. Sie beginnt sich für andere Jungs zu interessieren, obwohl doch alle Jungs „kindische Angeber" (*RRR* S. 29) seien. Auf der anderen Seite wird auch die Entwicklung der Beziehung von Inge und Wolfgang von Brandt, mit dem sie früh verlobt ist, als Reihe enttäuschter Hoffnungen und Erwartungen beschrieben, die zwangsläufig in der Auflösung der Verlobung enden muss.

Erotik und Sexualität brechen auch in unerwarteter Weise in das Geschehen ein. So wehrt Wanda durch entschlossenes Eingreifen, unterstützt durch glückliche Umstände eine drohende Vergewaltigung von Inge durch russische Soldaten ab; diese macht dann gegen Ende der Flucht die Erfahrung der Hingabe an den Sohn eines Bauern, an dessen Hof die beiden jungen Frauen untergekommen sind. Heimlichkeit ist ein Merkmal, das fast durchgängig die Erfahrung mit Erotik und Sexualität begleitet, sogar in der Darstellung der Liebesbeziehung von Wanda zu Marek in ihrer polnischen Heimat vor der Zeit ihrer Zwangsverpflichtung und Verschleppung als Fremdarbeiterin.

Schrittweise wird auch die Entstehung echter Freundschaft in die Dramaturgie der Romane eingewoben. Sie wird bei Inge und Wanda sichtbar als Ergebnis einer langen gemeinsamen Flucht, die zunächst mit wechselseitigen Vorbehalten, ja sogar mit Abneigung und Hass beginnt, dann zu einer Art Zweckgemeinschaft führt, die das Überleben und die Bewältigung des Flüchtlingsalltags erleichtert, um dann gegen Ende des Romans in die Entfaltung einer belastbaren Solidarität einzumünden. Die Darstellung der Entwicklung zu dieser Freundschaft aufgrund gemeinsam bewältigter Erfahrungen zählt sicher zu den starken Elementen im Roman von Gina Mayer.

Ein etwas anderer Reifeprozess wird im Roman von Kirsten Boie sichtbar gemacht in der Beziehung zwischen Karin und Sigrun, die einen halbjüdischen Vater hat und damit nicht in das Schema der kleinbürgerlichen Verdrängungsideologie bundesdeutscher Nachkriegsgeschichte passt. Seine Herkunft muss sogar noch in den 1960er Jahren verschwiegen werden, um die Bäckerei in ihrer Existenz nicht zu gefährden. Immerhin könnte es sein, dass die Kunden wegbleiben, weil er in der deutschen nichtjüdischen Bevölkerung immer ein schlechtes Gewissen auslöst. Hier wird deutlich, wie die Zeit der Judenverfolgung noch nachwirkt und zur Belastung auch für die Freundschaft zwischen Karin und Sigrun wird. Es bleibt im Roman offen, ob die Freundschaft dies aushält und die eigenen Erfahrungen stärker sind als die Belastungen aus der Vergangenheit.

7. Konfrontationen mit dem Tod

Auch die Konfrontationen mit dem Tod zählen zu den eindrücklich beschriebenen Szenen in den beiden Jugendromanen. Als drohendes Unheil durchzieht der Tod den gesamten Roman *Die verlorenen Schuhe*, er kommt in vielen Facetten auch indirekt zur Sprache, zum Beispiel über Berichte Dritter, über Nachrichten von Krieg, Flucht und Vertreibung. Bei Gina Mayer sind es zuerst eine Mutter und ihr frisch geborener Säugling, die sterben – ein Symbol für die Zukunftslosigkeit, Unnatürlichkeit und Lebensfeindlichkeit ihrer Lage insgesamt.

Erst nach und nach erfährt Inge die ganze Wahrheit, dass die Frau, eine Fremdarbeiterin am Hof ihrer Eltern war, ihr Kind und dann auch sich selbst umgebracht hat – Ausdruck von Verzweiflung und Angst, in der sich die Frau befand. Schockierend ist dann für Inge, als sie sich schon auf der eigenen Flucht befindet, die erste direkte Konfrontation mit einem toten Soldaten am Straßenrand, und später nochmals, als ein Soldat, vermutlich als Deserteur, erhängt worden ist. Der Mantel des Toten wird jedoch wegen der bitteren Kälte benötigt, es kostet große Überwindung, ihn dem Toten auszuziehen. Eine Art Begleitung beim Sterben übernehmen die beiden jungen Frauen, als sie bei einer alten blinden Frau unterkommen, die schon recht verwirrt ist und den Verlust ihrer eigenen Tochter nicht verkraftet hat.

In *Ringel, Rangel, Rosen* taucht das Thema Tod im Zusammenhang der Naturkatastrophe auf, als einige der Nachbarn nicht überleben und vor allem bei Oma Domischkat, die ihren Mann und Sohn im Krieg und auf der Flucht verloren hat und die auch selbst den wiederholten Verlust der Heimat nicht überwinden kann. Ihre Beerdigung stellt eine auch literarisch eindrucksvoll beschriebene Szene dar, in der die kleinbürgerliche Welt der Erwachsenen und die nun selbst behauptete Eigenständigkeit der Jugendlichen noch einmal aufeinander prallen.

Der Tod sowie der Verlust von Menschen werden in beiden Romanen als Drohkulisse angesprochen, aber auch als unausweichlicher Aspekt des Lebens, dessen Verarbeitung in Trauer und eigenem Überlebenswillen zu den Entwicklungsaufgaben des Jugendalters zählt. Das Bewusstwerden und die Angst über die Möglichkeit, den eigenen Tod nicht zu verdrängen, wird auch dort mitthematisiert, wo die Autorinnen mit Anspielungen und indirekten Hinweisen arbeiten.

Fazit: Erwachsenwerden als Verlust von Naivität und Gewinn an bewältigter Erfahrung

Die Romane von Gina Mayer und Kirsten Boie beschreiben Formen des Erwachsenwerdens als schrittweisen Verlust von Naivität, Unbekümmertheit und Sorglosigkeit. In diesem Sinn leitet der Erzähler von *Die verlorenen Schuhe* die Geschichte ein, wenn es zu Beginn heißt: „Inge war 13 Jahre alt. Sie hatte noch niemals einen Krieg miterlebt. Sie hatte überhaupt noch nichts erlebt. Sie hatte alles noch vor sich" (*DvS* S. 7). In der zunächst heil erscheinenden Welt werden Risse sichtbar, es entstehen Stolpersteine, die bohrende Fragen aufwerfen und nach Erklärung dürsten. Auch werden die Jugendlichen gewaltsam in Situationen hineingeworfen, die das Leben grundlegend ändern. Das Fertigwerden mit dem Neuen, das einerseits als Möglichkeit für Aufbruch und Bewährung dient, andererseits aber unausweichlich aufgezwungen wird, kommt als Spannungsfeld mit großer Ambivalenz zum Tragen. In dieser Ambivalenz bilden sich

Grundfragen des Großwerdens im Jugendalter ab, die von übertragbarer Bedeutung sind, auch wenn sie jeweils in zeittypischer Gestalt begegnen. Pädagogisch sind die beiden Romane darin, dass sie den Weg ins Erwachsenwerden auch unter existentiell bedrohlichen Situationen als prinzipiell bewältigbaren Prozess darstellen, in dem es möglich ist, den Gewinn neuer Erfahrung und Erkenntnis mit dem Erwerb neuer persönlicher Stabilität und eigenständiger Identität zu verbinden. Beide Romane gehen gut aus und machen in diesem Sinne Mut, sich offen neuer Erfahrung zu stellen.

Es stellt sich allerdings die Frage, warum in beiden Romanen Mädchen als Hauptprotagonistinnen gewählt wurden. Sollen hier weibliche Leserinnen bevorzugt angesprochen und erreicht werden? Weibliche Autorinnen beschreiben die Handlungen aus der Sicht von Mädchen und wenden sich dabei an Leserinnen, die ja, wie man aus der Sozialisationsforschung weiß, eine weitaus größere potentielle Leserschaft bilden als Jungen, die eher schwer zur Lektüre zu bewegen sind. Greifen hier Marktmechanismen, die einen höheren Verkaufserfolg versprechen? Werden durch die ‚Besetzung' des Historischen Jugendromans durch weibliche Perspektiven Jungen noch mehr vom Bücherlesen abgehalten, so dass sich die Schere zwischen Jungen und Mädchen, was Zugänge zur Literatur betrifft, noch weiter öffnet? Es wäre jedenfalls zu wünschen, dass in weiteren Historischen Jugendromanen auch die Perspektive der Jungen breitere Beachtung findet.

Schweigen zur Sprache bringen
Überlegungen zu Sprachlosigkeit und Schweigen in Kirsten Boies Roman *Ringel, Rangel, Rosen*

LISA SCHÜLER / KATRIN LEHNEN

„Man kann nie mehr vergessen, was man einmal weiß, nie mehr" (*RRR* S. 168). Mit diesem Satz bringt Karin, die Hauptfigur in Kirsten Boies Roman *Ringel, Rangel, Rosen,* am Ende des Buches eine zentrale Erfahrung mit bedrängenden und traumatischen Erlebnissen zum Ausdruck. Das ‚einmal Gewusste', um das es in dem Roman geht, ist keine Kleinigkeit: Karin realisiert nach und nach, dass auch ihre Eltern in den Nationalsozialismus verstrickt waren und dass diese, anders als sie es von ihren Eltern erwartet hätte, verfolgten Juden nicht geholfen haben. Daraus lassen sich verschiedene Fragen ableiten: Wie geht man als Heranwachsende damit um, dass die eigenen Eltern nicht schuldlos sind? Wie gehen die Eltern selbst damit um? Und wie lässt sich darüber sprechen – oder eben nicht?

Historische Jugendromane eröffnen ihren Leserinnen und Lesern die Möglichkeit, sich in andere Zeiten und Menschen hinein zu versetzen. Der zeitliche wie interpersonale Perspektivenwechsel kann zum Ausgangspunkt für Überlegungen darüber werden, was das Rezipierte mit dem eigenen Leben zu tun hat. *Ringel, Rangel Rosen* ist in diesem Sinne ein in hohem Maße selbstreflexiver Text, wenn er vorführt, wie die Protagonistin Karin durch ein Buch, das von jüdischen Kindern im Nationalsozialismus handelt, zum Nachdenken über die Vergangenheit und die Beteiligung ihrer Eltern am Nationalsozialismus angeregt wird.[1] In Karin wird durch die medial vermittelte Begegnung mit Geschichte ein Wissensbedürfnis geweckt. Als sie sich jedoch mit ihren Fragen, die sie mehr und mehr belasten, an die Eltern wendet, begegnen ihr Abwehr und Schweigen. Mit dem Verschweigen, Wegschweigen bis hin zum Davon-nichts-gewusst-Haben greift der Roman von Kirsten Boie zentrale und schwierige Topoi der deutschen Nachkriegszeit auf und führt exemplarisch vor, auf welche Weise sich Vergangenheit und Geschichte in die Kommunikation der Familie einschreiben, zur kommunikativen Barriere und zum unhintergehbaren Kontext der Interaktion werden. Der Kommunikationsradius wird dabei über die Familie hinaus auf weitere soziale Kontexte wie Nachbarschaft, Verwandte und Freundinnen erweitert, in denen ihrerseits die komplizierte und brüchige Kommunikation zwischen der Täter- und Opfergeneration und ihren Nachfahren zum Gegenstand gemacht werden.

---

1 Es handelt sich bei dem betreffenden Buch um den Historischen Jugendroman Sternkinder (1946) von Clara Asscher-Pinkhofs (vgl. dazu auch die Beiträge von Norman Ächtler und Monika Rox-Helmer sowie das Werkstattgespräch mit Kirsten Boie in diesem Band).

Die Art und Weise, wie Boie die schwierige, gestörte und in weiten Teilen ausbleibende Kommunikation der Beteiligten zum Gegenstand macht, wie sie also das Schweigen und die Sprachlosigkeit im Roman zur Sprache bringt, geschieht auf eine höchst interessante und eigenwillige Weise: Das Schweigen der Elterngeneration in Bezug auf den Nationalsozialismus, das Nicht-darübersprechen-Können und -Wollen verbindet sich mit dem eigenen Schicksal Karins: Sie erlebt die Nacht der Hamburger Sturmflut 1962 und ist – stark traumatisiert – danach kaum in der Lage, die Ereignisse dieser Nacht und der darauf folgenden Zeit zu verbalisieren und der Kommunikation mit anderen zugänglich zu machen. Die Sturmflut wird zu einer existentiellen, lebensbedrohenden Erfahrung, die freilich auf ganz andere Weise als das Schweigen der Eltern zu Sprachlosigkeit führt – aber an vielen Stellen Parallelen evoziert und thematische Verbindungen schafft. Der Roman belässt es nicht dabei, die Topoi der Sprachlosigkeit und des Schweigens zwischen Kriegs- und Nachkriegsgeneration für das Sprechen über den Nationalsozialismus und den Holocaust literarisch zu verarbeiten, sondern er bringt – fast könnte man sagen stillschweigend – historische Kontexte zueinander, die einem ersten Eindruck nach nichts miteinander zu tun haben, und nutzt ihr Nebeneinander für einen verschärften Blick auf die schwierige und zweifelhafte Verständigung zwischen und innerhalb von Generationen.

Schweigen und Sprachlosigkeit, so die Ausgangsüberlegung der folgenden Ausführungen, bilden ein thematisches Band des Romans, das auf je eigene und spezifische Weise in den unterschiedlichen Romanteilen geknüpft und sprachlich-kommunikativ inszeniert wird. Die sprachlich-kommunikative Inszenierung verläuft dabei im Wesentlichen nicht über das metakommunikative Kommentieren oder Reflektieren von Schweigehandlungen durch die Romanfiguren, sondern durch die Einbettung in dialogische Szenen oder innere Monologe, in denen Themen zwar aufgeworfen und angeschnitten, häufig aber nicht wieder aufgegriffen und weiter verhandelt werden. Gesprächszüge und Gedanken laufen ins Leere und werden durch Sprecherwechsel (sogenannte ‚turns') oder andere Gedanken überlagert, ohne dass die Kommunikation notwendig abbrechen muss. Schweigen funktioniert hier an vielen Stellen auch durch das Reden und Nachdenken über anderes. Auf diese Weise wird sprachlich von der Autorin vorgeführt, was kommunikativ nicht ausgeführt wird. Diesen sprachlichen Prozeduren des (Ver-)Schweigens und der Sprachlosigkeit soll im Folgenden nachgegangen werden. Dazu erfolgt zunächst eine kurze Einordnung des Schweigens aus linguistischer Perspektive (Kap. 1). Die Ausführungen konzentrieren sich in diesem Punkt auf die Darstellung unterschiedlicher Formen und Funktionen des Schweigens in der Kommunikation, so wie sie u.a. die Gesprächslinguistik in den letzten Jahren herausgearbeitet und systematisiert hat.² An exemplarischen Textausschnitten wird dann gezeigt, wie Formen und Funktionen von Schweigen und Sprachlosigkeit im Roman realisiert und sprachlich hergestellt werden (Kap. 2). Es versteht sich von selbst, dass man es in dem Roman mit *ästhetischen Produktionsverfahren* und nicht mit einer gesprächslinguistischen Aufarbeitung kommunikativer Schweigehandlungen zu tun hat. Es ergeben sich aber interessante Anknüpfungsmomente, die in der Analyse herausgestellt werden sollen. Ausgehend von der Analyse soll anschließend gezeigt werden, in welcher Weise die von problematischer, fehlender und fehlgeleiteter Kommunikation bestimmten Ausschnitte des Romans Leerstellen eröffnen, aus denen sich ein besonderes Potential für die Gestaltung von Lernarrangements im schulischen Unterricht ergeben (Kap. 3). Die Frage ist hier, wie sich das Schweigen als prägendes Merkmal im Umgang mit Geschichte und nationalsozialistischer Vergangenheit zum Gegenstand des Sprechens und Schreibens im Unterricht machen lässt.

Es sei noch bemerkt, dass auch der Roman von Gina Mayer das Thema des Schweigens an verschiedenen Stellen thematisch, wenngleich nicht zentral werden lässt. Zugunsten einer eher lupenartigen Analyse des Romans von Kirsten Boie wird hier auf eine vergleichende Analyse beider Romane verzichtet.

1. Reden und Schweigen als kommunikative Praktik und kulturelle Praxis – theoretischer Rahmen

Linguistisch betrachtet ist das Schweigen „eine kommunikative Handlung, wenn auch keine Sprachhandlung"³. Als kommunikative Handlung ist Schweigen damit prinzipiell bedeutsam, wenngleich es sprachlich nicht kodiert und im Gegensatz zum Sprechen nicht materiell ist. In welcher Weise es bedeutsam wird, hängt vom kommunikativen Kontext ab. Da Schweigen, so wie es uns hier interessiert und wie es Boie in dem Roman in seinen unterschiedlichen Facetten konturiert, immer in Handlungskontexte eingebunden ist, lässt es sich – unabhängig davon, ob es intentional oder nicht-intentional ist – als *Handlung* begreifen⁴ und entfaltet damit in der Kommunikation potentiell Deutungsangebote und Anschluss- bzw. Ausschlussoptionen.

Wesentlich für eine linguistische Betrachtung des Schweigens ist die Einsicht, dass Schweigen nicht als Negativfolie von Sprache und Sprechen aufzufassen

---

2 Für einen Überblick sind u.a. einschlägig: Deborah Tannen, Muriel Saville-Troike: Perspectives on Silence. Norwood 1995; Adam Jarworski: The Power of Silence. Social and Pragmatic Perspectives. Newbury Park u.a. 1993; Osnabrücker Beiträge zur Sprachtheorie 42/1990; Fleur Ulsamer: Linguistik des Schweigens. Eine Kulturgeschichte des kommunikativen Schweigens. Frankfurt/Main u.a. 2002.
3 Dieter Wunderlich: Grundlagen der Linguistik. Reinbeck 1974, S. 310.
4 Vgl. Klaus Zimmermann: Überlegungen zu einer Theorie des Schweigens, in: Inger Rosengren (Hg.): Sprache und Pragmatik. Stockholm 1983, S. 37-45.

ist, dass Schweigen und Reden, Sprache und Sprachlosigkeit also keine Opposition bilden, sondern einander gegenseitig bedingen. Schmitz zeigt in einer Art Bestandsaufnahme verschiedener Gebiete der Linguistik, dass das Schweigen konstitutiv für die Sprache und das Sprechen ist: „Es gibt keine Sprache und kein Sprechen ohne Schweigen, und es gibt kein Schweigen ohne Sprechen [...]. Sprechen und Schweigen leben in Symbiose; sie sind dialektisch aufeinander angewiesen."[5] Ähnlich formuliert Jarworski „that speech and silence cannot be treated as functional opposites: one being the medium for adequate communication, and the other for creating a gap in communication."[6] Entgegen eines Alltagsverständnisses vom Schweigen und Sprechen als einander ausschließende Gegensätze kann man davon ausgehen, dass die „Auseinandersetzung mit dem Schweigen wohl als ein Merkmal jeglichen Sprechens gelten" darf.[7] Es wird daher auch als „kommunikatives"[8] oder „beredtes"[9] Schweigen bezeichnet. Dem Schweigen selbst muss nichts Auffälliges oder Markiertes anhaften. Schmitz: „Selbst bedeutet es nichts, bedeutsam wird es erst durch die Redesituation und das Vorher und Nachher im Redefluß", ähnlich auch Schröter: „Aufgrund der Materialabstinenz von Schweigen kann sich die Bedeutung eines konkreten Schweigevorkommens nur aus seinem unmittelbaren Kontext ergeben".[10]

Schweigen kann man, so Schmitz, genauso wie Reden, „auf anstößige, angepasste oder beiläufige Art"; anstößig wirke es, „wo Reden erwartet wird", angepasst, „wo Schweigen erwartet wird" und beiläufig, „wo niemand es als Schweigen wahrnimmt".[11] Diese Unterscheidung ist mit Blick auf die spätere Textanalyse erhellend; dort bewegen sich Schweigen und Sprachlosigkeit im Spannungsfeld von Anstößigkeit und Beiläufigkeit, etwa wenn Fragen von Karin an ihre Mutter unbeantwortet im Raum stehen bleiben und durch andere Gesprächsthemen oder Alltagsverrichtungen überlagert werden.

Aus den bisherigen Ausführungen wird deutlich, dass Schweigen als potentiell vieldeutig aufzufassen ist: „Da Schweigen nicht codiert ist, kann es alles be-

---

5 Ulrich Schmitz: Beredetes Schweigen – Zur sprachlichen Fülle der Leere. Über Grenzen der Sprachwissenschaft, in: Osnabrücker Beiträge zur Sprachtheorie 42/1990, S. 5-58, hier S. 6.
6 Jarworski (Anm. 2), S. 47.
7 Schmitz (Anm. 5), S. 8.
8 Ulsamer (Anm. 2), S. 14.
9 Schmitz (Anm. 5), S. 5; Gerhard Bauer: Wortohnmacht und ohnmächtiges Schweigen in einem faschistisch regierten Volk, in: Osnabrücker Beiträge zur Sprachtheorie 42/1990, S. 155-167, hier S. 161; Heiner Apel u.a.: Produktive Störungen: Pause, Schweigen, Leerstelle, in: Carsten Gansel, Norman Ächtler (Hg.): Das ‚Prinzip Störung' in den Geistes- und Sozialwissenschaften. Berlin, New York 2012 [im Druck], hier S. 114.
10 Schmitz (Anm. 5), S. 25; Melanie Schröter: Die Vielfalt des ‚Nichts', in: Zeitschrift für Angewandte Linguistik 42/2005, S. 43-61, hier S. 47.
11 Schmitz (Anm. 5), S. 5.

deuten, insbesondere sowohl Zustimmung als auch Ablehnung. Mißverständnisse können nur durch Rückgriff auf Ko- und Kontexte vermieden werden."[12] Schmitz spricht bereits im Titel seines Aufsatzes von der „sprachlichen Fülle der Leere" und deutet damit an, dass das Funktionsspektrum des Schweigens in der Kommunikation potentiell groß ist. In verschiedenen Arbeiten finden sich unterschiedliche Kategorisierungen der Funktionen von Schweigen.[13] Eine für die Analyse von Gesprächen aufschlussreiche Unterscheidung liefert Ulsamer, wenn sie grundlegend zwischen den „kommunikativ-strukturierenden Funktionen"[14] des Schweigens und den „kommunikativ-strategischen Funktionen"[15] unterscheidet. Erstere beziehen sich in einem gesprächsanalytischen Sinn auf die Turn-Organisation verstanden als Sprecherwechsel im Gespräch. Dies betrifft z.B. die Frage, wie durch kurze Schweigesequenzen Turnwechsel im Gespräch realisiert werden. Ebenso kann Schweigen innerhalb eines Turns, realisiert als Gesprächspause, als kommunikatives Signal gedeutet werden; diese Pausen dienen häufig der kognitiven Planung und Strukturierung der nächsten Gesprächsbeiträge. Sie können aber auch ein „Verzögern", eine „Unterbrechung" des Redeflusses oder einen „Zusammenbruch des Gesprächs"[16] anzeigen. Innerhalb der kommunikativ-strukturierenden Funktionen unterscheidet Ulsamer außerdem das Schweigen „anstelle eines Turns".[17] Interessant sind solche Turnaktivitäten insbesondere mit Blick auf die konversationelle Bedeutung von Fragen in der Interaktion, so wie sie gerade in *Ringel, Rangel, Rosen* zu einem tragenden Element der Handlung werden. Die nicht beantwortete Frage, die „schweigende Antwort", kann, so Ulsamer,

als ein typischer Fall des Schweigens, im weitesten Sinne als dessen Prototyp betrachtet werden, was sich vielleicht daraus erklären lässt, dass die Wahl zwischen Schweigen und Sprechen dem zur Antwort Verpflichteten offen steht, und jede Entscheidung, weil es eben eine bewusst getroffene Entscheidung ist, bedeutungsvoll ist.[18]

Kommunikativ-strategische Funktionen umfassen das Schweigen als Vermeidungs- und als Verhüllungsstrategie.[19] Vermeidungsstrategien werden bei

---

12 Ebd., S. 31.
13 Vgl. u.a. Alfred Bellebaum: Schweigen und Verschweigen. Bedeutungen und Erscheinungsvielfalt einer Kommunikationsform. Opladen 1992; Wolfgang Heinemann: Das Schweigen als linguistisches Phänomen, in: Hartmut Eggert, Janusz Golec (Hg.): „„...wortlos der Sprache mächtig". Schweigen und Sprechen in der Literatur und sprachlicher Kommunikation. Stuttgart u.a. 1999; Deborah Tannen: Silence. Anything but, in: Tannen, Saville-Troike (Anm. 2), S. 93-111; Ulsamer (Anm. 2); Schröter (Anm. 10)
14 Ulsamer (Anm. 2), S. 80ff.
15 Ebd., S. 101ff.
16 Ebd., S. 85.
17 Ebd., S. 92.
18 Ebd., S. 97.
19 Vgl. ebd., S. 101ff.

Ulsamer im Anschluss an Brown/Lewinson im Kontext der Höflichkeit und sogenannten ‚Face-Arbeit' in Gesprächen betrachtet. Innerhalb von Gesprächen müssen ständig Entscheidungen über kommunikative Techniken getroffen werden, die sowohl die Selbst- als auch die Fremdachtung der Interagierenden gewährleisten. Der besondere und wie Ulsamer es formuliert „ambivalente Charakter des Schweigens"[20] innerhalb von Gesprächen besteht nun aufgrund seiner potentiellen Mehrdeutigkeit darin, dass es sowohl gesichtswahrend als auch gesichtsverletzend instrumentalisiert werden kann. Dabei steigt das Maß an Höflichkeit je indirekter die Gesichtswahrung ausgeführt wird. Schweigen gilt dabei als eine zentrale Strategie von Indirektheit.[21]

Schweigen im Sinne einer Verhüllungsstrategie bezieht sich auf das Verheimlichen. Verheimlichen gilt dabei als „Ausdruck der bewussten Zurückhaltung von Information und der absichtlichen Vermeidung von Kommunikation."[22] Das Verheimlichen kann umgekehrt auch als ein Beschönigen von Informationen ausgeprägt sein. Dies ist etwa in öffentlichen, z.B. politischen Diskursen beobachtbar.[23] Auch wenn diese Vermeidungs- und Verhüllungsstrategien nicht in jedem Fall bewusst eingesetzt werden, sollen sie hier im Folgenden von genuin nicht-intentionalen Formen der Sprachlosigkeit, z.B. das Nicht-sprechen-Können in Folge einer traumatischen Erfahrung, abgegrenzt werden. Dafür steht im Roman von Kirsten Boie beispielsweise das Unvermögen der Protagonistin Karin über ihre Erlebnisse in der Flutnacht zu sprechen.[24] Intentionalem Schweigen, durch das etwas zum Ausdruck gebracht werden soll, wird von Schröter eine höhere Kommunikativität zugewiesen als Formen des Schweigens, bei denen symptomatisch, nicht-intentional lediglich etwas zum Ausdruck kommt. Ebenso wird Schweigen, das mit einer Redeerwartung bricht, einer höheren kommunikativen Leistung zugeordnet als das Ausbleiben von Reden in einer Situation, in der Sprechen ohnehin nicht erwartet oder erwünscht wäre. Schröter bemisst Kommunikativität von Schweigen also im Spannungsfeld zwischen Intentionalität auf Rezipientenseite und Erwartung auf Empfängerseite im Sinne einer „graduierbare[n] Eigenschaft".[25]

---

20 Ebd., S. 103f.
21 Vgl. ebd., S. 106.
22 Ebd., S. 108.
23 Vgl. ebd., S. 115.
24 Eine solche Abgrenzung des Schweigens vom Nicht-sprechen-Können im Sinne eines nicht-intentionalen „emotionale[n] Schockiertsein[s] in Extremsituationen" (Heinemann (Anm. 13), S. 307) nimmt auch Heinemann vor. Angemerkt sei, dass in Heinemanns Systematisierung eine Verbindung zwischen dem (Ver-)Schweigen und dem Lügen oder Leugnen wie sie bei Ulsamer (Anm. 2) in Form der Verhüllungsstrategien angesprochen sind, explizit nicht hergestellt wird.
25 Schröter (Anm. 10), S. 48.

Mit Blick auf die historische Konstellation des Romans sind Funktionen des Schweigens außerdem vor allem in Bezug auf ihre unterschiedliche Bedeutung für Täter und Opfer des Nationalsozialismus zu unterscheiden:

> Das Schweigen hat [...] zwei Seiten: Es gibt das sprachlose Schweigen der Opfer als Ausdruck fortgesetzter Ohnmacht, und es gibt das Schweigen der Täter, das ein Verschweigen und damit auch Ausdruck fortgesetzter Macht ist.[26]

Beschweigen ist, wie Aleida Assmann herausstellt, einerseits neben Trauma, Vergessen und Trauer einer der zentralen Grundbegriffe und Topoi des individuellen und kollektiven Gedächtnisses, über die unterschiedliche Formen der Erinnerung bzw. der Blockierung thematisiert werden. Andererseits lässt sich Schweigen speziell als Strategie der Verdrängung verstehen,[27] zu denen Assmann außerdem noch das ‚Aufrechnen' (als Selbstentschuldungsstrategie, bei der die deutsche Schuld durch eine andere – z.B. die der Besatzungsmächte – aufgewogen und annulliert wird), das ‚Externalisieren' (u.a. Schuld abspalten und jemand anderem zurechnen: ‚nicht ich, die anderen waren es', Handeln auf Befehl des Vorgesetzten), das ‚Ausblenden' (aus Wahrnehmung und Bewusstsein, sodass Erinnern später gar nicht mehr möglich ist) und mit Bezug auf Welzer[28] das ‚Umfälschen' („aus kompromittierten Familienmitgliedern [werden] moralische Lichtgestalten") zählt.[29] Da das Umfälschen auch im Roman von Boie eine zentrale Rolle spielt, wird es im Folgenden genauer erläutert.

Welzers Untersuchung zur Tradierung der NS-Zeit und des Holocaust in deutschen Familien hat zwei wichtige Ergebnisse, aus denen Aleida Assmann später ihren Begriff der ‚Umfälschung' ableitet: In Interviews stellt er erstens fest, dass

> die Kinder- und Enkelgenerationen in deutschen Familien eine starke Tendenz zeigen, ihre Eltern und Großeltern zu Helden des alltäglichen Widerstands zu stilisieren, obwohl die von diesen erzählten Geschichten das selbst gar nicht nahe legen.[30]

Auffällig ist zweitens die sich in den von Welzer geführten Interviews abzeichnende „Überzeugung, dass Deutsche Opfer waren – Opfer von Krieg, Vergewaltigung, Kriegsgefangenschaft, Mangel und Not."[31] Diese je „themenspezifisch

---

26 Aleida Assmann: Der lange Schatten der Vergangenheit. Erinnerungskultur und Geschichtspolitik. Bonn 2007, S. 176. Als weitere Perspektiven, aus denen heraus erinnert werden kann, unterscheidet Assmann außerdem Sieger und Verlierer sowie die Figur des Zeugen (vgl. S. 63ff. Ein ähnliche Systematisierung nehmen auch Welzer u.a. vor: Harald Welzer, Sabine Moller, Karoline Tschuggnall: „Opa war kein Nazi". Nationalsozialismus und Holocaust im Familiengedächtnis. Frankfurt/Main 2003.
27 Vgl. Assmann (Anm. 26), S. 169ff.
28 Vgl. Harald Welzer: Der Holocaust im deutschen Familiengedächtnis, in: Volkhard Knigge, Norbert Frei (Hg.): Verbrechen erinnern. Die Auseinandersetzung mit Holocaust und Völkermord. Bonn 2000/2005, S. 362-378.
29 Assmann (Anm. 26), S. 170ff.
30 Welzer u.a. (Anm. 26), S. 16.
31 Ebd.

unterschiedlichen, wiederkehrenden Muster des gemeinsamen Sprechens" bezeichnen Welzer u.a. als *Tradierungstypen*.[32] Opferkonstruktionen und die Umkehrung der historischen Täter- und Opferrollen gehören dabei neben anderen zu den prominentesten Tradierungstypen.[33] Eine interessante Ausprägung des Tradierungstyps ‚Opferschaft' ist ein Verfahren, dass Welzer u.a. als „Wechselrahmung"[34] begreifen. Darunter verstehen sie „die Inanspruchnahme von Rahmenmerkmalen [...], die dem historischen Kontext der Verfolgung und Vernichtung der jüdischen Bevölkerung entstammen, nun aber für die Darstellung der Leidensgeschichte der ehemaligen ‚Volksgenossinnen' und ‚-genossen' verwendet werden."[35] Ziel dieses Wechselrahmens ist es augenscheinlich, sich durch die Opferkonstruktion vor dem Verdacht, Akteur oder Profiteur der NS-Verbrechen gewesen zu sein, zu schützen.

Eine in etwas anderer Perspektive differenzierende Unterscheidung der Funktion und Motivierung von Schweigen und Sprachlosigkeit im Diskurs über die Shoa findet sich bei Bernstorff und Haas:

> Schweigen erscheint [...] gleichermaßen als Last (nicht sprechen zu können [...]) wie als Entlastung (nicht sprechen zu müssen, als Selbstschutzfunktion von Tätern und Opfern), als Verbot (die Geschehnisse nicht sprechend zu ent- oder verstellen) wie als Gebot (die Pflicht, das Gedenken sprechend zu aktualisieren). Es erscheint als Wegschweigen, als Leugnung der Existenz von Vernichtungslagern, Unterlassung von Hilfeleistung und Widerstand der Deutschen im Dritten Reich; als Sprachlosigkeit der Opfer, die das ihnen in den Lagern zugefügte Leid nicht mitteilen können; als Verweigerung der Täter, die sich aus Schuld, Scham und Angst nicht erinnern, die nicht berichten wollen. Das Schweigen resultiert aus der Vorsicht, die singuläre Katastrophe, das beispiellose Menschheitsverbrechen durch unangemessenes Sprechen zu verharmlosen oder zu verzerren, und ist Symptom des Überwältigt-Seins von den Gräueln des Nazi-Regimes, von der systematischen Ermordung der europäischen Juden.[36]

Vor dem Hintergrund der bisherigen Ausführungen und unter Maßgabe der literarischen Produktionsverfahren lässt sich das Schweigen und Nicht-Sagen in Kirsten Boies Roman *Ringel, Rangel, Rosen* aus zwei Perspektiven betrachten: Zum einen zieht sich das Nicht-darüber-Sprechen als Form des Umgangs mit Geschichte leitmotivisch durch den Text. In diesem Zusammenhang lässt sich fragen: Wie, in welchen Dimensionen wird Schweigen/Sprachlosigkeit zum Gegenstand gemacht und als Thema entfaltet? Zum anderen ist es Teil der literarischen Produktionsstrategie, wenn man im Sinne von Schmitz Dichtung ver-

---

32 Ebd., S. 81.
33 Vgl. hierzu auch den Beitrag von Jeannette van Laak in diesem Band.
34 Welzer u.a. (Anm. 26), S. 82.
35 Ebd.
36 Elise von Bernstorff, Maximilian Haas: Von Auschwitz schweigen. Sprachlosigkeit und Shoah, in: Thewis. Online-Zeitschrift der Gesellschaft für Theaterwissenschaft 10/2010, http://www.thewis.de/?q=node/337.

steht als „Versuch, unbekannte Räume zwischen Nicht-Sprache und Sprache, zwischen Schweigen und Sprechen möglichst kunstvoll auszumessen".[37] Das „kunstvolle Ausmessen" stützt sich bei Boie vielfach auf das Nicht-Explizieren und Stehen-Lassen, auf fehlende Fortsetzungen in den dargestellten Dialogsequenzen oder das Aufnehmen anderer Themen im Gespräch, durch die strittige Fragen offen bleiben. In diesem Sinne lässt sich fragen: Wie wird Schweigen/Sprachlosigkeit sprachlich hergestellt? Beide Perspektiven spielen in der Folge eine Rolle. Ihre Verschränkung ergibt sich aus der exemplarischen Analyse von Textausschnitten.

2. Schweigen zur Sprache bringen – exemplarische Analysen

Für die weitere Analyse wird kurz die Romanhandlung skizziert: Der Roman *Ringel, Rangel, Rosen* erstreckt sich über einen Zeitraum von insgesamt drei Jahren und ist in drei Teile untergliedert, die durch eigene Überschriften und Leerseiten auch auf der Textoberfläche als solche ausgewiesen werden. Der erste Teil „Das Paradies" spielt im Sommer 1961. Er etabliert das Figurenpersonal und zeigt das zunächst unbeschwerte, nahezu spießbürgerlich anmutende Leben der dreizehnjährigen Protagonistin Karin und ihrer Familie in einer norddeutschen, nachkriegszeitlichen Behelfsheimsiedlung. Während der Sommerferien geht Karin mit ihrer Schulfreundin Regina baden, beobachtet dabei die älteren Jungs und denkt darüber nach, ob sie nicht endlich alt genug ist, um sich ihre kindlichen Zöpfe abzuschneiden. Die sommerliche Unbeschwertheit wird gebrochen, als bei Karin durch das weiter oben bereits erwähnte Buch, durch Fernsehnachrichten über den Eichmann-Prozess und Gespräche mit ihrer Freundin Regina ein Reflexionsprozess über die Vergangenheit und die Beteiligung ihrer Eltern am Nationalsozialismus einsetzt.

Der zweite Teil des Buches „Die Vertreibung" spielt im Februar 1962. Die Leserinnen und Leser erfahren hier, wie Karin und ihre Familie von der großen norddeutschen Sturmflut überrascht, schließlich jedoch gerettet werden. Die Flutnacht sowie das anschließende Bangen, ob ihre Familie überlebt hat, stellen für Karin traumatische Erlebnisse dar, die sich mit dem Nachdenken über die nationalsozialistische Vergangenheit der Eltern vermischen. Das Kapitel steht in gewisser Weise dafür, dass Karin ihre Sprache verliert, weil das Erlebte unbeschreibbar wird und weil es an vielen Stellen bewusst verdrängt werden soll.

Der dritte Teil „Asche zu Asche" handelt ein Jahr später im Februar 1963 davon, wie Karin durch die Beerdigung ihrer ‚Nenn-Oma', mit der sie gemeinsam die Flutnacht durchgestanden hat, aus ihrem neu gewonnenen Lebensalltag herausgerissen und sowohl an die traumatische Fluterfahrung als auch an die

---

37 Schmitz (Anm. 5), S. 7.

Fragen zur NS-Vergangenheit ihrer Eltern erinnert wird. Der dritte Teil markiert die zunehmende Ablösung Karins von der Familie, die sich u.a. in ablehnenden und auflehnenden Gesten andeutet.

a) Mit dem Fernsehen kommen die Fragen und das Begreifen (Teil 1)

Im ersten Teil des Romans gibt es mindestens vier prägnante Stellen, an denen Karin zu einer Auseinandersetzung mit der NS-Zeit und über die Rolle ihrer Eltern darin angeregt wird. In den aufeinander aufbauenden Situationen zeichnet sich eine Steigerung ab, in der für Karin die Beschäftigung mit der Geschichte ihrer Eltern sowie deren Bezug zu ihrem eigenen Leben immer bedeutsamer werden. Karin wird in diesem Abschnitt auf verschiedene Weise mit der Vergangenheit konfrontiert und beginnt, Fragen zu stellen. Anhand der Fragen von Karin und dem anschließenden Antwort-Verhalten kann verdeutlicht werden, wie Schweigen und Sprachlosigkeit im Text erzeugt und dargestellt werden. Gemäß einer Prämisse, die Schmitz für die Analyse kommunikativen Schweigens aufstellt, wird dabei der unmittelbare Gesprächskontext, in den das Schweigen eingebettet ist, berücksichtigt, denn „die spezifische Gesprächsumgebung, in der ein Schweigen sich entwickelt, [dient] als primäre Ressource seiner Interpretation."[38] Schweigen wird als „eines jener Gesprächsobjekte [behandelt], bei denen die Beantwortung der Frage, *was* sie zu bedeuten haben, ganz entscheidend davon abhängt, *wo* sie platziert sind."[39] Entstehungskontext und Platzierung sind demnach zentrale Kategorien für die Interpretation von Schweigen.[40]

Zunächst bekommt Karin von ihrer Freundin Regina ein Buch (vgl. Anm. 2) über jüdische Kinder im Nationalsozialismus empfohlen:

„Das handelt von diesen Judensachen!", sagt Regina. „Wie mit diesem Eichmann, weißt du."
„Eichmann?" fragt Karin, [...].
„Der in Jerusalem!", sagt Regina, und Karin denkt einen Augenblick an ihren Religionsunterricht. (*RRR* S. 16f)

„Die Frau schreibt, dass das alles die Wahrheit ist. Sie haben sie sogar umgebracht, stell dir das mal vor! Das waren ja richtige Verbrecher, die das gemacht haben. Kein Mensch bringt doch Kinder um!" (*RRR* S. 28)

Nachdem sich Karin gemeinsam mit ihrer Freundin Regina über das Buch unterhalten hat, ist sie für das Thema sensibilisiert. Als sie dann in den Fernseh-

---

38 Ebd., S. 27.
39 Jörg Bergmann: Schweigephasen im Gespräch – Aspekte ihrer interaktiven Organisation, in: Hans-Georg Soeffner (Hg.): Beiträge zur empirischen Sprachsoziologie. Tübingen 1982, S. 143-184, hier S. 144 (Hervorhebung wie im Original).
40 Vgl. Bergmann (Anm. 39), S. 145.

nachrichten einen Bericht über den Eichmann-Prozess in Jerusalem aufschnappt, fängt sie an, Verknüpfungen herzustellen und Fragen aufzuwerfen. Das Fernsehgerät besitzt Karins Familie erst seit kurzem. Es stellt für alle Beteiligten eine große Besonderheit dar. Ein interessanter Gesichtspunkt für eine auch gattungsbezogene Reflexion des Historischen Jugendromans ist hier sicherlich die Tatsache, dass die Auseinandersetzung mit Geschichte über die Nutzung von Medien – erst ein Buch, dann das Fernsehen und später schließlich ein Fotoalbum – angestoßen wird. Die Bedeutung, die das Medium für Karins Bewusstwerdungsprozess einnimmt, erkennt sie selbst, wenn sie sich später fragt: „ob ohne den Fernseher alles genauso gekommen wäre. Mit dem Wetter hat das Fernsehen ja nichts zu tun. Aber mit dem Begreifen" (*RRR* S. 12). Für den Fernsehabend kommen alle Nachbarn zum gemeinsamen Schauen vorbei. Mit dem Gespräch über das Judenkinder-Buch im Hinterkopf, betrachtet Karin gemeinsam mit den Erwachsenen die allabendlichen Fernsehnachrichten. Der Bericht über den Eichmann-Prozess bringt Karin zu ihrer ersten Frage:

> Jerusalem, das ist dieser Eichmann. Das hat mit Judensachen zu tun. „Was hat der eigentlich gemacht? [...] Dieser Eichmann?" Vati hat Lotti einen Johannisbeerlikör eingeschenkt, Aufgesetzten, den macht Mutti immer selbst. Die Männer kriegen wieder Bier. Lotti nippt an ihrem Glas. „Den kriegst du immer wirklich hin, Gerda", sagt sie. (*RRR* S. 23)

Karins Frage bleibt unbeantwortet. Alle anwesenden Erwachsenen übergehen die Frage und fahren mit dem Gespräch fort, als ob niemand eine Frage gestellt hätte. Das Schweigen wird hier als narrative Strategie bedeutsam: Das Übergehen der Frage kann als Anzeichen für das „Problematischwerden von Kommunikation"[41] betrachtet werden. Das offensichtliche Ausbleiben der Antwort markiert die Gesprächssituation als potentiell konfliktär. Es hat mit Ulsamer gesprochen in dieser Situation sowohl eine kommunikativ-strategische als auch eine kommunikativ-strukturierende Funktion. Strategisch ist dieses Schweigen, weil es hier als sprachliche Vermeidungsstrategie eingesetzt wird. Das Schwei-

---

41 Ernest W. B. Hess-Lüttich: Dramaturgie des Schweigens. Zur Semiologie des Sprachversagens im Drama, in: Folia Linguistica XII/1978, S. 31-64. Für dramatische Texte hält Hess-Lüttich fest, dass Sprachversagen, die Pause, das Schweigen sowie die sprachlose Gebärde seit der antiken Tragödie als dramaturgisches Mittel bewusst eingesetzt worden sind. Die Funktion, welches das Nicht-Sprechen übernimmt, hat sich aber im Verlaufe der Zeit geändert: „Hatte es im klassischen Drama vor allem die rhetorische Punktion eines ‚beredten Schweigens' mit dem Ziel der Emphase, der Retardation, der Erzeugung von Spannung oder Provokation von Rezipientenreaktionen, so wird es im modernen Drama zum bewussten Manifest expressiver Funktionen, die metakommunikativ auf das Problematisch-Werden von Kommunikation verweisen. Schweigen dient nicht mehr primär der größeren Wirkung des Gesprochenen, sondern das Versagen des Sprechens wird implizit thematisch." (Ebd., S. 32)

gen der Erwachsenen kann als Versuch gedeutet werden, sowohl vor Karin als auch voreinander einen Gesichtsverlust zu vermeiden. Um nicht Gefahr zu laufen, als Beteiligte am Kriegsgeschehen selbst in den Fokus zu geraten, wird generell das Gespräch über die NS-Verbrechen gemieden. Kommunikativstrukturierend ist dieses Schweigen, da es „anstelle eines Turns [...] die schweigende Realisierung eines Gesprächsschritts"[42] bedeutet.

Bergmann bezeichnet diese Form der Gesprächspause als ‚Redezugvakanz' und versteht darunter einen Schweigetyp, „der dadurch entsteht, daß ein Redezug, zu dessen Übernahme einer der angesprochenen Rezipienten verpflichtet wurde, (zunächst einmal) vakant bleibt."[43] Durch das Ausbleiben einer Vakanzentsprechung – so erläutern Apel u.a. – tritt eine Störung im Gesprächsverlauf auf.[44] Die betreffende Szene ist auch deshalb interessant, weil hier kollektiv geschwiegen wird. Die Frage ist nicht an eine bestimmte Person gerichtet, sondern einfach ‚in den Raum gestellt'. Die Tatsache, dass die Ansprache unspezifisch bleibt und nicht eine bestimmte Figur in die Antwortpflicht gerät, trägt dazu bei, dass der Frage ausgewichen werden kann.

Das Ausbleiben einer Antwort stellt laut Ulsamer dabei den „prototypischsten Ausdruck"[45] einer Realisierung von Schweigen als Gesprächsschritt dar. Bedeutungsvoll wird das Schweigen in diesem Kontext, da es zu einem Zeitpunkt stattfindet, an dem eine Antwort erwartet worden wäre.[46] Im Sinne von Schmitz ist es wie oben beschrieben ‚anstößig'. Dass es aber eher ‚beiläufigen' Charakter bekommt, verdankt sich der spezifischen Erzählstrategie: An die Stelle einer Antwort auf Karins Frage tritt die Schilderung der Szenerie, in der die Frage steckenbleibt. Die Gäste werden bewirtet, die alkoholischen Vorlieben der Beteiligten skizziert, die gemeinsame Szene wird, wie das Zitat zeigt, über konkrete, weitgehend ‚unscheinbare' Alltagshandlungen plastisch gemacht. Die lose Verkettung schlichter Hauptsätze, die weder einen Bezug zur Fragesituation noch auch einen inneren Zusammenhalt herstellen, bauen thematisch einen herben Kontrast auf: Eichmann auf der einen, Alkohol auf der anderen Seite. Lottis Bemerkung, Karins Mutter bekomme den Aufgesetzten immer so gut hin – jetzt in der wörtlichen Rede – führt das Prinzip der naiven, quasi-natürlichen Beobachtung von Handlungen auf die Spitze. Bemerkenswert an dieser Form des Thematisierens von Schweigehandlungen ist hier vor allem die sprachliche Verknappung, die konsequent paratatische Form der Wiedergabe von Handlungen und Rede, die das Vermeiden von Antworten und das Übergehen von Themen implizieren. Es ist eine hochgradig geeignete Form der Versprachlichung von Beiläufigkeit: Das Schweigen wird durch das Nicht-

---

42 Ulsamer (Anm. 2), S. 238f.
43 Bergmann (Anm. 39), S. 154.
44 Vgl. Apel u.a. (Anm. 9), S. 111.
45 Ulsamer (Anm. 2), S. 238f.
46 Vgl. ebd., S. 237.

Thematisieren zum Thema gemacht. Diese Art der Einbettung von Schweigesequenzen lässt sich als Muster beschreiben, das Boie wiederholt bei der Darstellung konfliktträchtiger, ins Stocken und Schweigen geratener Situationen nutzt.

Bergmann hat dargelegt, dass Interaktanten, die mit Schweigen konfrontiert werden, generell unterschiedliche Reaktions- bzw. Interventionsmöglichkeiten zur Verfügung stehen.[47] Karin hätte in dieser Situation beispielsweise in der Annahme, ihre Frage sei überhört worden, diese erneut und lauter stellen können (nach Bergmann „Wiederholung"[48]). Angesichts der räumlichen Enge des Behelfswohnheims, in das die Szene eingebettet ist, scheint ein Überhören der Frage von Karin eher unwahrscheinlich. In der Annahme, ihre Frage sei nicht verstanden worden, hätte Karin diese reformulieren können (nach Bergmann eine Form der Selbstkorrektur[49]). Denkbar wäre auch, dass Karin direkt nach dem Grund für das Ausbleiben der Antwort fragt, also das Schweigen selbst thematisiert und vielleicht sogar ein „Interpretationsangebot"[50] für das Schweigen einbringt. Was würden die Erwachsenen auf eine solche Nachfrage wohl antworten? Da den Leserinnen und Lesern an dieser Stelle sowohl die Reaktion der Erwachsenen als auch die unmittelbare Reaktion von Karin (aus deren Perspektive die Szene geschildert wird) vorenthalten wird, eröffnet dieser Gesprächsausschnitt vielfältiges Potential für die interpretierende Anschlusskommunikation innerhalb didaktischer Settings, worauf noch zurückzukommen ist.

Karin wendet sich im weiteren Romanverlauf mit einer zweiten Frage nun direkt an ihre Eltern, als erneut in den Abendnachrichten über den Eichmann-Prozess berichtet wird:

> „Wie war das eigentlich genau mit den Juden?", fragt Karin. Mutti schneidet Uwe sein Brot klein. Uwe hibbelt auf dem Stuhl. „Wie kommst du da denn jetzt drauf?", fragt Mutti. „Uwe, sitz still! Und wo hat ein liebes Kind beim Essen seine Hände?" [...] „Das war wohl schlimm, wie man hört", sagt Mutti. „Das hat man ja hinterher erst gemerkt, dass der Hitler ein Verbrecher war. Hat uns ja alle ins Verderben gestürzt [...] das konnte ja vorher keiner ahnen." (*RRR* S. 44)

Das Gespräch ist, wie wir es bereits bei dem letzten Beispiel gesehen haben, in eine alltäglich anmutende Situation des gemeinsamen Essens eingebettet: Die Familie sieht fern, die Mutter füttert Karins Bruder und spricht nur nebenbei mit Karin. Die Mutter antwortet ihrer Tochter in diesem Fall zwar, es entsteht jedoch der Eindruck, dass sie sich dabei nicht wirklich auf Karins Frage einlässt. Bevor sie auf „das mit den Juden" (*RRR* S. 43) eingeht, stellt sie zunächst eine Gegenfrage, als wolle sie damit der eigentlichen Antwort ausweichen. Mit der

---

47 Vgl. Bergmann (Anm. 39).
48 Ebd., 167f.
49 Vgl. ebd.
50 Ebd., S. 178f.

abschließenden Entgegnung der Mutter lässt Boie die Romanfigur auf eine „routinierte Rechtfertigungsstrategie"[51] referieren, in der das Motto ‚wir haben davon ja nichts gewusst' variiert wird.

Nachdem Karin das Buch über die jüdischen Kinder zunächst wieder vergessen hatte, leiht sie es sich nun selber in der Bibliothek aus und ist über den Inhalt sowohl verwirrt als auch überrascht: „Das es so schrecklich war damals, hat sie gar nicht gewusst" (*RRR* S. 52). Sie macht eine Diskrepanz zwischen der Darstellung der jüdischen Opfer-Perspektive des Buches und den Kriegserzählungen ihrer Eltern und der anderen Erwachsenen in ihrer Umgebung aus: „Mutti hat ja immer von den Bomben erzählt und Oma Domischkat von der Flucht über das Haff und der verlorenen Heimat. Und Waldemar fängt immer vom Iwan an" (*RRR* S. 52f).[52] Boies Roman spiegelt hier die oben bereits skizzierten Erkenntnisse zum Erinnern im deutschen Familiengedächtnis: In Familien und damit auch im intergenerationellen Austausch wird die Zeit des Nationalsozialismus hauptsächlich in Geschichten über das Leiden der eigenen Angehörigen unter Bomben, Vergewaltigung, Terror, Bespitzelung, Kriegsgefangenschaft, Mangel und Not tradiert und nicht als Geschichten von Judenverfolgung und -ermordung.[53] In nicht-öffentlichen Kontexten wird augenscheinlich divergierend erinnert:

> Entgegen landläufigen Vorstellungen kommt weder den nationalsozialistischen Verbrechen noch dem Holocaust in deutschen Familien eine bedeutende Rolle zu – ganz im Gegensatz zu Erinnerungen, in denen die Familienmitglieder selbst als Opfer des „Dritten Reichs", als alltägliche Widerstandskämpfer, niemals aber als „Nazis" in Erscheinung treten.[54]

Die Feststellung dieser Diskrepanz befähigt Karin aber zunächst noch nicht dazu, die Rolle ihrer Eltern in der Vergangenheit einzuordnen. Mit kindlicher Naivität beschließt sie, ihre Mutter zu fragen, ob sie das Buch auch lesen möchte.

---

51 Welzer u.a. (Anm. 26), S. 83.
52 Es gibt weitere Stellen im Roman, an denen Karins Mutter aus ihrer eigenen Leidensperspektive über den Krieg spricht, beispielsweise über das Aufsuchen der Luftschutzbunker bei Bombenangriffen, die Angst um Angehörige (vgl. RRR S. 27). Eine wichtige Stelle, an der deutlich wird, dass Karin und ihre Freundin Regina „die Judensache" und den Krieg, den ihre Eltern erlebt haben, als voneinander losgelöste Ereignisse wahrnehmen oder falsch in Verbindung bringen, ist die Folgende, in der sich die beiden Mädchen über das Sternkinder-Buch unterhalten: „‚Aber eigentlich hat [das Buch] mit Krieg nicht so viel zu tun, nur mit diesen Juden', sagt Regina. [...] ‚Sie haben sie sogar umgebracht, stell dir das mal vor! Das waren ja richtige Verbrecher, die das gemacht haben. Kein Mensch bringt doch Kinder um!' ‚Nee', sagt Karin. ‚Das waren wahrscheinlich dieselben, die auch die Bomben geschmissen haben'" (RRR S. 28).
53 Vgl. Welzer u.a. (Anm. 26), S. 86. Vgl. zum unterschiedlichen Erinnern in öffentlichen und privaten Kontexten auch das Werkstattgespräch mit Kirsten Boie in diesem Band.
54 Ebd., S. 364.

Diese Kommunikationsofferte kann zu den vorhergehenden Fragen insofern als eine Steigerung betrachtet werden, als dass Karin ihre Mutter nun direkt auffordert, sich mit der NS-Zeit auseinanderzusetzen. Die Mutter reagiert gereizt, mit Ablehnung und einem Mundverweis:

> „Willst du das Buch auch mal lesen Mutti?" [...] „Was hast du denn plötzlich immer damit? Sei froh, dass du das nicht miterleben musstest! Das ist ja furchtbar, was für ein Schmutz da jetzt neuerdings immer hochgezerrt wird! Wer das nicht mitgemacht hat, der soll mal ganz still sein." (*RRR* S. 57)

Karin ist von der ablehnenden Haltung ihrer Mutter irritiert. Je mehr sie über den Inhalt des Buches nachdenkt, desto klarer wird ihr, dass ihre Eltern zu dem Personenkreis gehörten, die den Verfolgten damals nicht geholfen haben. Sie beginnt, immer mehr Verbindungen herzustellen:

> Es gab doch auch andere Menschen damals, normale, alle waren ja keine Juden. Die haben doch gewusst, dass ihre Nachbarn umgebracht werden, wenn sie ihnen nicht helfen. Da sind die doch mit schuld! Wenn man weiß, dass so was passiert, da muss man doch was tun! Warum haben die denn die Juden nicht versteckt, so wie sie es getan hätte? Feiglinge. Alles Feiglinge. Und dann weiß sie plötzlich, wer all die anderen Menschen damals waren. Mutti und Vati und Oma Domischkat und Heineckes und Onkel Heinrich [...] Von den Erwachsenen alle, die mindestens dreißig sind. Die waren damals sogar schon älter als sie. [...] Aber Mutti hat ihnen nicht geholfen und Vati auch nicht, nicht mal Vati. Warum haben sie mir das nie erzählt, das von den Juden? Immer nur die Bomben und die Bomben. (*RRR* S. 60f)

Diese Erkenntnis führt bei Karin zu Trauer und Wut und zu weiteren Fragen, mit denen sie die Eltern direkt konfrontiert. Die Auseinandersetzung mit dem Buch und die Schlüsse, die sie darüber zu der Vergangenheit ihrer Eltern zieht, eskalieren mit einem eigentlich banalen pubertären Streit zwischen ihr und den Eltern über das Haareschneiden.

> „Warum habt ihr denen nicht geholfen? Ihr habt da doch gelebt! Warum habt ihr keine versteckt? Die sind alle gestorben!" [...] „Ach, jetzt ist das auf einmal dran?", sagt sie [Karins Mutter]. „Weil wir dir deine Haare nicht erlauben wollen, was? Ich hab dir vorhin schon gesagt, wer damals nicht dabei war, der soll mal gar nicht reden! Das könnt ihr heute doch gar nicht verstehen! Wir haben davon doch nichts gewusst! Woher denn auch?" (*RRR* S. 61)[55]

---

[55] Ein interessanter Gedanke, der hier nicht weiter verfolgt werden kann, betrifft die Tatsache, dass hauptsächlich die Mutter auf Karins Fragen reagiert, obwohl der Text eher den Vater als unmittelbar am Kriegsgeschehen Beteiligten darstellt. Auch diese Frage hier bewirkt zunächst eine Reaktion der Mutter. Die Rolle des Vaters im Gespräch mit der Tochter bleibt stärker uneindeutig. Später am Abend versucht er Karin in einem Zweiergespräch, die damalige Situation der Mutter – nicht jedoch seine eigene – zu rechtfertigen: „[D]avon haben Mutti und die Menschen damals doch gar nichts mitgekriegt" (RRR S. 63).

Dieser nächste Fragenkomplex bedeutet nochmals eines Steigerung, da Karin sich nun an beide Eltern richtet und sie nicht mehr nur auffordert, sich mit der NS-Vergangenheit auseinanderzusetzen, sondern sie ganz konkret auf ihre Untätigkeit hin anklagt.

Auffällig an der Sprache der Mutter ist in diesem Ausschnitt (wie auch in den beiden vorherigen) einerseits das Verfahren des Nicht-Benennens. Mit „davon" verweist die Mutter stellvertretend auf Sachverhalte, die nicht weiter benannt oder konkretisiert werden. Die unspezifische Rede verweist auf eine Strategie, sich nicht genauer mit dem Nicht-Benannten auseinandersetzen zu müssen. Durch das Benennen würde den angesprochenen Tatsachen eine qualitativ neue und andere Realität bescheinigt werden – eine Realität, in der die Eltern ihr Nicht-Widersetzen im Nationalsozialismus gegenüber der Tochter rechtfertigen müssten. Welzer u.a. bezeichnen diese vage Form der Äußerung als „leeres Sprechen [...]: Akteure und ganze Geschehenszusammenhänge werden nicht benannt, sondern als ‚sie', [...] ‚die', bzw. ‚das da' bezeichnet".[56] Linguistisch betrachtet werden hier Formulierungsverfahren angewendet, die, wie es etwa Gülich beschrieben hat, als typische ‚Verfahren des Verallgemeinerns' charakterisiert werden können. Sie sind an unpersönliche Rede gebunden. Das Benennen und Konkretisieren des in Frage stehenden Sachverhalts wird vermieden. Sequenzen wie diese sind durch formelhaftes Sprechen gekennzeichnet:[57] „*Das* war wohl schlimm, wie *man* so hört" oder „*das* konnte ja keiner ahnen" und „Wer *das* nicht mitgemacht hat, der soll mal ganz still sein". Erneut kommt hier die Verweigerung der Mutter zum Ausdruck, sich mit dem Erlebten gegenüber der Tochter auseinanderzusetzen. Andererseits wird mit der Phrase „das könnt ihr heutzutage gar nicht verstehen, wie das damals war" eine weitere, typische Routine in die Rede der Mutter eingebunden. Diese Phrase steht an verschiedenen Stellen des Romans für die Verweigerungshaltung vor allem der Mutter (vgl. *RRR* S. 61, 63).

Stärker als in den vorherigen Fragen Karins wird das Schweigen in dieser vierten Gesprächssituation als Verhüllungsinstrument im Sinne eines absichtlichen Verhüllens und Verschweigens bedeutsam. Sowohl durch das leere Spre-

---

56 Welzer u.a. (Anm. 26), S. 159.
57 Vgl. Elisabeth Gülich: Formulierungsarbeit im Gespräch, in: Světla Čmejrková, František Daneš, Eva Havlová (Hg.): Writing vs. Speaking. Language, Text, Discourse, Communication. Proceedings of the Conference held at the Czech Language Institute of the Academy of Sciences of the Czech Republic, Prague, October 14-16, 1992. Tübingen 1994, S. 77-95; Elisabeth Gülich: Routineformeln und Formulierungsroutinen. Ein Beitrag zur Beschreibung formelhafter Texte, in: Rainer Wimmer, Franz-Josef Berens (Hg.): Wortbildung und Phraseologie. Tübingen 1997, S. 131-175; Ulrich Dausendschön-Gay, Elisabeth Gülich, Ulrich Krafft: Vorgeformtheit als Ressource im konversationellen Formulierungs- und Verständigungsprozess, in: Heiko Hausendorf (Hg.): Gespräch als Prozess. Linguistische Aspekte der Zeitlichkeit verbaler Interaktion. Tübingen 2007, S. 181-219.

chen als auch durch die bereits erwähnte Rechtfertigungsstrategie „wir haben davon nichts gewusst" umgehen die Eltern – in diesem Fall speziell die Mutter – das Sprechen über die eigene Rolle in der damaligen Zeit. Verschweigen wird in der Literatur häufig als Subtyp oder Sonderform des Schweigens aufgefasst. Schröter konkretisiert das Verschweigen gegenüber dem Schweigen anhand zweier Faktoren:

> Es kann zwar ohne sprachliche Zeichen erfolgen, meistens erfolgt es aber unter Einsatz von Sprache bzw. sogar unter sprachlichem Mehraufwand. Außerdem ist Verschweigen bezogen auf einen Gegenstand, der Verschwiegen wird. Dieser Gegenstand muss für die Person, der gegenüber er verschwiegen wird, relevant sein.[58]

Kommunikatives Verschweigen besteht nach Schröter darin, dass in einer Kommunikationssituation eine Erwartung über einen Gegenstand X zu sprechen existiert und gleichzeitig die Intention vorliegt, über eben diesen Gegenstand zu schweigen.[59] In der beschriebenen Romansituation handelt es sich vor allem um ein implizites Verschweigen, ein Ausweichen (nach Schröter ein Untertyp des kommunikativen Verschweigens) in der es die Mutter vor allem über den Rückgriff auf die erwähnten Rechtfertigungsroutinen vermeidet, über den Gegenstand X (ihre nationalsozialistische Vergangenheit) zu sprechen.

Gerade weil Karin mit ihren Fragen bei den Eltern kein Gehör findet, spielt der Austausch über die Fernsehnachrichten und den Buchinhalt zwischen Karin und ihrer Freundin Regina eine bedeutende Rolle. Das Gespräch mit der Freundin stellt für Karin eine wichtige Referenz in der Verarbeitung des Gelesenen und Gehörten dar. Einen besonderen Stellenwert in diesen Gesprächen nehmen die Schilderungen von Reginas Oma ein, die für die Mädchen eine Alternative zu den Kriegsdarstellungen der Eltern bieten. Die Ausführungen der Oma stellen für die jungen Mädchen augenscheinlich nachvollziehbare und annehmbare Erklärungen dar, z.B. über das Dilemma zwischen der Fürsorge für die eigenen Kinder und der Gefahr, sich durch eine widerständige Haltung verdächtig zu machen (vgl. *RRR* S. 67). Die Oma gibt dabei ihre Scham über ihre Untätigkeit, den im Krieg Verfolgten nicht geholfen zu haben, vor ihrer Enkelin zu und bezichtigt die anderen Erwachsenen der Lüge, wenn diese vorgeben, nichts gewusst zu haben. Durch ihre Äußerungen werden die Aussagen der anderen Erwachsenen relativiert. Auf die Behauptung von Karins Mutter, dass es in ihrer unmittelbaren Umgebung gar keine Juden gegeben habe, durch die man von Verfolgung hätte erfahren können, entgegnet Reginas Oma: „Das haben doch alle gesagt" (*RRR* S. 66f). Durch die Aussagen der Oma bekommen auch die im *Sternkinder*-Roman erzählten Erlebnisse der verfolgten jüdischen Kinder einen anderen Wahrheitswert: So äußert Regina beispielsweise: „Ich

---

58 Schröter (Anm. 10), S. 45.
59 Vgl. ebd., S. 55.

glaub einfach nicht, dass das stimmt. Aber meine Oma sagt, doch, das ist alles die Wahrheit" (*RRR* S. 51).

Für Karin setzen sich die zunächst vereinzelt wahrgenommenen Ereignisse sukzessive zu einem Gesamtbild zusammen. Sie fängt an, über einen Zeitraum nachzudenken, der für sie zuvor vollkommen unreflektiert eine zeitliche Lücke bildete. Sie beginnt immer mehr Zusammenhänge zwischen ihrem eigenen Leben und den Informationen, die über Buch, Nachrichten und Gespräche in ihren Aufmerksamkeitsfokus gelangt sind, herzustellen. Dabei werden Fragen wie „Was ist damals eigentlich wirklich passiert?"; „Was haben meine Eltern damit zu tun gehabt?"; und „Was bedeutet das für mich heute?" für sie immer drängender. Diese Gedanken kann sie nicht mehr verdrängen: „Nicht, wenn man erst mal etwas weiß. Dann ist es da, für immer" (*RRR* S. 71).

b) „Denk nicht nach – Ringel, Rangel, Rosen" (Teil 2)

Der zweite Romanteil „Die Vertreibung" eröffnet eine völlig neue Situation: Karin befindet sich plötzlich gemeinsam mit ihrer Nenn-Oma in der für Flutopfer behelfsmäßig eingerichteten Turnhalle einer Schule. Erst schrittweise erfahren die Leserinnen und Leser durch einen stetigen Wechsel zwischen Karins Aufenthalt in der Turnhalle der Schule und Rückblicken auf die Flutnacht, was Karin wiederfahren ist. Insgesamt 15 Mal wechselt die Erzählperspektive zwischen den beiden Orten, bis die Erzählung die Ausgangssituation in der Turnhalle erreicht und somit Rückblick und Gegenwartshandlung zusammengeführt werden. Immer wieder wird in diesem Abschnitt durch kurze Sätze, Aneinanderreihung von Eindrücken und Einschüben ein Anschein unmittelbarer Teilhabe an Karins Gedanken erweckt. Diese Einschübe sind kursiv gesetzt und etablieren, grafisch vom restlichen Text abgehoben, eine zweite sprachliche, nach innen gerichtete Ebene der Gedanken:

> Wenn Mutti und Vati nachts das Sofa ausklappen, muss ja sogar der Tisch zur Seite geschoben werden. *Musste*. Der Tisch *musste* zur Seite geschoben werden. „Wird alles wieder gut!", sagt Oma Domischkat und legt sich zurück. „Wirst schon sehen! Kommt schon wieder, die Mutti." *Ringel, Rangel, Rosen*, alles wird wieder gut. Mutti zurück, Vati zurück, *Ringel, Rangel, Rosen*, sei still, Oma Domischkat, *Ringel, Rangel, Rosen*, sei still. (*RRR* S. 76)

> Daran musste Karin in der Nacht plötzlich denken, *nicht in den Puschen. Zieh dir Schuhe an*. In der Nacht hat keiner mehr so was gesagt. (*RRR* S. 82)

An den hier aufgeführten Beispielen lässt sich zeigen, dass die gedanklichen Einschübe in drei Arten unterteilt werden können: 1) Erinnerungen an die heile Zeit vor der Flutkatastrophe. Sie sind durch einen zeitlichen Wechsel ins Präteritum (*musste*) gekennzeichnet. 2) Erinnerte, hängengebliebene Wortfetzen aus der Flutnacht (*nicht in den Puschen*). 3) Eine Phrase aus dem Kinderreim *Ringel, Rangel Rosen*. Alles was Karin nicht denken kann und möchte, (geschweige denn aussprechen[60]) wird durch die Wendung „Ringel, Rangel, Rosen" ersetzt. Der Einsatz dieser Phrase als Stellvertreter für das Undenkbare bekommt durch seine Häufung formelhaften Charakter:

> [W]enn es zu schwer wird, kann man etwas anderes denken, *Ringel, Rangel, Rosen*. (*RRR* S. 109)

> „[...] Wo sind denn deine Eltern?" Karin weiß, dass sie jetzt antworten muss, sonst gibt die Frau keine Ruhe. „Nicht hier", flüstert sie. „Und registriert?", fragt die Frau wieder. „Damit die dich finden können, wenn sie nach dir suchen?" Wenn sie nach mir suchen. Falls. Nicht: Die suchen doch bestimmt nach dir. Wenn. Falls. Wenn es sie noch gibt, *Ringel, Rangel, Rosen.* (*RRR* S. 102f)

Die Erzählweise des Romans reagiert hier auf die Tatsache und zugleich narratologische Schwierigkeit, dass nicht alle inneren, psychischen Regungen verbalisiert werden können. Das Buch als textuelles Medium ist aber zu einem gewissen Maß auf die sprachliche Veräußerung angewiesen. Um bei der Darstellung der innerfigürlichen Prozesse nicht unglaubwürdig zu werden, ist die literarische Darstellung auf den Einbezug von Alternativen angewiesen.[61] Das Einführen der Innenperspektive, das Stellvertretertum und die Formelhaftigkeit können als solche Alternativen verstanden werden. Als sprachlich-gedanklichen Stellvertreter für Ereignisse, die ihr so schrecklich erscheinen, dass sie undenkbar und unaussprechbar werden, setzt Karin die Erinnerung an einen sommerlichen Nachmittag, an dem sie das unbekümmerte Ringel-Rangel-Rosen-Spiel benachbarter Kinder auf der Straße beobachtet. Für Karin repräsentiert die Unbeschwertheit der spielenden Kinder einen Ort und einen Zeitpunkt, an dem sie noch unwissend und in ihrer Umgebung alles in Ordnung war: „Haben wir hier nicht das Paradies?" (*RRR* S. 5, 90). Boie lässt die Figur Karin die Erfahrung durchleben, dass traumatische Erlebnisse persönlich so nah gehen können, dass sie sprachlos machen und zum Verstummen führen können: „[E]s gibt Fragen, die kann man nicht stellen, darum kann man sie gar nicht erst denken. Irgendwann muss *Ringel, Rangel, Rosen* doch vorüber sein" (*RRR* S. 162). Karin realisiert dies u.a., als sie auf ihr Erleben der Flutnacht angesprochen wird: „Hattest du nicht fürchterliche Angst? Doch, hat Karin gesagt. Aber mehr hat sie nicht erzählt, komisch, dass sie nicht erzählen will" (*RRR* S. 160).

Karins eigene Sprachlosigkeit infolge des traumatischen Erlebnisses wird im Anschluss an die Sprachlosigkeit der Eltern über ihre Rolle im Nationalsozialismus dargestellt. Auf welche Weise Boies Roman die zwei extrem unterschiedlichen Formen des Erlebens, die innerhalb des Romans durch verschiedene Figuren und Generationen repräsentiert werden, parallel setzt und als Parallelset-

---

60 Es gibt auch eine Passage, in der Karin versucht die Hilferufe der Menschen durch das laute Aufsagen des Reims zu übertönen (vgl. RRR S. 111).
61 Vgl. Hess-Lüttich (Anm. 41), S. 33.

zung verstanden wissen will, bleibt offen.[62] Sollen die Figuren der Geschichte über das geteilte traumatische Erleben näher zusammenrücken? Oder gerade auseinander treten? Soll sich zwischen ihnen ein Einverständnis darüber einstellen, dass man bestimmte Erfahrungen nicht verbalisieren kann oder möchte?[63]

Karin, so vermittelt der mittlere Teil des Romans, hatte sich eigentlich vorgenommen, über den Krieg und „das alles damals" lieber nicht mehr nachzudenken. Denn dann „fallen ihr nur komische Fragen ein" (*RRR* S. 91). Das Vergessen gelingt Karin jedoch nicht, wie sie – es wurde bereits zitiert – selber feststellt: „Nicht, wenn man erst mal etwas weiß. Dann ist es da, für immer" (*RRR* S. 71). Die Flutnacht, in der Karin in der Ungewissheit, ob ihre Mutter und ihr Bruder überlebt haben, in der Turnhalle wartet, lässt ihre alten Fragen wieder drängender werden. Dazu tragen zwei Sachverhalte bei. Erstens spricht Oma Domischkat in ihrem Angstzustand angesichts der ansteigenden Flut vom „Tag des jüngsten Gerichts" (*RRR* S. 95). Sie versteht, so wird hier erzählerisch impliziert, die Flut als Strafe z.B. für den ehemaligen SS-Angehörigen Onkel Heinrich: „Das war die Strafe", sagt Oma Domischkat. „So was verzeiht der Herrgott nicht" (*RRR* S. 112). Dass dabei „so was" auf die NS-Verbrechen zu beziehen ist, wird nicht expliziert. Nachvollziehbar ist jedoch, wie Karin eben diesen Schluss aus dem Wissen, dass Onkel Heinrich bei der SS war, zieht. Weil Oma Domischkat Heinrichs Tod in der Flut als göttliche Strafe auslegt, stellt sich für Karin auch die Frage nach der Bestrafung ihrer Eltern.

Als das Flutwasser in Karins Haus zu steigen beginnt, händigt die Mutter ihr eine fertig gepackte Notfalltasche aus. In dieser bewahrt sie als alte Angewohnheit aus den Tagen des Bombenkriegs wichtige Dinge, Papiere und ein Familienfotoalbum auf. In der Angst, dass die Fotos alles sind, was ihr als Erinnerung an ihre Familie bleibt, blättert Karin immer wieder durch das Album. Darunter sind Fotos, die ihren Vater als Soldat zeigen. Auf einem Bild schießen Soldaten auf ein Ziel, das außerhalb des Bildrahmens liegt. Über die Fotos, von denen eines herausgerissen wurde, sowie deren Bildunterschriften „Gefangene

---

62 Vgl. hierzu die Äußerungen der Autorin im Werkstattgespräch in diesem Band: Boie selbst betont, dass diese Parallelen des traumatischen Sprachverlust der jugendlichen Karin nicht bewusst sind somit auch nicht als Rechtfertigung des Schweigens der Erwachsenen in Frage kommen. Für die Leserinnen und Leser erhofft sich die Autorin aber durch das Korrelat ein erleichtertes Verständnis der Verweigerungshaltung der Eltern.

63 Im Gespräch mit der Autorin wird erwähnt, dass der zweite Teil des Romans teilweise symbolisch als sintflutartige Vertreibung aus dem Paradies der kindlichen Unwissenheit verstanden und wegen Überfrachtung kritisiert wurde. Aufgrund der real gegeben zeitlichen Parallelität der historischen Ereignisse sieht Boie den Vorwurf der Überfrachtung nicht gegeben: „Karins Entdeckung mit einer sintflutartigen Vertreibung aus dem Paradies gleichzusetzen. Dieser Vorwurf trägt aufgrund der zeitlichen Parallelität der Ereignisse meines Erachtens aber nur sehr bedingt" (vgl. in diesem Band S. 179).

Heckenschützen" bzw. „erwischte Freischärler" (*RRR* S. 140f) gehen bei Karin zweitens die Gedanken an die Flutnacht, die Sorge um ihre nach der Flut noch nicht wieder eingetroffenen Eltern und das Nachdenken über die Beteiligung ihrer Eltern am Krieg vollkommen durcheinander. Der Text ist auch an dieser Stelle wieder auffällig von einem mehrfach gebrochenen Gedankenstrom in formelhafter Sprache geprägt:

> *Gefangene Heckenschützen, erwischte Freischärler*, nicht jetzt, *Ringel, Rangel, Rosen.* Onkel Heinrich war bei den Verbrechern, jetzt ist Onkel Heinrich tot, *die Strafe, manche Dinge vergibt der Herrgott nicht.* Aber Vati war bei den Soldaten, da hat der Iwan ganz schrecklich gewütet. Zuerst kommt Mutti, dann Vati, dann wird alles wieder gut. (*RRR* S. 142)

Die Fragen allerdings, welche bei Karin durch die Fotos erneut wach werden, versucht sie, weiter zu verdrängen. Für die Leserinnen und Leser bleiben sie ebenfalls offen.

Wenn das Interesse der Analyse vor allem auch den sprachlichen Verfahren der Herstellung von Schweigen und Sprachlosigkeit gilt, dann ergeben sich in der Zusammenschau von erstem und zweitem Romanteil markante Unterschiede: Während es im ersten Teil hauptsächlich um das Verschweigen der Erwachsenen geht, das relativ ‚gradlinig' über das Ausbleiben von Antworten, den Wechsel zu anderen Themen oder Verallgemeinerungen in unpersönlicher Rede funktioniert, wird die Sprachlosigkeit und Verdrängung von Karin im zweiten Teil über sprachliche Brüche, wechselnde Erzählebenen und eine gewisse ‚Unruhe' oder ‚Nervosität' im Erzählstil hergestellt. Dafür steht die mehrfach in die inneren Monologe Karins einbrechende Beschwörungsformel „Ringel, Rangel Rosen". Boie selbst bringt diese Unterschiede prägnant auf den Punkt:

> Der zweite Teil ‚Die Vertreibung' fokussiert die Ereignisse während der Sturmflut. Dem sollte die Form entsprechen, deshalb werden Karins Erfahrungen in permanentem Wechsel der Erzählebenen vermittelt, Erinnerungsfetzen gehen mit der Erzählzeit im Auffanglager hier durcheinander. Unterstrichen wird ihre innere Aufwallung durch unvollständige Sätze und ähnliche sprachliche Merkmale.

An späterer Stelle verknüpft die Autorin dieses Formmoment mit Möglichkeiten literarischen Lernens im Jugendroman:

> Die Form sollte immer dem Thema entsprechen, so wie es auch in der Belletristik für Erwachsene gehandhabt wird. [...] Insofern ist es ein weiterer Schritt auf dem Weg des literarischen Lernens, ein Gefühl für den Bezug zwischen Inhalt und Form zu entwickeln, dafür dass Literatur ihre Themen immer auch über bestimmte literarische Mittel aufbereitet.[64]

---

64 Vgl. das Werkstattgespräch in diesem Band, S. 174, 183.

c) „Schweigen verbindet nicht" (Teil 3)

Im dritten Teil des Romans „Asche zu Asche" wird Karin durch den Tod und die Beerdigung von Oma Domischkat erneut mit Erinnerungen an die Flut und Fragen zur NS-Vergangenheit ihrer Eltern konfrontiert:

> Sie denkt schon lange nicht mehr *Ringel, Rangel, Rosen*, wenn sie wegdenken will, zu Anfang ist das immer noch passiert, jetzt schon lange nicht mehr. Aber da vorne im Sarg liegt Oma Domischkat, *Ringel, Rangel, Rosen*, jetzt ist es wieder da, alles. (*RRR* S. 152)

Auch dieser Teil des Romans ist von zwei miteinander verschränkten Erzählebenen geprägt. Die Gegenwartshandlung der Beerdigung wird wiederum durchbrochen von Rückblenden. Diese informieren darüber, dass Karin nach der Flut mit ihrer Familie in eine neue, modernere Wohnung in einem anderen Stadtteil gezogen ist, eine neue Schule besucht und eine neue Freundin namens Sigrun kennengelernt hat. Der Vater ist mit der neuen Wohnsituation sehr unglücklich. Karins Gedankenrede suggeriert, dass er zu trinken begonnen hat. Sie erinnert sich an die Rede der Oma über Bestrafung:

> Wofür hat dieser Gott uns gestraft, denkt Karin, die im März konfirmiert ist, *ist kein Herrgott im Himmel*, mich ja nicht, ich hab jetzt ein eigenes Zimmer. Aber Vati steht fast jeden Abend mit einem Bier auf dem Balkon und träumt vom Paradies. (*RRR* S. 160)

Das Verdrängen dieser Gedanken gelingt Karin nicht länger. Die Ereignisse und Fragen lassen sie nicht mehr los:

> Sie hat nicht gewusst, dass so was passieren kann. Als ob ein Tor geöffnet worden wäre, irgendwo in ihrem Kopf, ein Damm gebrochen. War doch alles so gut verstaut dahinter, hat sich manchmal gemeldet, dann hat sie den Torspalt schnell wieder geschlossen. Die Schleuse im Damm. (*RRR* S. 154)

Durch das Fotoalbum hat Karin auf indirektem Weg eine relative Gewissheit über die Beteiligung ihres Vaters am Kriegsgeschehen. Aber sie hat immer noch viele Fragen, mit denen sie sich nicht an ihre Eltern wenden kann – das Gespräch mit ihren Eltern hat sie aufgegeben:

> [D]amals im Paradies, als sie noch nichts begriffen hatte, dummes Kind. (*RRR* S. 167)

> Einmal beschließt sie, dass sie Mutti fragen muss, Vati fragen muss, ach Schietbüdel, was du immer denkst! Das waren doch nur Konservenbüchsen!, aber dann kann sie es doch nicht, besser, sie stellt sich die Antworten nur vor. (*RRR* S. 179)

Im Grunde hat die Mutter Karin eine nonverbale Antwort gegeben, indem sie alle verdächtigen Fotos aus dem Album entfernt hat, denn nur, wo es wirklich etwas zu verheimlichen gibt, müssen Beweise beseitigt werden:

> Was auf dem vierten Foto war, ist jetzt, wo auch die anderen drei fehlen, ganz klar. Oder es ist alles ein Missverständnis. Was für ein Missverständnis sollte das wohl sein?

Das waren ganz andere Zeiten damals, das könnt ihr heute wirklich nicht verstehen. Vielleicht haben sie Vati gezwungen: Zu schießen. Dahinterzustehen. Zu fotografieren. (*RRR* S. 180)

Karin wird in diesem letzten Abschnitt nicht mehr als das kleine Mädchen mit den kindlichen Zöpfen dargestellt, sondern als eigenwillige Jugendliche, die sich gegen den Willen der Eltern schminkt und auf der Beerdigung von Oma Domischkat „Nietenhosen" (*RRR* S. 148) trägt. Die Distanz zwischen Karin und ihren Eltern hat sich vergrößert. Eine Entwicklung, die ganz wesentlich durch die schwierige Kommunikationssituation, durch den von Karin gewollten, von den Eltern jedoch nicht gewährten Austausch über die Vergangenheit motiviert ist.[65] Nachdem sich Karin ohne Erlaubnis der Eltern die Haare hat schneiden lassen, denkt sie, „wie sehr es sie freut, wenn Mutti und Vati böse sind. Das ist ja alles noch nicht zu Ende, das Wichtigste hat sie noch immer nicht gefragt" (*RRR* S. 161).

Mit dem Versuch eines Gesprächs wendet sich Karin stattdessen an ihre neue Freundin Sigrun. Sie stellt dabei fest, dass Sigrun auch über die Vergangenheit ihrer Eltern schweigt, aber aus einem ganz anderen Grund: Sigruns Vater ist Halbjude. Schweigen tritt hier erstmals aus der Perspektive der Opfer(-Nachfolge-Generation) als Entlastung und als Selbstschutz in den Blickpunkt. Die Offenlegung der jüdischen Abstammung, so die Befürchtung, würde eine Befangenheit auslösen, die vermieden werden soll: „Wir leben hier, und wir wollen, dass die Leute bei uns einkaufen" (*RRR* S. 186). Sigruns Eltern verschweigen ihre Herkunft, um sich ohne Beeinträchtigung in ihrer sozialen Umgebung bewegen zu können. Im Gegensatz zu Karin, die über die Vergangenheit ihrer Eltern aus Scham nicht spricht, weil sie den gut begründeten Verdacht hegt, dass ihre Verwandten mehr oder weniger unmittelbar an Kriegsverbrechen beteiligt waren, schweigt Sigrun zum Schutze der Eltern. Sigruns jüdische Abstammung ist für Karin einerseits der endgültige Beweis: „Das hat es alles gegeben" (*RRR* S. 187). Andererseits stellt sie resignierend fest:

> Aber es ist ja nur Zufall, dass sie nicht zwanzig Jahre früher geboren sind. Und Sigrun darf nicht darüber reden und Karin darf nicht darüber reden, und das Schweigen verbindet sie nicht. (*RRR* S. 190)

Das Problem der fehlenden Kommunikation besteht also nicht nur zwischen der Kriegsgeneration und der Nachkriegsgeneration, nicht nur zwischen Karin und ihren Eltern. Die fehlende Kommunikation findet sich auch auf der Opferseite. Vor allem aber wird sie weitergegeben und belastet auch die Kommunikation zwischen Angehörigen der nächsten Generation.

---

65 Vgl. dazu auch das Gespräch mit Jugendlichen über Die verlorenen Schuhe und Ringel, Rangel, Rosen in diesem Band: Auch die jungen Leserinnen sehen Karins Veränderung und Distanzierung in einem Zusammenhang mit der Kommunikationssituation zwischen Eltern und Tochter.

3. Über das Schweigen sprechen – Lernarrangements für den Unterricht

Kommunikative Situationen des Schweigens in fiktiven Texten, wie sie hier am Beispiel des Historischen Jugendromans von Kirsten Boie freigelegt wurden, können für die Entwicklung von Lernarrangements genutzt werden. Lesevorgänge werden nicht nur dadurch geleitet, was Texte mitteilen, sondern ganz wesentlich auch dadurch, was Texte nicht sagen oder verschweigen.[66] In Boies Roman geraten gerade das Nicht-Gesagte und das Verschwiegene in den Fokus. Es wird, wenn man so will, zum Motor der Entwicklung und inneren Ablösung der Protagonistin. Die Unbestimmtheit der Szenen des Schweigens eröffnet ein Reflexionspotential, das zum Nachdenken über die Funktion und Motivierung von Schweigen und Sprachlosigkeit in der Alltagskommunikation, im historischen Kontext wie auch über deren Einsatz als narratologische Strategie anregen kann. Der Szene, in der Karins erste Frage in der Runde der Erwachsenen unbeantwortet bleibt, könnte man sich mit Mitteln der szenischen Interpretation oder des kreativen Schreibens nähern. Zu thematisieren wären z.B. folgende Fragen: Was könnten die Erwachsenen Karin auf diese Frage antworten? Welche weiteren Fragen könnten sich ergeben und welche Antworten würden sie nach sich ziehen? Der Text gibt weder genaue Auskunft darüber, welche Motive die Figuren im Einzelnen haben, der Frage auszuweichen, sie zu überhören und nicht zu antworten, noch zeigt er Karins Reaktion auf das Ausbleiben der Antwort und ermöglicht dadurch Anknüpfungspunkte für verschiedene Produktionsaufgaben. Denkbar wären u.a. die beiden folgenden Aufgabenarrangements:[67]

1. Für alle an der Szene beteiligten Figuren (Karin, Mutter, Vater, die Nachbarn Waldemar und Lotti sowie Oma Domischkat) werden kurz die spontanen Gedanken auf Karins erste Frage notiert (1-5 Sätze). Anschließend wird die Situation szenisch nachgestellt. Jede Figur wird durch einen Schüler oder eine Schülerin verkörpert und bekommt einen weiteren Mitspieler als ‚Gedankenstimme' hinzu. Die ‚Gedankenstimmen'-Vertreter positionieren sich jeweils hinter den Figuren. Dann wird der Text des Buches so gelesen, dass an den Stellen, wo die Erwachsenen eigentlich hätten antworten sollen, nun

---

[66] Vgl. Wolfgang Wangerin: Rezeptionsästhetik und -didaktik, in: Dietlinde H. Heckt, Karl Niemann (Hg.): Deutschunterricht von A bis Z. Braunschweig 2005, S. 292-296.

[67] Da es im vorliegenden Beitrag nicht möglich ist, eine gesamte Unterrichtssequenz zu entwickeln, wird hier davon ausgegangen, dass der Text den Teilnehmern einer entsprechenden Lernveranstaltung in seiner Gänze bekannt ist. Normalerweise würde ein handlungs- und produktionsorientiertes Verfahren jedoch nicht einfach bei der Erarbeitung einsetzen, sondern eine Phase der Einstimmung und Einführung in Situation und Figuren vorschalten.

die Gedankenstimmen zu Wort kommen können.[68] Bei einer größeren Gruppe kann dieses Verfahren in mehreren Durchgängen wiederholt werden.
2. Eine zweite Möglichkeit besteht darin, ein im Buch nicht vorkommendes Anschlussgespräch etwa zwischen Lotti und Waldemar auszuarbeiten.[69] Lotti und Waldemar sind zwei der Nachbarn, die an dem betreffenden Abend zum gemeinsamen Fernsehen bei Karins Familie zu Besuch sind. Ein Gespräch zwischen diesen beiden Figuren könnte stattfinden, wenn Lotti und Waldemar auf dem Heimweg sind. Vorteil einer solchen Unterhaltung wäre die stärker interpretierende Haltung, da auch Lotti und Waldemar nicht genau über die Motive von Karins Eltern zu schweigen, Bescheid wissen. Dadurch ist eine distanziertere Haltung zur Mutter- bzw. Vater-Figur möglich, die sich gegenüber der Tochter in einer heikleren Kommunikationssituation als die Nachbarn befinden. Denkbar wäre, dass sich zwischen Waldemar und Lotti eine Diskussion darüber entwickelt, welche Konsequenzen, welche Vor- und Nachteile es haben kann, sich der Tochter gegenüber ehrlich über die Vergangenheit zu äußern.

Ziel dieser Verfahren wäre jeweils eine „Vergegenwärtigung der inneren Konfliktsituation"[70] der beteiligten Figuren, vor allem aber von Karin und deren Eltern. Durch eine Rekonstruktion der im Text des Romans ausgesparten Informationen werden die Gründe und Gedanken der Figuren stellvertretend veräußert und dadurch diskutierbar. Damit wird durch „eine produktiv-kreative Auseinandersetzung mit den Texten ihre spezifische Funktion für das historische Verstehen erfüllt."[71] Durch ein anschließendes Gruppengespräch können über die Erarbeitung von Gemeinsamkeiten und Unterschieden in der Wahrnehmung die individuellen Lesarten überdacht und am Text begründet werden. Im „Wechselspiel zwischen genauer Textwahrnehmung und subjektiver Verarbeitung"[72] kann so für die kommunikativen Funktionen von Schweigen sensibilisiert werden.

---

68 Vgl. ähnlich die szenische Interpretationstechnik des ‚Gedanken-Stopp' bei Scheller (Ingo Scheller: Szenische Interpretation. Theorie und Praxis eines handlungs- und erfahrungsbezogenen Literaturunterrichts in der Sekundarstufe I und II. Seelze-Velber 2004, S. 69f.) U.U. kann beim Vorlesen auch die Stimme des Fernsehmoderators integriert werden.
69 Vgl. ähnlich die Verfahren zur Verarbeitung und Reflexion von Szenen aus der Perspektive beteiligter Figuren bei: Scheller (Anm. 68), S. 135.
70 Kaspar Spinner (1989): Produktionsaufgabe bei der Romanbehandlung am Beispiel von Anna Seghers Das Siebte Kreuz, in: ders. (Hg.): Kreativer Deutschunterricht. Identität. Imagination. Kognition. Seelze 2001, S. 89-107, hier S. 91.
71 Kaspar Spinner: Vorschläge für einen kreativen Literaturunterricht. Lehrerband zu Geschichten 5./6. Schuljahr, 7./8. Schuljahr, 9./10. Schuljahr. Hg. von Verlag Moritz Diesterweg. Frankfurt/Main 1990, S. 52.
72 Spinner (Anm. 71), S. 89.

Die Aufgabenarrangements eröffnen somit erstens die Möglichkeit, Schweigen in Gesprächen als wesentlichen und produktiven Bestandteil interaktionaler Prozesse erfahrbar zu machen. Der Literatur-/Sprach- und/oder Geschichtsunterricht kann so zu einem Ort der Sprachreflexion werden, in dem Schweigen nicht als „defizitäres Phänomen", sondern im Hinblick auf seine interaktiv relevanten Funktionen als ein „produktive[s] Moment von Kommunikation" reflektiert wird, „in dem Sinn ausgehandelt und hinterfragt werden kann".[73] Über einen Vergleich unterschiedlicher nachempfundener Reaktionen Karins auf das Ausbleiben einer Antwort können beispielsweise die oben beschriebenen Interventionsmöglichkeiten nach Bergmann erarbeitet werden: Stellt Karin die Frage erneut, fragt sie nach Gründen für das Schweigen oder denkt sie nur still über die Motive der Erwachsenen nach?

Zweitens wird daran anschließend Potential freigesetzt, das Schweigen als Leerstelle im literarischen Text und somit funktional als Erzählstrategie zu analysieren und zu reflektieren erlaubt. Der Text lässt in der Behelfsheimszene nicht nur die Antwort ausbleiben, er zeigt zudem weder, wie sich Karin noch wie sich die Erwachsenen mimisch und gestisch verhalten: Senken die Eltern den Blick während des Schweigens oder nehmen sie gegenseitigen Augenkontakt auf? Winken sie die Frage buchstäblich ab oder schütteln sie kaum merkbar den Kopf? Die szenische Bearbeitung macht gerade die Füllung und Konkretisierung dieser Unbestimmtheiten notwendig und gibt dadurch Anlass zum Dialog über den Grad der Kommunikativität des Schweigens.[74]

---

73 Apel u.a. (Anm. 9), S. 120.
74 Im Sinne Schröters (Anm. 10).

III. Interviews

„Geschichte kann in einem Roman realistischer rübergebracht werden."
Ein kommentiertes Gespräch mit Jugendlichen über *Die verlorenen Schuhe* und *Ringel, Rangel, Rosen*

Im Rahmen des Gießener Projekts zum zeitgeschichtlichen Jugendroman waren Lisa (8. Klasse) Annika, Sophie (beide 9. Klasse) und Lena (Eingangsstufe der gymnasialen Oberstufe) zu einer Diskussion über die Romane von Kirsten Boie und Gina Mayer eingeladen. Der Austausch mit den jungen Leserinnen verfolgte zwei Ziele: Allgemein ging es darum, die Sicht der primären Adressatengruppe von Historischen Jugendromanen auf die Texte, ihre Inhalte und medialen Verfahren kennenzulernen. Darüber hinaus zeigte sich, dass die Rezipientenperspektive die verschiedenen wissenschaftlichen Ansätze in wichtigen Punkten zu ergänzen vermochte und zu weiterführenden Überlegungen führte. Die Fragen der Wissenschaftler regten interessante Reflexionen der Jugendlichen an, u.a. über das Verhältnis von literarischem Text und geschichtlichem Stoff, über Figurengestaltung und Leserempathie, Erzählstruktur und Paratexte sowie über historische Lernprozesse, die für das Rezeptionsverhalten jugendlicher Leserinnen und Leser gegenüber Historischen Jugendromanen sehr aufschlussreich sind. Die unten stehenden Kommentare der Autorinnen und Autoren zum Schülergespräch verweisen darauf. Das Gespräch über *Ringel, Rangel, Rosen* und *Die verlorenen Schuhe* wird – inhaltlich etwas gerafft und sprachlich leicht geglättet – im Folgenden dokumentiert:

KATRIN LEHNEN: Herzlichen Dank an euch, Lisa, Annika, Sophie und Lena, dass ihr gekommen seid!

VADIM OSWALT: Ihr habt die gleichen Romane gelesen wie wir: *Ringel, Rangel, Rosen* von Kirsten Boie und *Die verlorenen Schuhe* von Gina Mayer. Wir sind sehr gespannt auf eure Eindrücke von den Büchern. Zum Anfang vielleicht gleich eine Frage: Habt ihr die Texte gern gelesen, und habt ihr sie beide gern gelesen? Waren sie spannend, interessant oder eher langweilig?

SOPHIE: Ich fand *Ringel, Rangel, Rosen* nicht so interessant, aber das andere habe ich gerne gelesen.

LENA: Ich habe nur *Ringel, Rangel, Rosen* gelesen. Das fand ich am Anfang ganz gut, aber das Ende fand ich nicht mehr so gut und spannend.

ANNIKA: Ich habe beide gelesen. *Die verlorenen Schuhe* haben mir viel besser gefallen und die fand ich auch viel spannender.

LISA: Ich habe auch beide gelesen, aber bei *Ringel, Rangel, Rosen* hat mir das Ende nicht so gefallen.

LEHNEN: Die meisten von euch fanden das Ende von *Ringel, Rangel, Rosen* irgendwie komisch oder unbefriedigend oder doof. Könntet ihr versuchen, das noch genauer zu begründen?

LISA: Also mich haben diese ständigen Zeitwechsel und das ständig wiederholte „Ringel, Rangel, Rosen" ein bisschen verwirrt. Da musste ich immer neu überlegen, wann und wo die Geschichte gerade spielt. Ich wusste auch manche Begriffe nicht und verstand dann auch nicht, was an solchen Stellen passiert.

LENA: Mich hat Karins Sprung von dem netten lieben Mädchen zu diesem rebellischen Teenager im letzten Teil gestört. Das hat einfach nicht mehr zu dem anfänglichen Bild gepasst.

SOPHIE: *Ringel, Rangel, Rosen* fand ich auch nicht so interessant, weil am Anfang die ganze Zeit so eine schöne gute Welt beschrieben wurde und zum Schluss dann alles nur noch problematisch war. In der Mitte, wenn die Sturmflut beschrieben wird, war's dann so total schlimm! Außerdem hat mich genervt, dass Karin die ganze Zeit „Ringel, Rangel, Rosen" gesagt hat.

OSWALT: Fandet ihr die Ereignisse etwas durcheinander erzählt?

LISA: Ja. Mal dachte Karin zurück, dann war sie wieder in der Gegenwart, und so weiter.

ANNIKA: Also bei *Die verlorenen Schuhe* ist das ja auch, aber es war nicht so extrem. Bei *Ringel, Rangel, Rosen* war das auch mal nur drei Zeilen lang und dann ging es wieder irgendwo anders hin.

LENA: Wobei ich das nicht so schlimm fand. Ich fand, diese Sprünge haben die Geschichte nochmal interessanter gemacht. Ich glaube, wenn das jetzt nur so durcherzählt wäre, dann wäre es noch ein bisschen langweiliger gewesen.

OSWALT: Du hast gesagt, dieser Wechsel am Ende hat dich nicht überzeugt, weil es ein bisschen aufgesetzt wirkte, dass Karin gegenüber ihren Eltern nun so rebellisch auftritt.

LENA: Weil es einfach nicht zu ihr gepasst hat.

LUDWIG DUNCKER: Aber Karin wollte doch von Anfang an ihre Zöpfe ab haben und sich auch mal schminken. Und sie wollte immer einen anderen Badeanzug haben.

LENA: Ich glaube, das ist normal so. Aber später hat sie versucht...

LISA: Also am Anfang war sie so ein bisschen... Das ging ja noch. So hätte man das bis zum Ende durchgängig machen können. Aber zum Schluss war Karin gegen alles, egal was.

ANNIKA: Alles, was die Eltern verboten haben, hat sie dann extra gemacht.

LEHNEN: Ihr findet also, dass es nicht glaubwürdig ist, dass Karin am Anfang relativ nett dargestellt wird und am Ende dann irgendwie alles in Frage stellt?

SOPHIE: Ich fand das eigentlich schon glaubwürdig, dass Karin sich so verändert hat: Sie war ja am Anfang das liebe nette Mädchen und dann hat sie die Bücher über die Juden gelesen, und dann hat sie nach der Überschwemmung, als alle in der Turnhalle untergebracht waren, das Familienalbum mit den Kriegsbildern ihres Vaters entdeckt. Deshalb hat sie sich verändert, weil die Eltern nicht mit ihr über den Krieg gesprochen haben.

NORMAN ÄCHTLER: Fragen wir mal umgekehrt, warum hat euch der Roman von Gina Mayer besser gefallen?

ANNIKA: Ich fand den Roman spannender, weil da immer wieder was Neues passiert ist. Außerdem interessiert mich, warum das alles so kam, und ich konnte das besser lesen, weil meine Oma als kleines Kind auch fliehen musste und mir aber nie so wirklich davon erzählt hat. Mich interessiert aber schon, warum das alles so war.

SOPHIE: Ich fand das Buch gut, weil man so richtig miterlebt hat, wie die geflüchtet sind, und das war total spannend. Meine Großeltern, die erzählen mir auch immer davon. Die sind zwar nicht wirklich vor dem Krieg geflüchtet, aber ich fand es immer total interessant, davon zu hören.

LEHNEN: In *Die verlorenen Schuhe* spielen ja zwei Figuren die Hauptrolle: Wanda und Inge. Hat euch eine der Figuren besonders gut gefallen?

ANNIKA: Also ich fand beide ziemlich gut. Manchmal fand ich zwar eine nicht so toll – was die so gemacht hat –, dann auch mal die andere nicht. Eigentlich mochte ich aber beide.

LISA: Dadurch wurde es auch ein bisschen interessanter. Man lernt Wanda und Inge mit dem Lauf der Geschichte immer näher kennen. Auch was die für Vorgeschichten haben und was dazu führte, wie sie was machen.

SOPHIE: Also ich fand die Geschichte von Wanda interessanter. Die hat so viel Schlechtes erlebt. Sie wurde von den Deutschen gefangen und ist dann in Inges Familie gekommen, wo sie arbeiten musste. Dass sie dann zum Schluss ihr Glück gefunden hat, das fand ich toll.

ÄCHTLER: Inwiefern hat denn die Art und Weise des Erzählens bei eurer Bewertung der Romane eine Rolle gespielt?

LISA: Dadurch, dass die Geschichte bei *Die verlorenen Schuhe* nicht wie in *Ringel, Rangel, Rosen* hin und her gesprungen ist, fand ich den Roman einfacher zu verstehen. Außerdem war es gut, dass in *Die verlorenen Schuhe* hinten unbekannte Wörter erklärt sind. Dinge, die man nicht wusste, konnte man sich dann erklären. Bei *Ringel, Rangel, Rosen* gab's keine Worterklärungen, deshalb wusste man manchmal eben nicht, worum's geht.

MONIKA ROX-HELMER: Findet ihr das hilfreich, wenn Historische Jugendromane wie *Die verlorenen Schuhe* Begriffserklärungen oder Karten im Anhang bieten?

Lest ihr Nachworte wie das von Gina Mayer, oder legt ihr das Buch weg, wenn die Geschichte zu Ende gelesen ist?

ANNIKA: Solche Erklärungen mag ich eigentlich gar nicht, da muss man immer wieder umblättern. Aber bei dem Buch fand ich's wirklich gut. Nachwörter lese ich eigentlich auch nicht, aber das von Gina Mayer habe ich gelesen.

LISA: Ich habe bei der Karte ab und zu geguckt und verfolgt, wo die auf der Flucht gerade waren oder was als nächstes für eine Station kam. Und ich habe auch das Nachwort gelesen; normalerweise tue ich das auch nicht.

SOPHIE: Ich finde es auch besser, dass im Buch von Gina Mayer Erklärungen sind. Auf der Karte kann man nachvollziehen, wo Inge und Wanda gerade sind, und man sieht zum Beispiel, in wie viel Tagen sie ein Stück Weg zurück gelegt haben. Die Worterklärungen waren nützlich. Ich finde das immer nervig, wenn man ständig nachfragen muss. Meine Eltern sagen dann immer, dass ich im Fremdwörterbuch nachschlagen soll.

LEHNEN: Wir haben die Romane von Kirsten Boie und Gina Mayer gelesen, weil es in ihnen auch um Geschichte geht. Da werden historische Ereignisse zum Thema gemacht: einmal die Flucht und Vertreibung der Deutschen aus Schlesien am Ende des Zweiten Weltkriegs und bei *Ringel, Rangel, Rosen* die Hamburger Flutkatastrophe von 1961, wobei es da ja auch um die Vergangenheit der Eltern im Dritten Reich geht. Sind das Themen, die ihr in der Schule schon behandelt habt und macht es einen Unterschied, solche Themen nochmals in literarisierter Form zu betrachten?

SOPHIE: Wir haben letztens den Zweiten Weltkrieg und das Konzentrationslager Buchenwald durchgenommen. Aber ich finde das insgesamt total langweilig, was wir im Unterricht machen. Ich beschäftige mich mit Geschichte viel lieber zu Hause. Solche Romane zu lesen, finde ich viel interessanter.

ROX-HELMER: Habt ihr denn bei den Büchern von Frau Mayer und Frau Boie wahrgenommen, dass ihr ‚Geschichte' lest oder habt ihr die ‚Geschichte von Inge und Wanda' gelesen als eine interessante und spannende Geschichte, die sich zufällig mit Flucht beschäftigt, bzw. die Geschichte der Entwicklung einer Teenagerin, der zufällig diese Sturmflutkatastrophe dazwischen kommt?

LENA: Also ich habe mir das Buch *Ringel, Rangel, Rosen* ausgesucht, weil wir schon so viel zum Zweiten Weltkrieg gemacht haben, auch in der Schule, und über diese Flut noch gar nichts. Ich wollte gerne dazu etwas wissen, deswegen habe ich schon mehr mit geschichtlichem Interesse gelesen. Aber insgesamt kam in dem Buch gar nicht so viel darüber vor, was mich dann wiederum enttäuscht hat.

LISA: In *Ringel, Rangel, Rosen* kam zwar nicht ganz so viel Geschichtliches rüber, aber ich hab das Wesentliche schon mitbekommen. Wir haben das in der Schule auch noch nicht durchgenommen, obwohl wir unsere Geschichtslehrerin immer wieder fragen, ob wir nicht was zur neueren Geschichte machen können. Aber die sagt immer, wir müssen nach dem Lehrplan gehen. Jetzt sind wir bei der Reformation. Aber eigentlich wollen alle aus der Klasse lieber was behandeln, das irgendwie näher an unserer Zeit dran ist und von dem man weiß, dass die Großeltern da mitgemacht haben.

ANNIKA: Mir ist aufgefallen: So wie man's als Außenstehende in Geschichte lernt, kann man die historischen Ereignisse gar nicht mitbekommen. Inge und Wanda, die haben doch gar nichts von dem mitbekommen, was wir heute in Geschichte lernen. Deswegen finde ich, dass *Die verlorenen Schuhe* ziemlich realistisch und ziemlich gut beschreiben, wie Menschen damals gelebt haben.

ROX-HELMER: Wenn ihr diese Bücher in der Stadtbibliothek entdeckt hättet, hättet ihr aus eigenem Antrieb gesagt: „Darüber will ich jetzt mal was wissen", und sie ausgeliehen?

LENA: Ich weiß es nicht. Das käme wohl darauf an, in welcher Stimmung ich gerade bin. Ich lese in meiner Freizeit nicht viel, wenn Schule ist, weil ich Lesen anstrengend finde. Ich lese mehr in den Ferien, wenn ich genug Zeit dafür hab. Deswegen glaube ich nicht, dass ich's mir genommen hätte, aber ich weiß es nicht genau.

ANNIKA: Ich denke, ich hätte es schon gelesen. Aber ich lese auch relativ viel.

LISA: Ich lese eigentlich die ganze Zeit, auch Romane über amerikanische Geschichte, über Leute, die nach Amerika ausgewandert sind, aber bei den beiden Romanen... weiß ich nicht.

DUNCKER: Findet ihr, dass es sich um Texte handelt, die man als Romane für Jugendliche bezeichnen könnte, oder sind die für Erwachsene genauso lesenswert?

SOPHIE: Sie sind beides. *Ringel, Rangel, Rosen* hat mich jetzt nicht so sehr interessiert, und vielleicht ist das dann doch nicht wirklich ein Erwachsenenbuch. Ich weiß nicht so recht. *Die verlorenen Schuhe* sind ein Jugendbuch, das könnte aber jeder lesen, den's interessiert.

LENA: Ich habe bei *Ringel, Rangel, Rosen* teilweise gedacht, dass ich ein bisschen zu alt für das Buch bin, weil's viel zu einfach geschrieben war, und weil ich den Anspruch gar nicht hatte, mir groß Gedanken zu machen.

OSWALT: *Die verlorenen Schuhe* habt ihr ja alle gelesen. Gib es Stellen, an die ihr euch besonders deutlich erinnert?

SOPHIE: Ich habe besonders stark die Stelle in Erinnerung, als Inge noch einmal zurück auf ihren Hof kommt, der Hund tot ist und sie dann mit Wanda flüchtet. Außerdem das Kapitel, wenn Inge sich von Wanda trennt, weil sie hofft, mit dem Zug weiterreisen zu können, und Wanda sie wieder aufliest. Dann noch die Stelle, wo Inge fast von russischen Soldaten missbraucht wird. Und das Kapitel bei der sterbenden Oma, wo die dann übernachtet haben, und das über Dresden, wo sie mit dem Zug durchgefahren sind.

ANNIKA: Und noch eine Stelle: wo sie im Zug sitzen und plötzlich ganz viele Luftbomber da sind und dann müssen sie irgendwie alle raus. Das fand ich auch krass.

LEHNEN: Und in Kirsten Boies Roman?

LENA: Da habe ich mir eine Stelle gemerkt, wo Karin an der Dove Elbe ist und sie den Jungs zugucken und alle so glücklich sind. Da sagt Karin ja auch, dass sie sich an diesen Moment später erinnern wird. Darüber musste ich eigentlich das ganze Buch immer wieder nachdenken.

ÄCHTLER: Versucht euch einmal daran zu erinnern, welche Aspekte von Jugend in den Texten angesprochen sind. War das für euch eher ganz weit weg, was Karin bzw. Inge und Wanda beschäftigt hat, oder gab es Momente, wo ihr gedacht habt: „Den Gedanken hätte ich auch haben können in dieser Situation"?

LISA: Ich kann zum Beispiel gut verstehen, dass Karin unbedingt wissen will, was es mit den Bildern auf sich hat, die jemand aus dem Fotoalbum entfernt hatte, und dass es sie ärgert, dass ihre Eltern das einfach nicht sagen wollen. Mich hat das auch interessiert. Die Begriffe, die unter dem fehlendem Foto standen [„Erwischte Freischärler" (*RRR* S. 141)], kannte ich auch nicht. Ich hab meine Eltern gefragt, die konnten die Begriffe aber auch nicht wirklich erklären.

ANNIKA: Ich konnte mich viel mehr mit der Inge oder mit der Wanda identifizieren. Die Karin war ein bisschen jünger als ich und hat Sachen gemacht, die ich vor zwei Jahren gemacht hätte.

SOPHIE: Karin hat sich zwar für die Judenverfolgung interessiert und ich lese auch immer gerne Bücher von Miriam Pressler, die Jüdin ist und viel über Judenverfolgung schreibt, aber ich fand die Wanda und auch die Inge viel interessanter. Die wurden besser beschrieben als die Karin.

LEHNEN: Wie würdet ihr jemand anderem diese drei Figuren beschreiben?

LENA: Ich würde die Karin am Anfang als sehr naiv und vielleicht auch ein bisschen – nicht dumm, aber kindisch beschreiben, und dass sie in den folgenden eineinhalb Jahren total reift und versucht rebellisch gegen ihre Eltern zu werden und gleichzeitig versucht, all das zu vergessen, was ihr passiert ist.

SOPHIE: Inge ist ja am Anfang ebenfalls ziemlich naiv, z.B. weil sie bis zum Schluss glaubt, dass die Deutschen den Krieg gewinnen. Ihr Offiziers-Freund sagt ja auch die ganze Zeit: „Es wird alles wieder gut." Dann wird sie so ganz plötzlich mit der harten Seite des Lebens konfrontiert und muss erst mal so auf einen Schlag vernünftig und wirklich erwachsen werden, auch wenn sie zu der Zeit schon fünfzehn oder sechzehn ist.

LISA: Die Wanda hat's von Anfang nicht so gut erwischt. Sie wurde früh von ihren Eltern getrennt und wusste, worauf's ankommt. Sie hat auch nicht wirklich jemandem getraut.

ROX-HELMER: Mit welchem der Mädchen würdet ihr gern einmal einen Nachmittag verbringen, wen würdet ihr gerne kennenlernen?

SOPHIE: Ich würde gerne alle drei kennenlernen. Karin, weil sie sich in den eineinhalb Jahren so plötzlich verändert hat. Eigentlich ist sie ja schon ziemlich stark; was die da so durchgemacht hat. Aber auch die Wanda finde ich total interessant, weil sie schon so viel erlebt hat, obwohl sie erst siebzehn ist. Inge ist gezwungen, sich von dem braven, lieben Mädchen, das von hinten bis vorne verhätschelt wurde, in eine Erwachsene zu verwandeln. Plötzlich muss sie auch arbeiten und den Jungen, in den sie sich verliebt hat, bekommt sie auch nicht. Also ich würde eigentlich schon gerne mit allen dreien sprechen.

LISA: Ich würde auch gerne alle drei kennenlernen. Die Karin würde ich fragen, warum sie dies und das gemacht hat und die anderen auch, und ich würde auch wissen wollen, *wie* sie das alles erlebt haben.

ANNIKA: Ja, ich würde auch alle drei kennenlernen wollen. Weiß gar nicht so genau, warum.

DUNCKER: Ist es nicht normal, wie sich die Karin verhält, dass sie sich auch mal schminken, eine andere Frisur haben will, keine Zöpfe mehr. Ihre Freundin Sigrun, die sie bewundert, verkörpert dies alles: Sie trägt einen kürzeren Rock und Stöckelschuhe und sie verfügt über aktuelle Musik, Elvis Presley und die Beatles. Ihr strebt Karin nach. Aus heutiger Sicht ist dieses Verhalten ganz normal, oder?

ANNIKA: Ja schon. Aber Karin macht auch Sachen, die ich, glaub ich, nicht machen würde. Wenn meine Eltern sagen: „Nee, das darfst du nicht", dann würde ich es auch nicht machen.

LENA: Es kommt auch auf die Zeit an, in der die gelebt haben. Karins Mutter sagt ja immer: „Die deutsche Frau raucht nicht, trinkt nicht und schminkt sich nicht." Ich glaube nicht, dass meine Mutter das heute noch sagen würde. Da geht es einfach um diesen krassen Umbruch zwischen der Generation, die im Krieg sein musste und die das alles miterlebt hat, und der Generation, die nicht mehr den Krieg als das Schlimme empfunden hat, sondern vor allem, dass da was Schlechtes gemacht wurde. Die wollten deshalb anders sein als ihre Eltern. Ich glaube, dass Karin sich deswegen nochmal so krass verändert hat. Für die Mutter waren die Amerikaner die Feinde, für Karin gerade nicht.

SOPHIE: Also ich glaube, wenn wir jetzt so was erleben würden, die Flut war ja schon schlimm, wie sie im Roman beschrieben wurde, dann würden wir uns vielleicht auch ein Stück in eine andere Richtung entwickeln. Eigentlich können wir froh sein, dass wir so gut leben.

ÄCHTLER: Was hat es eigentlich von den Eindrücken her mit euch gemacht, zu lesen, wie es Leuten ergeht, die solche Katastrophen erleben müssen?

ANNIKA: Ich fand's ganz gut, dass die Inge ja eigentlich ziemlich reich war, aber trotzdem nicht davor geschützt war, fliehen zu müssen.

LENA: Bei *Ringel, Rangel, Rosen* hab ich das eigentlich gar nicht so schlimm empfunden, weil die Sache ja gut ausgegangen ist, Karins ganze Familie noch gelebt hat und eigentlich für sie ‚nur' das Haus weg war. Zwar sind außenrum ein paar Leute ertrunken, aber das wurde gar nicht so stark thematisiert wie Karins Veränderung.

LISA: Also ich hatte gedacht, dass irgendjemand sterben wird. Karins Bruder oder ihre Mutter.

LENA: Ich habe beim Lesen eigentlich auch dauernd erwartet, dass irgendwer stirbt. Aber wenn ich jetzt so drüber nachdenke, überlege ich eher, wie sich die Leute gefühlt haben müssen, als sie auf dem Dach saßen.

DUNCKER: Wäre so ein bisschen ‚Abenteuer' nicht mal ganz gut?

LISA: So ein Abenteuer muss nicht sein.

ROX-HELMER: Liest man solche Katastrophen-Geschichten nicht auch unter dem Aspekt: Zum Glück ist mir das nicht passiert. Das ist nur zwischen den Buchdeckeln und da ist es gut aufgehoben.

LENA: Es gab schon viele Bücher, bei denen ich darüber nachgedacht habe, was wäre, wenn diese Ereignisse jetzt passieren würden. Ich fand ganz schön schlimm, was da so alles geschah und überlegte, dass man echt aufpassen muss, dass so was nicht passiert. Wir haben in der Schule zum Beispiel ein Buch über den Atomkrieg gelesen. Ich dachte, dass es so krank ist von Menschen, so was zu machen. Ich will lieber, dass solche Ereignisse im Buch bleiben.

LISA: Ich überleg mir dann manchmal, wie ich reagieren würde, wenn ich in so einer Situation wäre, ob ich genauso reagiert hätte wie die im Buch.

LEHNEN: Das ist ja auch das, was bei *Ringel, Rangel, Rosen* eine große Rolle spielt, dass Karin immer wieder sagt: Wenn ich in der Zeit gelebt hätte, hätte ich mich gewehrt. Ich hätte Juden versteckt. Kann man das eigentlich im Nachhinein beurteilen? Spielt das eine Rolle beim Lesen?

LENA: Ich habe Karin als naiv abgestempelt, als sie das immer wieder behauptet hat, weil ich mir eigentlich sicher war, dass sie das nicht gemacht hätte. Und ich bin mir auch ziemlich sicher, dass ich selbst wahrscheinlich auch nicht so gehandelt hätte. Und deswegen war sie mir auch in dieser Beziehung irgendwie so ein bisschen unsympathisch und da habe ich sie als kleinkindlich gesehen.

SOPHIE: Ich habe zunächst auch zu mir gesagt, ich hätte denen wahrscheinlich geholfen. Aber ich meine, wenn wir damals in der Zeit gelebt hätten, dann hätte ich das wahrscheinlich auch nicht gemacht, weil es einfach viel zu gefährlich gewesen wäre. Man muss sich in die Zeit reinversetzen und das hat die Karin jetzt zum Beispiel nicht gekonnt.

ÄCHTLER: Wenn ihr die unmittelbare Geschichte der Texte fortsetzen müsstet, wie würden die nächsten fünf Jahre im Leben der jungen Frauen eurer Meinung nach aussehen? Fangen wir mal mit der Inge an...

LISA: Inges Vater kommt wieder und sie beginnt dann, sich das weitere Leben aufzubauen.

SOPHIE: Vielleicht geht sie ja wieder zurück auf den Hof, und vielleicht bauen sie dort alles auf, es war ja eigentlich gar nicht so viel beschädigt. Es war nur der Hund tot. Ich würde schon sagen, dass die vielleicht wieder mit ihrem Vater dahin geht und vielleicht auch heiratet und wenn dann der Vater mit ihrem Mann auf dem Hof lebt und wenn der Vater alt ist, sich auch um den kümmert.

LEHNEN: Aber Hohenau wird es dann ja nicht mehr geben. Das weiß man ja aus heutiger Perspektive, dass sie den Gutshof in Schlesien nicht zurückbekommen werden.

LISA: Oder sie bauen sich in der Gegend um Nördlingen etwas auf, mit ihrer Familie.

ÄCHTLER: Wie sieht's mit Wanda aus? Ihr Leben scheint am Ende des Romans ja in positiven Bahnen zu laufen.

ANNIKA: Wanda wird nach ihren Eltern suchen.

LISA: Aber sie sagt ja, dass sie nicht mehr nach Polen zurück kann.

ANNIKA: Ja, aber ich glaube, das würde jeder machen. Allein, um zu überprüfen, ob die Eltern noch leben oder nicht. Ich glaube, das würde Wanda schon machen. Außerdem wird sie für sich ein Heim aufbauen, sie hat ja zum Schluss auch diesen Soldaten, Friedrich.

LEHNEN: Werden die beiden glücklich?

SOPHIE: Ja, ich denk schon: Die Wanda, die hatte sich ja total in den Friedrich verguckt und hat an ihn einen Brief geschrieben. Weil sie sich nicht getraut hat, den abzuschicken, hat das ja heimlich die Inge für sie gemacht. Und dann kam er zu ihrem Auftritt und hat Wanda um ein Autogramm gebeten und sie anschließend nach Hause gebracht. Also ich glaube schon, dass die glücklich werden, weil er sich schon in sie verliebt hat.

LISA: Inge und Wanda bleiben, glaube ich zusammen, so kam's zumindest rüber. Sie verhalten sich ja auch wie Schwestern zum Schluss.

SOPHIE: Die wohnen dann vielleicht nicht mehr zusammen, aber sie besuchen sich ab und zu mal.

ÄCHTLER: Wie wird es mit Karin weitergehen?

LENA: Bei Karin kann ich mir gut vorstellen, dass sie schnell daheim auszieht. Sie fängt nicht unbedingt was mit dem Harald an. Eher sucht sie sich einen ganz anderen Typen, heiratet aber nicht. Ich finde, das passt nicht zu ihr.

SOPHIE: Eigentlich war sie ja ziemlich lieb, und es hat mich schon ein bisschen schockiert, dass sie sich dann so krass entwickelt hat. Vielleicht diskutiert sie nochmal mit ihren Eltern über diese Bilder, und wenn sie eine Antwort bekommen sollte, vielleicht verändert sie sich dann auch wieder ins Positive: dass sie dann nicht mehr so rebellisch ist.

ROX-HELMER: Könntet ihr euch vorstellen, solche Bücher auch im Geschichtsunterricht zu lesen und darüber zu sprechen?

LENA: Im Deutschunterricht.

ROX-HELMER: Und warum nicht im Geschichtsunterricht?

LENA: Weil das irgendwie so ist. Wir haben schon immer im Deutschunterricht solche Bücher gelesen. In Geschichte macht man das mehr so, dass man die Daten und so alles lernt. Im Deutschunterricht geht's dann mehr um die Menschen, um das, was passiert ist.

SOPHIE: Aber ich fänd's cool, wenn man das mal in Geschichte machen würde. In Deutsch muss man dann diese ganzen Textanalysen und Interpretationen schreiben und das finde ich dann wiederum langweilig. Mich interessieren ja nicht wirklich solche Interpretationen, sondern eher die Geschichte.

LISA: Ja, ich fänd's auch mal interessant, wenn man das machen würde. Im Deutschunterricht geht's eher um Interpretationen. Was haben wir gerade gehabt? Den Schimmelreiter. Und wir mussten dann alles Mögliche dazu schreiben. So Sachen, was mich sonst nicht interessieren würde.

LENA: Wobei ich es ganz gut finde, die Intention des Autors rauszufinden und so. Weil man das oft, wenn man die Lektüre einfach nur so liest, nicht so schnell rausfindet. Wenn man sich dann mit einem Kapitel oder mit einer Szene näher befasst, dann merkt man, dass man vielleicht gar nicht gemerkt hätte, was der Autor damit ausdrücken will, dass es aber manchmal schon richtig interessant ist, was der einem sagen will.

ANNIKA: Also ich denke, wenn wir solche Romane jetzt in Geschichte lesen würden, würde ich die eher nicht lesen. Schon gar nicht, wenn der Lehrer sagen würde: „Ja, das ist ganz interessant." Ich glaube, da hätte ich es erst gar nicht angefangen.

LISA SCHÜLER: Würdet ihr sagen, dass man Geschichte besser mit einem Film oder besser mit einem Buch lernen kann?

SOPHIE: Ich find's interessanter mit 'nem Buch. Beim Lesen kann man sich besser in die Personen reinversetzen, im Film ist das immer so oberflächlich. Manchmal reden die ja auch im Film aus ihrer Sicht, aber das bleibt alles an der Oberfläche. Im Buch kann man schon tiefer gehen und so die Personen kennenlernen. Dann weiß man auch, warum die so sind, wie sie sind, und auch, was die mit der Geschichte verbinden. Dann bekommt man auch eine Meinung zum Thema und auch von denen, denen das passiert ist.

LISA: Also ich fände einen Roman besser, auch besser als ein Sachbuch oder so. Ein Buch kommt, glaube ich, am besten.

SOPHIE: Ja. Denke ich auch. Sachbücher und Sachfilme sind langweilig. Ich mag die überhaupt nicht. Ich finde, in Romanen versetzt man sich selbst in die Situation rein und dann kann man das nachempfinden. Manche Bücher sind ja so fesselnd, dass man sich in die Situation reinversetzt und dann auch mal weint. Also ich finde das schon besser, wenn man Romane benutzt.

LENA: Ich finde beides ganz gut, aber ich glaube, in einem Film wird oft überspitzt, weil in eineinhalb bis zwei Stunden 'ne ganze Geschichte dargestellt werden muss, und das soll auch interessant sein. Es muss zwei Stunden lang irgendwie fesseln und kann nicht, wie bei einem Buch, mal zwanzig Seiten langweilig sein. Deswegen glaub ich, dass Geschichte realistischer in einem Roman rübergebracht werden kann.

(Redaktion: Monika Rox-Helmer und Norman Ächtler)

Das Gespräch mit den Schülerinnen über die Romane von Kirsten Boie und Gina Mayer wird den fachwissenschaftlichen und fachdidaktischen Beiträgen nicht einfach nur als ‚kritisches Korrektiv' an die Seite gestellt. Vielmehr treten beide Reflexionsformen in einen Dialog, insofern einige Beiträger des Bandes das Schülergespräch im Folgenden aus der Perspektive ihrer Texte, die jeweiligen wissenschaftlichen Implikationen und Erkenntnisinteressen nochmals ‚gegenlesen' und kommentieren.

Aus literaturwissenschaftlicher und literaturdidaktischer Sicht kommt NORMAN ÄCHTLER zu folgendem Ergebnis:

Bei aller Vorsicht gegenüber der empirischen Aussagekraft des Gesprächs mit den vier Jugendlichen bestätigten die Reflexionen von Annika, Lena, Lisa und Sophie doch einige Vermutungen der Literaturdidaktik in Bezug auf die Wirkungsästhetik des Historischen Jugendromans und den Stand der literalen Kompetenz seines primären Adressatenkreises. Insgesamt fällt auf, dass alle vier Mädchen eindeutig für Gina Mayers *Die verlorenen Schuhe* votierten, wo es um das Lesevergnügen geht. Dies wurde erklärt mit dem spannenden Aufbau der Geschichte und dem erläuternden Begleitmaterial. Außerdem spielte es offenbar eine große Rolle für das emphatische Miterleben, dass die Protagonistinnen Inge und Wanda ungefähr im gleichen Alter wie die Leserinnen waren und ihre Charaktere sich im Verlauf der Handlung langsam entwickeln. Demgegenüber fiel die Identifikation mit der zehnjährigen Karin aus *Ringel, Rangel, Rosen* deutlich schwerer, weil deren abrupt einsetzende Rebellionsphase gegen die Eltern im Anschluss an das Trauma der Flutkatastrophe nicht richtig nachvollzogen werden konnte.

Interessant ist ferner, dass drei der Mädchen Kirsten Boies Text deshalb nicht mochten, weil das Erzählen im Mittelteil über permanente Zeitsprünge erfolgt, was als ‚verwirrend' eingestuft wurde. Nur Lena, einzige Oberstufenschülerin und einige Jahre älter, fand die schnellen Ebenenwechsel interessant, den Roman sogar ‚zu leicht' geschrieben. Dies lässt sich durchaus als einen Beleg für die These nehmen, dass die Kinder- und Jugendliteratur moderne Erzählverfahren nur soweit einsetzen kann, wie es die kognitionspsychologischen Entwicklungsstufen und die literarische Rezeptionskompetenz von jungen Leserinnen und Lesern zulassen. Damit ist die Qualität von *Ringel, Rangel, Rosen* als ein Text auf der Schwelle zwischen KJL und Erwachsenenliteratur markiert. Dafür spricht auch, dass es offenbar einer über eine längere Strecke angelegten Charakterentwicklung bei Figuren bedarf, um die Rezipienten nicht zu überfordern. Karins adoleszenter Entwicklungsschub wird an keiner Stelle explizit mit der Flutkatastrophe und ihrem erworbenen Wissen um das Dritte Reich in Verbindung gebracht. Diese Zusammenhänge müssen die Leserinnen und Leser eigenständig herstellen. Dasselbe gilt für den historischen Kontext. Die ‚Zeit-Zeichen' des Haupttextes werden durch keine Anmerkungen im Paratext aufgeschlüsselt. Das führt zu Verständnisproblemen, deren Bewältigung eine besondere Motivation von Seiten der Leserinnen und Leser erfordert, sich auf das verhandelte Thema einzulassen. Die Oberstufenschülerin Lena ist dann auch die einzige, die sich gegenüber dem analytischen Umgang mit literarischen Texten im Literaturunterricht positiv eingestellt zeigt und Begriffe wie ‚Autorintention' bereits verinnerlicht hat. Den jüngeren Schülerinnen kommt es dagegen mehr auf die Geschichte an sich an. Der Spannungsfaktor scheint in dieser Altersgruppe also das zentrale Element des Lesevergnügens zu sein; die Vermittlung historischer Gegenstände ist demgegenüber als ein Mehrwert anzusehen, der soweit nachvollzogen wird, wie er ‚barrierefrei' zu haben ist.

MONIKA ROX-HELMER kommentiert aus geschichtsdidaktischer Perspektive:

Aus geschichtsdidaktischer Sicht war das Gespräch mit den Schülerinnen sehr interessant: Es bestätigt die Annahme, dass bereits im unangeleiteten Leseprozess historisches Lernen stattfindet, dass ein Kompetenzzuwachs stattgefunden hat und es gibt erste Hinweise darauf, in welcher Weise dieser Lernprozess im Unterricht gezielt unterstützt werden kann.

Bevor darauf näher eingegangen wird, ist jedoch anzumerken, dass den Schülerinnen der Gedanke, einen Historischen Jugendroman im Geschichtsunterricht zu lesen, fremd war und zunächst abgelehnt wurde. Den Platz für einen angeleiteten Leseprozess sahen sie allein im Deutschunterricht, obwohl sie den geschichtlichen Inhalt durchaus als solchen wahrgenommen haben. Die Leseerwartungen bezogen sich z.T. sogar darauf. Dass es bei einer Leserin anfangs zu einer gewissen Enttäuschung gekommen ist, weil nur wenig Ereignisgeschichtliches in den Romanhandlungen enthalten ist, deutet bereits an, wo und wie eine Kompetenzentwicklung ansetzen könnte. Den jungen Leserinnen und Lesern muss deutlich werden, dass sie über die Lektüre Historischer Romane mehr und anderes historisches Wissen aufbauen können als ereignisgeschichtliches Faktenwissen. Zu dieser Erkenntnis kamen die jungen Leserinnen im Verlauf des Gespräches selbst, indem sie die Lebensgeschichten der Protagonistinnen als authentisch bezeichneten und die Chance sahen, darüber viel über Alltagsgeschichte (die Menschen, wie sie sagten) erfahren zu können. So wurde abschließend der Historische Jugendroman als ein mögliches und interessantes Medium für den Geschichtsunterricht gewertet, mit dem die Menschen, ihre Mentalität und ihre Verhaltensweisen in der Vergangenheit fokussiert werden können.

Übertragen auf den Regelkreis des historischen Lernens zeigt dieses Gespräch, dass schon vor der Lektüre wahrgenommen wurde, dass in den Romanen ein ‚Ausschnitt aus dem Universum des Historischen' dargestellt ist. Bei allen Leserinnen ist somit ein historischer Lernprozess in Gang gekommen, der über Fragen und Vermutungen zum Dargestellten zur Bildung von Sachanalysen geführt hat. Den jungen Leserinnen fiel das insbesondere für den Roman *Die verlorenen Schuhe* leicht. Die starke Identifikation mit den beiden Protagonistinnen regte sogar dazu an, die Paratexte für die Sachanalysen zu nutzen. Gleichzeitig konnte die multiperspektivische Darstellung nicht nur ihre irritierende Wirkung entfalten, sie wurde sogar als besonders interessant wahrgenommen, gerade weil sie durch eine erneute Identifikation mit der jeweils anderen Protagonistin einherging. Im Gespräch wurde sichtbar, dass insbesondere der Vergleich zwischen den beiden Protagonistinnen die Bildung historischer Sachurteile und eigener Werturteilsbildung schon während der Lektüre angestoßen hat.

Der Roman *Ringel, Rangel, Rosen*, den die Jugendlichen aufgrund seines hohen Grades an Irritationen zwar als sperrig empfanden, hat im Verlauf des Gesprächs jedoch deutlich mehr Werturteile hervorgerufen. Die jungen Leserinnen haben sich zwar dagegen gewehrt, während der Lektüre immer wieder aus der Identifikation herausgerissen zu werden. Dennoch zeigte sich im Gespräch, dass gerade diese Irritationen den Prozess des historischen Lernens weitertreiben und so werden Karins Aussagen letztlich deutlich unter den Bedingungen der dargestellten Zeit beurteilt. Mit Blick auf das unterschiedliche Alter der jungen Gesprächsteilnehmerinnen zeigt sich, dass die Irritationen mit zunehmendem Alter eher akzeptiert und fruchtbringend genutzt werden. Schulische Vermittlungsprozesse müssten hier gezielt ansetzen. Der Roman darf nicht als Kinderbuch wahrgenommen werden, das eine spannende Geschichte über die Sturmflut erzählen will; kompetenten Leserinnen und Lesern verstehen die kindliche Sicht als literarisches Mittel, um eine Distanznahme zum verhandelten ‚Ausschnitt aus der Vergangenheit' zu ermöglichen, die sie zum Aufbau eigener Urteile und zur eigenen Orientierung nutzen können.

JEANNETTE VAN LAAK ergänzt diese geschichtsdidaktischen Erwägungen um das geschichtswissenschaftliche Erkenntnisinteresse:

Anhand der Aussagen der vier Jugendlichen kann man gut ablesen, was sie an den Geschichten begeistert, wovon sie sich einnehmen lassen und womit sie noch nicht zurechtkommen, was sie ablehnen. Das Interview zeigt einmal mehr, wie wichtig es ist, mit Jugendlichen darüber ins Gespräch zu kommen, wie die literarischen Figuren handeln und welche Konflikte es zu bewältigen gilt. Erst nach einer Verständigung darüber wird es möglich, den Blick der Jugendlichen auf andere Facetten zu richten. Bemerkenswert ist, wie eng Analyse und Reflexion sowohl über die literarischen Figuren, als etwa auch über das in den Romanen eingeflochtene Historische beieinander liegen. Außerdem zeigen die Ausführungen der jungen Mädchen, wie sie ihr Wissen zu den erzählten Geschichten in Beziehung zu setzen vermögen: „So wie man´s als Außenstehende in Geschichte lernt, kann man die historischen Ereignisse gar nicht mitbekommen. Inge und Wanda, die haben doch gar nichts von dem mitbekommen, was wir heute in Geschichte lernen", meinte zum Beispiel Annika.
    Es bleibt zu fragen, ob das Potential der Historischen Jugendromane nicht eine bemerkenswerte Lücke schließt, nämlich die zwischen den Interessen der Jugendlichen und einem Geschichtsunterricht, der leider noch immer zum überwiegenden Teil chronologisch aufgebaut ist, aber an der Lebenswelt der Schüler vorbeigeht, etwa wenn Sophie äußert: „Wir haben letztens den Zweiten Weltkrieg und das Konzentrationslager Buchenwald durchgenommen. Aber ich finde das insgesamt total langweilig, was wir im Unterricht machen. Ich beschäftige mich mit Geschichte lieber zu Hause. Solche Romane zu lesen, finde ich viel interessanter." Lisa formulierte es so: „Wir haben das in der Schule auch noch nicht durchgenommen, obwohl wir unsere Geschichtslehrerin immer wieder fragen, ob wir nicht was zur neueren Geschichte machen können. Aber die sagt dann immer, wir müssen nach dem Lehrplan gehen. Jetzt sind wir bei der Reformation. Aber eigentlich wollen alle aus der Klasse lieber was behandeln, was irgendwie näher an unserer Zeit dran ist und von der man weiß,

dass die Großeltern da mitgemacht haben." Sicherlich kann nicht nur die Geschichte der Mitlebenden unterrichtet werden, doch gerade in den Klassenstufen 7, 8 und 9 ist das Interesse an der Geschichte des 20. Jahrhunderts sehr groß. Vielleicht, so bliebe zu überlegen, wäre es einen Versuch wert, die Geschichte azyklisch zu unterrichten. Damit würde man weniger gegen das Desinteresse der Schüler arbeiten, müsste aber die Dogmen des Lehrplans und des chronologischen Durchschreitens der Geschichte anfechten. Vielleicht überzeugt hierbei einmal mehr die Lektüre dieses Interviews.

Es folgt ein erziehungswissenschaftlicher Kommentar von LUDWIG DUNCKER:

Zunächst ist an den Interviews bemerkenswert, dass sich die jugendlichen Leserinnen für geschichtliche Themen interessieren. Voraussetzung ist allerdings, dass die Ereignisse nicht zu weit weg und ‚irgendwie näher an unserer Zeit dran' sind. Konstitutiv für die Entstehung von Interesse scheint auch zu sein, dass es die Lektüre erlaubt, sich mit den Hauptpersonen zu identifizieren und sich doch auch von ihnen zu distanzieren. Das Errichten des Spannungsfelds von Identifikation und Distanzierung gelingt dem Schulunterricht weitaus geringer, weshalb er nicht in ähnlicher Weise ein Interesse an historischen Themen erzeugen kann. Auch Filme bleiben in dieser Hinsicht in den Augen der Mädchen als Medium hinter den Möglichkeiten des Romans zurück.

Bemerkenswert ist das Bedürfnis nach familiärer Harmonie, das in den Interviews zum Ausdruck kommt. Einvernehmen und Verständigung in der Familie ist den Mädchen eine wichtige Norm, weshalb sie die Auflehnung und Rebellion von Karin zunächst irritiert. Im weiteren Verlauf des Gesprächs werden jedoch Argumente genannt, die das Verhalten von Karin auch nachvollziehbar machen und erklären. Sie erkennen die Weigerung der Eltern, über den Krieg zu sprechen, als Ursache für Karins Aufbegehren. Auch eigene Erfahrungen mit Gesprächsverweigerung klingen durch, beispielsweise dass Eltern schnell genervt sind, wenn Fragen zu nicht verstandenen Begriffen gestellt werden oder die eigene Oma nichts über ihre Flucht erzählen will. Phantasien, wie Inge und Karin am Ende des Romans wohl weiterleben und die ursprüngliche Familie wiederherstellen wollen, unterstreichen nochmals das Harmoniebedürfnis.

Sprunghafte Veränderungen im Lebenslauf werden von den Mädchen sehr bewusst registriert. Nicht nur bei Karin, die einen „Sprung von dem netten lieben Mädchen zum rebellischen Teenager" macht, wie Lena meinte, auch die Notwendigkeit, dass Inge und Wanda „auf einen Schlag wirklich erwachsen werden" müssen, unterstreichen dies. Solche Passagen zeigen, dass die jugendlichen Leserinnen bereits über klare Vorstellungen vom Erwachsensein verfügen.

Leider nehmen an dem Interview keine Jungen teil, so dass erneut die Frage entsteht, ob im Medium des Jugendromans Frauen (Autorinnen, Hauptpersonen der Romane und jugendliche Leserinnen) unter sich bleiben.

Und abschließend ein sprachwissenschaftlicher Gedanke von KATRIN LEHNEN und LISA SCHÜLER:

Die fehlende Kommunikation zwischen der Kriegsgeneration und deren Nachkommen ist nicht nur im Hinblick auf die sprachliche Darstellung und Präsentation der Figureninteraktion im Roman *Ringel, Rangel, Rosen* ein prägnantes und aus linguistischer Perspektive interessantes Phänomen. Der gehemmte Austausch ist auch eine Tatsache, die von Leserinnen und Lesern (wie das Gespräch mit den Jugendlichen zeigt) ganz konkret mit der Entwicklung der Figuren in Verbindung gebracht wird. Die jungen Leserinnen begründeten plausibel, dass die Gesprächsverweigerung der Eltern als Motor für Karins Verhaltensänderungen betrachtet werden kann und führten die Distanzierung Karins von ihren Eltern und deren Verhalten zur NS-Zeit auf die mangelnde Bereitschaft der Eltern, sich zu erklären, zurück.

„Als Autorin von Jugendromanen hat man auch eine gewisse Verantwortung."

Ein Gespräch über das historische Schreiben zwischen Recherche und Imagination

GINA MAYER / NORMAN ÄCHTLER / MONIKA ROX-HELMER

NORMAN ÄCHTLER: Frau Mayer, in einer Online-Rezension wurde Ihr Roman Die verlorenen Schuhe einmal als eine „gelungene Mischung aus historischem Roman, Abenteuergeschichte und Roadmovie" gewertet. Sogleich einmal provokant gefragt: Warum bezeichnen Sie Ihren Text als einen Historischen Jugendroman? Könnte dieser nicht tatsächlich auch als ein Roadmovie durchgehen?

GINA MAYER: Ich wollte den Roman damals ganz bewusst für Jugendliche schreiben. Zum einen fand ich das Thema ‚Flucht und Vertreibung' für einen Jugendroman spannend. Ich hatte eine alte Frau kennen gelernt, die mir ihre Lebensgeschichte erzählt hat. Zum anderen dachte ich, man muss diese Geschichten von Zeitzeugen für die Nachwelt bewahren, sonst gehen sie verloren. Deshalb begann ich, Interviews auch mit anderen Frauen zu führen. Aus dieser Arbeit ist dann das Buch entstanden. Grundsätzlich schreibe ich Jugendbücher ohne größere sprachliche oder strukturelle Abstriche gegenüber meinen Romanen für Erwachsene. Es gibt aber in der Tat Passagen, die z.B. Beschleunigung in die Geschichte bringen. Das mag vielleicht den ‚Roadmovie-Charakter' ausmachen. Es geht im Historischen Jugendroman eben nicht nur darum, eine historisch richtige und korrekte Geschichte zu schreiben, es muss auch einfach eine spannende Geschichte sein, wie sie Jugendliche gerne lesen.

MONIKA ROX-HELMER: Ist es als ein zielgruppenbezogener inhaltlicher Abstrich zu verstehen, dass Sie eine signifikante Erlebnisdimension von Frauen auf der Flucht vor der Roten Armee nur streifen, nämlich das Thema Massenvergewaltigung?

MAYER: Teilweise ist das so. Zweimal kommt es ja zu brenzligen Situationen mit russischen Soldaten, aus denen Inge dann gerettet wird. Das ist schon mit Rücksicht auf jugendliche Leser so angelegt. Man muss an diesen Stellen nicht noch weiter gehen. Das klingt jetzt wirklich zynisch, aber Vergewaltigung hat für ein fünfzehnjähriges Mädchen heute eine ganz andere Bedeutung als für jene Frauen, die das damals als Massenphänomen durchgemacht haben. Deshalb ist das Thema im Kontext eines Jugendbuchs meines Erachtens nicht zu machen. Außerdem hätte ich das Buch, wenn Inge vergewaltigt worden wäre, nicht mehr so weiterschreiben können, wie ich es angelegt hatte. Dann wäre es ein Buch über Vergewaltigung geworden. Wenn *Die verlorenen Schuhe* ein Erwachsenenbuch gewesen wäre, hätte der Plot da sicherlich eine andere Wendung genommen.

ÄCHTLER: Ich leite aus dem, was Sie sagen, drei Aspekte Ihres Schreibens für Jugendliche ab. 1) Sie kennen inhaltliche Grenzen; 2) Sie betonen das Spannungsmoment und 3) Sie haben einen didaktischen Schwerpunkt. Sie möchten Geschichte vermitteln auf eine zielgruppenspezifische Art und Weise.

MAYER: Genau. Es gibt inzwischen ja auch die Schulbuchausgabe im Ravensburger Verlag mit begleitendem Lehrmaterial. Die ist inhaltlich aus zwei Gründen gegenüber der Hardcoverausgabe etwas gekürzt. Zum einen ging es eben darum, die Geschichte nochmal zu straffen. Ich wusste einfach, der Roman hat als Schullektüre nur eine Chance, wenn er kürzer ist, weil Schüler leicht überfordert sind mit einer umfangreichen Klassenlektüre. Deshalb sind einige in sich geschlossene Passagen rausgefallen, z.B. die Sequenz, in der Inge und Wanda in einem verlassenen Haus Klavier spielen, oder auch der Aufenthalt bei der alten Frau im gelben Haus. Zum anderen fällt ein schmalerer Band unter die Neun-Euro-Grenze und der Preis ist für die Akzeptanz als Schullektüre ganz entscheidend.

ROX-HELMER: Kamen die Kürzungsvorschläge vom Verlag?

MAYER: Nein, von mir. Ich hatte zwei Angebote für die Taschenbuchausgabe. Einmal vom Aufbau-Verlag und einmal von Ravensburger. Das Aufbau-Taschenbuch wäre im Erwachsenenprogramm erschienen; Ravensburger ist dagegen für Jugendliche. Und da habe ich gesagt, wenn wir den Roman für die Schule mit Begleitmaterial machen, dann wird er in einer gekürzten Fassung erscheinen. Leider ist dadurch die Originalfassung fast tot, weil jetzt natürlich vor allem die Taschenbuchfassung gelesen wird.

ÄCHTLER: Die Entscheidung für eine schulbezogene Taschenbuchausgabe war also nochmals von ganz deutlicher inhaltliche Konsequenz: Sie haben (nochmal?) gekürzt, um zu straffen. Steht die Spannung also doch zentral im Vordergrund, wenn Sie für Jugendliche schreiben? Wie ist dann aber das Verhältnis zur historiographischen Ebene? Zugespitzt gefragt: Wird diese dann nicht marginalisiert?

MAYER: Nein. Der historische Teil ist für mich das Wichtigste. Das ist schon das, was ich erzählen möchte. Der eigentliche Plot ist für mich als Schreibende nicht so entscheidend. Ich weiß aber, dass er für die jugendlichen Leser unheimlich wichtig ist. Es muss einfach immer wieder auch etwas passieren. Damit meine ich nicht gleich explodierende Bomben oder Mord und Totschlag, sondern Geschehnisse, die einfach auch Spaß machen zu lesen. Es ist diese Mischung, die bei meinen Jugendbüchern wichtiger und ausgeprägter ist als bei den Erwachsenenbüchern.

ROX-HELMER: Das ist ja ein schwieriges Spannungsverhältnis, über das wir jetzt sprechen. Einerseits die Ansprüche der Adressaten an Spannung und auf der anderen Seite der Gegenstand, den Sie vermitteln wollen, der historische Authentizität verlangt. Die Handlung muss im Rahmen der Quellen stimmig sein und trotzdem eine spannende Geschichte ergeben. Wie schaffen Sie es, dieses Spannungsfeld für sich zu lösen?

MAYER: Das klingt schwieriger, als es tatsächlich war. Das Thema an sich ist ja schon sehr spannend. Die Fluchtgeschichten, die mir die Frauen erzählt haben, waren alle so atemberaubend. Das ließ sich gut erzählen. Es kommt dann darauf an, die Geschichten immer so mit den historischen Hintergründen, also der konkreten Situation im Dritten Reich, zu verbinden, dass das Ganze wirklich nachvollziehbar und begreifbar wird. Eine der Frauen hat mir beispielsweise erzählt, dass sie eines Tages ihre Eltern im Garten belauschte, als diese sich über Auschwitz unterhielten. Der Vater hatte irgendwas dorthin geliefert und berichtete der Mutter von seinen Eindrücken mit einer Stimme, die dem lauschenden Mädchen bereits signalisierte, dass irgendwas nicht stimmte und dass sie das eigentlich nicht hören sollte. Dieses Ereignis gibt es in ähnlicher Form auch im Buch. Wenn Inge die Eltern belauscht, ist das sehr viel eindrücklicher, als wenn ein Berichterstatter konstatiert: „In Auschwitz wurden zur gleichen Zeit so und so viele Juden umgebracht", und der fiktiven Handlung nüchterne Fakten entgegenstellt.

ROX-HELMER: Damit deuten Sie an, dass Geschichte nicht berichtet werden sollte, sondern erzählt werden muss. Wo ist für Sie der Unterschied? Warum schreiben Sie bewusst keine historischen Sachtexte sondern eben Romane?

MAYER: Die meisten Jugendlichen haben ja kein wirkliches historisches Interesse oder ein historisches Bewusstsein. Die können kaum unterscheiden, was Zweiter Weltkrieg, was Französische Revolution war und wie das alles im Rahmen einer historischen Entwicklung zusammenhängt. Wenn man Jugendlichen Geschichte in ihrer Komplexität vermitteln will, hat man meines Erachtens nur eine Chance, wenn man sie in Geschichten erzählt, wie es auch die Großeltern auf meist eindrückliche Weise tun. Sobald man Vergangenes in Jahreszahlen presst, wird es langweilig. Ich finde übrigens, das gilt für Erwachsene genauso wie für Jugendliche.

ROX-HELMER: Das macht diese Romane auch geschichtsdidaktisch so interessant. Umberto Eco hat mal gesagt: „Wer erzählen will, muss zunächst eine Welt errichten." Das gilt besonders für Historische Romane. Sie müssen ja eine vergangene Welt erfinden, die für die Leser, aber zunächst ja auch für Sie selbst, fremd ist. Diese fiktive Welt muss so vertraut werden, dass Autor wie Leser sich einleben können. Welche Strategien haben sie, um vergangene Zeiten abzubilden?

MAYER: Indem ich wie eine Irre recherchiere natürlich. Je näher der historische Ausschnitt an der Gegenwart ist, desto einfacher wird es. Über das Dritte Reich oder die Nachkriegszeit kann man ja schon Filme gucken, die in der damaligen Zeit entstanden sind. Je weiter es zurück geht, desto schwieriger wird die Recherche. Allerdings werden die Ergebnisse auch immer weniger überprüfbar. Das ist dann wiederum ein Vorteil. Bei Mittelalterromanen etwa, da kann man wild phantasieren, Hauptsache, es kommt eine Hexe drin vor. Ich versuche, bis ins Detail korrekt abzubilden. Da sind Zeitzeugengespräche natürlich sehr wichtig. Das war bei *Die verlorenen Schuhe* ideal. Im Sommer erscheint mein neuer Roman *Das Maikäfermädchen*, der in der unmittelbaren Nachkriegszeit spielt. Auch dafür gibt es sehr viele Berichte, aus denen ich mir die Details rausnehme: Was haben die gegessen? Was haben die angezogen? Was haben die gearbeitet? Was haben die Väter gemacht? Wie haben die gelebt? Alltagsdinge eben. Das ist ja das Problem, wenn man Geschichtsbücher liest. Da steht nur drin, wann welche Schlachten geschlagen wurden, aber nicht wie die Soldaten auf's Klo gegangen sind.

ÄCHTLER: Das sind jene Aspekte fiktiver Prosa, die man mit Roland Barthes als ‚Realitätseffekte' bezeichnen könnte, also all das, was einen Text mit Leben füllt.

MAYER: Ja, genau. Mit jedem Buch lerne ich beim Recherchieren dazu, weiß ich, wen ich fragen muss und auf welche Archive oder Quellen ich zurückgreifen kann, um solche Alltagsdinge zu finden. Inzwischen habe ich fast ein komplettes Spektrum von Historikern über Theologen bis zu Medizinern, die ich zu bestimmten Sachen angehen kann. Dass Alltägliche ist das Entscheidende beim Historischen Roman. Letztens las ich einen derzeit sehr erfolgreichen Krimi, der in den 1920er Jahren in Berlin spielt. Ich finde, der Autor hat das alles richtig recherchiert. Das stimmt alles von den Fakten her, aber es stimmt von der Stimmung nicht.

ROX-HELMER: Aber dazu müssten Sie ja in der Lage sein, sich in die historischen Figuren hineinzudenken, ihr Denken in seiner historischen Bedingtheit nachzuvollziehen. Letztlich bleiben uns die Menschen einer vergangenen Epoche ja historisch fern, wir können sie nicht wirklich verstehen, uns nur annähern. Wie weit gelingt Ihnen diese Annäherung, um zu einem stimmigen Bild zu kommen?

MAYER: Naja, eine ‚Methode' besteht darin, dass ich, wenn ich ein Buch schreibe, das wie der letzte Historische Jugendroman *Die Wildnis in mir* um 1900 in Deutsch-Südwestafrika spielt, nicht nur Bücher *über* diese Zeit lese, sondern einfach auch ganz viele Texte, die *in* dieser Zeit entstanden sind. Man bekommt ein Gefühl für den damaligen Sprachgebrauch und merkt, dieses oder jenes Wort hätten die damals nicht verwendet. Und natürlich kommt man auch in die zeitgenössische Gedankenwelt rein. Aber letztendlich bleibt alles natürlich Spekulation.

ROX-HELMER: Und wie gestalten Sie die historischen Orte? Auch die sind ja heute nicht mehr so, wie sie im Roman geschildert werden.

MAYER: Ich fahre da hin und gucke mir das an. Schlesien war wirklich das einzige Mal, wo ich nicht vor Ort gewesen bin. Das war zeitlich einfach nicht möglich. *Die verlorenen Schuhe* spielt ja Gott sei Dank im tiefsten Winter bei hohem Schnee, da sah alles ohnehin ganz anders aus als im Sommer oder Frühling. Bei *Die Wildnis in mir* habe ich aber gemerkt, dass ich auf jeden Fall nach Namibia fahren muss, was ich dann auch getan habe.

ROX-HELMER: Können Sie beschreiben, wie Sie aus den Gesprächen mit den Zeitzeuginnen die Figuren gewonnen haben? Wie entstanden ihre fiktiven Figuren?

MAYER: Inge geht ganz stark auf meine Hauptinformantin zurück. Leider wollte sie das Interview im Buch nicht mit veröffentlicht haben. Dazu kam sehr vieles aus anderen Gesprächen. Alles, was sich verwenden ließ, habe ich ausgewertet, weil es eben authentisches Material ist, auch wenn ich dort immer wieder nachrecherchieren musste, wo die Erinnerungen sichtlich nicht mehr den historischen Tatsachen entsprachen. Natürlich hatte ich irgendwann mal meine eigene Inge und meine eigene Wanda, die zwar die von den Frauen erzählten Situationen erlebten, diese aber auf ihre Weise verarbeiteten.

ROX-HELMER: Gibt es auch für Wanda Vorbilder?

MAYER: Eigentlich nicht. Das hab ich mir fast alles nur angelesen. Das war echt schade, dass ich keinen Kontakt zu einer ehemaligen polnischen Zwangsarbeiterin bekommen habe. Das wäre auch zu teuer und zu aufwendig geworden, weil ich dann nach Schlesien hätte fahren müssen und auch einen Übersetzer gebraucht hätte. Und ich kannte keine Polin, die nach dem Zweiten Weltkrieg in Deutschland geblieben ist. Schließlich hatte ich einen sehr guten Ausstellungskatalog zum Thema ‚Fremdarbeiter' zur Verfügung; ich sprach mit einigen Historikern, und stützte mich ansonsten auf übersetzte Archivberichte. Ich musste mich in Bezug auf Wanda also auf die Informationen anderer verlassen.

ÄCHTLER: Was war der Grund dafür, dass Sie die Figur der Wanda der Inge gegenüber stellen?

MAYER: Meine Interviewpartnerinnen waren ja alles Frauen, die von ihren Erlebnissen her eng zusammengehörten. Alle von denen haben sich zu Recht als Opfer gesehen und von dem Leid berichtet, das ihnen geschehen ist. Aber es gibt natürlich noch eine andere Seite. Bereits nach dem ersten Gespräch wurde mir klar, dass ich die Geschichte aus zwei Perspektiven erzählen möchte, um das ganze Bild zu haben. Das kam in den folgenden Interviews echt schlecht an. Immer wenn ich in den Gesprächen erwähnt habe, dass ich den Roman auch aus einem polnischen Blickwinkel schreiben möchte, konnte man sehen, wie die Jalousien runter gingen. Nicht unbedingt, weil die Frauen ein Problem hatten mit den verschiedenen Seiten der Vergangenheit. Aber sie wollten ihre Geschichte und ihr Leid nicht geschmälert haben, nicht relativiert durch eine andere Perspektive.

ÄCHTLER: Wenn man Ihren Roman mit der gleichberechtigten Rolle von Wanda dem gegenüberstellt, was in den 1950er und 1960er Jahren an Belletristik zu Flucht und Vertreibung – sowohl im KJL- wie im Erwachsenensegment – erschienen ist, zeigt sich ein großer Unterschied. Damals ging es vor allem darum, das deutsche Leid in den Vordergrund zu stellen; für andere Opfergeschichten gab es kaum Raum. Würden Sie sagen, dass die Geschichte, wie Sie sie geschrieben haben, erst heute, 70 Jahre später, so schreibbar ist?

MAYER: Das weiß ich nicht. Es ist aber sicherlich bezeichnend, dass ich selbst keine Vorfahren habe, die geflohen sind, dass mir die Geschichte somit erst im Alter von damals 42 Jahren begegnet ist. Ich war also ohne Vorbelastung. Viele meiner Altersgenossen dagegen, deren Eltern Flüchtlinge waren, haben auf mein Buch abweisend reagiert. Die sagten nur: „Bitte nicht. Immer die gleichen Geschichten. Meine Mutter redet im Alter von nichts anderem als von der Flucht. Ich mag's nicht mehr hören!" Unter den heutigen Jugendlichen dagegen ist das Interesse viel größer, weil die in ihren Familien mit dem Thema nicht so emotional überfrachtet wurden. Bei den ersten Lesungen in Schulklassen hatte ich zunächst gedacht, die würden eher gezwungen zu diesem Thema. Es stellte sich dann aber schnell heraus, dass in vielen Klassen ein oder zwei Schüler Großeltern haben, die geflohen sind. Wenn man sie danach fragt, was sie von ihren Großeltern wissen, kommt da sehr viel. Sie wissen den Ort, wo die herkommen, und kennen auch einzelne Anekdoten von der Flucht. Das finde ich sehr beeindruckend, weil meine Kinder wahrscheinlich von ihren Großeltern weniger wissen und von deren Vergangenheit. Einmal war ein Junge bei einer Schullesung dabei, der erklärte mir im Anschluss, er sei Schlesier, zwar in Deutschland aufgewachsen, aber seine Eltern seien Spätaussiedler. Dieser Junge hat mir hinterher eine Mail geschrieben und bedankte sich für die Lesung, weil seiner Klasse zum ersten Mal klar geworden sei, dass er kein Pole ist, sondern Schlesier. Die hätten jetzt endlich den Unterschied verstanden. Das war mir selbst auch erst beim Schreiben so richtig bewusst geworden.

Rox-Helmer: Das ist dann die persönliche Betroffenheit, die das Thema für den einzelnen relevant macht.

Mayer: In Polen waren seine Eltern immer die Deutschen; hier wurde der kleine Junge als Sohn polnischer Eltern angesehen. Das Buch kann offenbar also durchaus eine Reflexion über Geschichte anstoßen und das Interesse an solchen Themen wecken, aber dass es bei Lesungen zu großen historischen Diskussionen kommt, ist eher selten.

Ächtler: Überblickt man die Gattungsgeschichte des Historischen Jugendromans, dann zeichnet sich in den letzten 20, 25 Jahren eine Veränderung ab. Mit Malte Dahrendorf lässt sich sagen, in den Texten aus den 1950er/60er Jahren waren die Figuren nur der Anlass oder ‚Vorwand', um ein historisches Thema zu verhandeln. Heute, und das sieht man in Ihrem Text mit seiner Gegenüberstellung der beiden Protagonistinnen geradezu beispielhaft, rücken die Figuren als individuelle Charaktere in den Vordergrund. In diesem Zusammenhang stellt sich die Frage, inwieweit Aspekte von Adoleszenz für die Figurencharakterisierung wichtig sind. Es werden ja sowohl in *Die verlorenen Schuhe* als auch in *Die Wildnis in mir* Themen wie Liebe, erste Sexualität usw. zumindest angeschnitten. Inwiefern spielen solche universalen Merkmale von Jugend und Adoleszenz für Sie eine Rolle bei der Elaborierung Ihrer Charaktere und inwieweit gehören diese zur Authentizität der Darstellung dazu?

Mayer: Wenn ich einen Jugendroman schreibe, müssen die Hauptfiguren ungefähr in dem Alter der Zielgruppe sein, das ist klar. Vorzugsweise immer ein bisschen älter als die primären Adressaten. Liebe, das Interesse am anderen Geschlecht oder die erwachende Sexualität und all das sind die zentralen Themen von Jugend, egal in welchem Jahrhundert. Eine Liebesgeschichte einzubauen finde ich sehr realistisch, das kann man fast nicht rauslassen. Und es ist spannend, eine Liebesbeziehung vor einem historischen Hintergrund zu entfalten.

Ächtler: Ich stelle es mir schwierig vor, historische Adoleszenz authentisch darzustellen, weil Jugend zur Zeit des Nationalsozialismus oder am Ende des 19. Jahrhunderts ja ganz anders aussieht als heutzutage.

Mayer: Es gibt da noch einen ganz großen Sprung zwischen Jugend zu meiner Zeit – ich bin in einem extrem katholischen Umfeld aufgewachsen – und zu dem, wie meine Kinder, wie überhaupt Jugendliche heute, aufwachsen. Meine persönliche Erfahrung kann ich schon bis zu einem gewissen Grad nutzen, um mich dann wiederum in eine andere Zeit reinzuversetzen.

Rox-Helmer: Was mir bei Historischen Romanen, die wie *Die Wildnis in mir* um 1900 oder noch früher spielen, immer wieder aufgefallen ist, ist der emanzipatorische Charakter, der gerade Mädchenfiguren zugeschrieben wird. Man braucht solche Figuren offensichtlich zur Identifikation für die Leserinnen, aber inwiefern sind das nicht Ausnahmefiguren, die alles andere als repräsentativ sind? Inwieweit ist das noch authentisch?

MAYER: Also ich finde Henrietta als junge Frau um 1900 schon realistisch gezeichnet. Zu der Zeit gab es ja schon eine wirklich starke Frauenbewegung. Und auch das Umfeld in dem Henrietta aufwächst, scheint mir realistisch, der Vater, der sie zum eigenständigem Denken erzieht, aber so ein bisschen Spekulation ist natürlich auch dabei. Henrietta behauptet ja, der Knecht auf dem Hof von Frau Küstner habe sie sexuell belästigt. Diese Lüge gibt dann letztlich den Anstoß für die Reise nach Afrika. Zeitspezifisch ist dabei, dass die Belästigung nie beim Wort genannt wird. Weder von ihr, noch von ihrer Mutter noch vom Pfarrer. Es fehlten in dieser Gesellschaft noch die klaren Worte für solche Tatbestände. Und nachdem Henrietta den Petrus geküsst hat und sich fragt, ob in dieser Nacht was passiert ist, kann sie nicht einmal mit sich selbst darüber sprechen. Das stellt wohl schon einen großen Unterschied zur Gegenwart dar. Ein innerer Monolog von einer heutigen jungen Frau wäre sicherlich anders als der um 1900. Grundsätzlich würde ich niemals einen Roman schreiben, der im Mittelalter spielt, einfach weil die Heldin sehr eigenständig und eigenwillig sein muss, um das Ganze spannend zu machen. Ich fand das schon schwierig mit einem Jugendroman, der im 19. Jahrhundert spielt. Je weiter man in der Geschichte zurückgeht, desto schwieriger werden solche Frauenfiguren unter dem Gesichtspunkt von Authentizität.

ROX-HELMER: Gehört für Sie zu authentischer Charakterdarstellung auch, dass die Hauptfiguren teils sehr negative Eigenschaften aufweisen, mit denen sich die jugendlichen Rezipienten nicht identifizieren wollen?

MAYER: Ich will Charaktere aus Fleisch und Blut schaffen und nicht irgendwelche Traumfiguren, die durch die Historie tanzen. Wir alle sind manchmal mies. Ich bin ja auch nicht immer nur nett und freundlich und verhalte mich politisch korrekt in allen Lebenslagen. Da nehme ich dann schon bewusst in Kauf, dass es jugendliche Rezipienten oft nicht ertragen können, wenn eine Hauptfigur sich scheußlich verhält, wenn sie charakterliche Brüche aufweist. Die verlieren beim Lesen die Distanz zum Text und kritisieren die Figuren, als ob sie Freundinnen wären. Was mich dann aber wirklich erschreckt hat, ist, dass das noch bei Frauen um die 20 so völlig distanzlos abgeht.

ÄCHTLER: Das bringt mich zu einer anderen Frage: Eine Ihrer Eigenschaften als Autorin ist das grenzüberschreitende Schreiben. Neben Literatur für Kinder und Jugendliche gibt es viele Romane, die Sie dezidiert für Erwachsene geschrieben haben; der Aufbau-Verlag wollte *Die verlorenen Schuhe* als Taschenbuch in der Erwachsenensparte herausbringen usw. Sie bewegen sich also offensichtlich in einem Bereich, der in letzter Zeit gern mit dem Etikett ‚All-Age-Literatur' belegt wird. Ist das bewusst von Ihnen intendiert, dass Sie den geschichtsdidaktischen Impuls weitertragen möchten, hin auch zu einem älteren Publikum? Oder würden Sie sagen, dass das schlicht eine Frage Ihres Schreibstils ist, der eben auch Erwachsene anspricht?

MAYER: *Die verlorenen Schuhe* ist durchaus auch für junge Erwachsene geschrieben; da sind die Grenzen einfach fließend. Meines Erachtens kann dieses ‚All-Age'-Konzept, das in aller Munde ist, im Buchhandel nicht wirklich funktionieren, weil es in den Buchläden nach wie vor die Teilung in Jugend- und Erwachsenenbuchabteilungen gibt. Entweder ein Text liegt im Jugendbereich oder nur im Erwachsenenbereich – je nach Verlag. Von daher muss man sich als Autor klar entscheiden. *Die verlorenen Schuhe* läuft gut, weil der Zweite Weltkrieg Schulthema ist. Ich habe aber erkennen müssen, dass Themen wie die Kolonialzeit, die ich in *Die Wildnis in mir* verarbeitet habe, für eine Schullektüre einfach zu speziell sind, auch wenn ich persönlich derartige Stoffe für das Jugendbuch hervorragend geeignet finde. Entsprechend waren es auch Verlage für Erwachsenenliteratur, die die Taschenbuchausgabe von *Die Wildnis in mir* machen wollten.

ÄCHTLER: Wann fällen Sie die Entscheidung, ob ein Text auf erwachsene oder auf jugendliche Rezipienten zugeschnitten werden soll?

MAYER: Die Entscheidung muss ich treffen, bevor ich anfange, ein Buch zu schreiben.

ÄCHTLER: Weil Sie sich Ihr Material dann von vornherein anders zurechtlegen?

MAYER: Nein, sondern weil mein Agent und ich uns bereits vorab entscheiden müssen, an welchen Verlag wir uns mit einem Probekapitel oder einem Exposé wenden. Thienemann macht Kinder- und Jugendliteratur, Aufbau macht Erwachsenenliteratur. Insofern fällt die Entscheidung, bevor das eigentliche Ding angefangen wird.

ROX-HELMER: Für welche Schulart und ab welcher Klasse halten Sie *Die verlorenen Schuhe* als Lektüre geeignet? Welchen Intellekt und welche Reife sollten Kinder mitbringen, um den Roman angemessen verstehen zu können?

MAYER: Das ist für mich schwer zu beantworten, weil ich keine Lehrerin bin. Ich mache sehr viele Lesungen mit Abschlussklassen von Hauptschulen. Die laufen prima, was ich sehr überraschend finde, weil dort ja viele Schüler mit Migrationshintergrund unterrichtet werden. Aber gerade da sind das Interesse und die Beteiligung sehr groß. Wahrscheinlich, weil wiederum die spannende Geschichte sehr gut ankommt. In der Realschule oder am Gymnasium würde ich es ab Klasse acht oder vielleicht sogar ab der siebten lesen.

Rox-Helmer: Wie würden Sie sich den Umgang mit so einem Roman im Schulunterricht wünschen?

Mayer: Also richtig toll war ein Workshop, den ich jetzt gerade mit einer Deutschklasse gemacht habe. Die Schüler haben das Buch gelesen und hinterher sollte jeder einen Teil der eigenen Familiengeschichte, vorzugsweise aus dem Dritten Reich, aufschreiben. Das wurde dann teilweise sehr literarisch. Wenn man selber etwas zur Familiengeschichte recherchieren und aufschreiben muss, wird das greifbarer und bleibt nachdrücklicher in Erinnerung. Vielleicht könnte man so etwas in abgespeckter Form auch im Geschichts- oder Deutschunterricht machen. Das macht solche Themen gerade für die Mittelstufe und für die Unterstufe lebendiger.

Ächtler: Sie sind gewissermaßen eine intermedial aufgestellte und agierende Autorin. Sie twittern und haben eine Facebook-Seite; es gibt auf den Onlineseiten des Verlags und auf Ihrer eigenen Homepage Interviews mit Ihnen zu lesen und zu hören, die nützliche Ergänzungen zu den Büchern geben. Prägt es Sie als Autorin, dass es gerade im Jugendbereich nicht mehr genügt, ein Buch vorzulegen, sondern dass man sich auf die neuen Medien einlassen muss?

Mayer: Mir macht das Spaß. Ich nutze Facebook und bin auch in einigen anderen Netzwerken sehr aktiv. Hauptsächlich zur Kommunikation mit Kollegen. Im Jugendbuchbereich ist es ganz wichtig, Kontakte zu halten und Neue zu knüpfen. Für die Leser ist es natürlich auch ganz toll. Ich mag es gerne, wenn auch in diese Richtung Kontakte entstehen.

Rox-Helmer: Nutzen Sie diese Leserreaktionen für Ihr Schreiben?

Mayer: Irgendwie schon. Was immer wichtiger wird, sind Literaturblogs. Ich ziehe viele Anregungen daraus. Wenn z.B. zehn Bloggerinnen in ihren Rezensionen immer das gleiche bemängeln, dann nehme ich das zur Kenntnis.

Ächtler: Wir haben viel von den weiblichen Hauptfiguren und von Ihren Leserinnen, Hörerinnen und Bloggerinnen gesprochen. Mal zugespitzt nachgehakt: Sehen Sie sich ausschließlich als Autorin für Frauen bzw. für weibliche Jugendliche?

Mayer: Nein, eigentlich überhaupt nicht. Es ist allerdings so, dass meistens Mädchen und Frauen lesen. Ich merke es auch an meinen eigenen Kindern. Mein Sohn hat sicherlich mehr Interesse an historischen Themen und ist immer mit großer Begeisterung dran. Aber lesen tut er die Bücher dann nur sehr widerwillig, während meine Tochter liest und liest. Eine ähnliche Konstellation bemerke ich auch in den Schullesungen. Da sind es meistens die Jungs, die aufmerksam sind und dann ganz viele Fragen stellen. Aber zum Schluss stellt sich heraus, dass es die Mädchen sind, die das Buch gelesen haben und womöglich noch anderes. Insgesamt ist es doch bei Lesungen so, da sitzen neunzig Prozent Frauen und zehn Prozent Männer. Der Buchmarkt ist eben weiblich dominiert und auf dieses Phänomen reagiere ich natürlich als Autorin. Dass ich als Frau auch gerne aus Frauenperspektive schreibe, ist ja klar. Es ist für mich einfacher und vertrauter. Ich kann mich in meine weiblichen Protagonisten natürlich viel besser reindenken als in pubertierende Jungs.

Rox-Helmer: Kommen denn auch Kommentare von Männerseite?

Mayer: Ganz wenig. Lehrer drücken oft ihr Bedauern darüber aus, dass die Geschichten zu mädchenlastig sind. Ich kann durchaus nachvollziehen, dass das dominierende weibliche Element wiederum ein Problem für die Jungs darstellt, die es dann ohne Interesse im Unterricht lesen müssen. Ich weiß nicht, warum das so ist, dass Jungs offensichtlich eher zum Sachbuch greifen und Mädchen und Frauen eher zu literarischen Texten.

Ächtler: Wobei, bezieht man die Paratexte mit ein, Ihre Bücher doch faktuale Textsorten enthalten. Die literarischen Texte kommen nicht ohne historischen Appendix aus. In *Die verlorenen Schuhe* haben wir das Interview, ein Nachwort, die Landkarten und dann vor allem die Wort- und Sacherklärungen. Der Haupttext von *Die Wildnis in mir* enthält erklärende Fußnoten und wirkt dadurch drucktechnisch selbst manchmal wie ein Sachtext. Ist es für den Historischen Jugendroman wichtig, die Schwelle zu wissenschaftlichen Textsorten zu überschreiten?

Mayer: Bei *Die verlorenen Schuhe* war es mir sehr wichtig, ein Beispiel für die Interviews, die ich geführt habe, im Band zu verankern. Auch ein erläuterndes Nachwort finde ich sehr wichtig. Das Glossar ist vielleicht ein bisschen zu ausführlich geraten. Bei *Die Wildnis in mir* war es in diesem Ausmaß nicht notwendig, weil Henrietta in eine völlig fremde Welt kommt. Der Leser lernt diese Welt gewissermaßen gemeinsam mit ihr kennen, da muss man eigentlich nicht viel im Anhang erklären. Wichtig war mir, dass zeitgenössische Alltagsausdrücke wie Hottentotten und Neger, die heute stark pejorativ konnotiert sind, erläutert werden. Diese Worterklärungen werden in der Erwachsenenausgabe nicht mehr vorkommen.

Rox-Helmer: Kann man daraus schließen, dass Ihre Jugendromane anspruchsvoller recherchiert und durchdachter geschrieben sind als die Erwachsenenliteratur?

Mayer: Es ist eher so, dass der Historische Jugendroman zusätzlich Hilfsmittel an die Hand gibt. Aber die Mühe und die Intensität des Schreibens ist in beiden Fällen die gleiche. Es ist nur, dass ich bei Jugendbüchern schon auch eine gewisse Verantwortung als Autorin empfinde. Andere Kollegen sagen an der Stelle: „Ich bin doch kein Pädagoge" oder so. Aber ich finde schon, dass ich eine Verantwortung dafür habe, dass die erzählte Geschichte zumindest ein bisschen in geeigneten Bahnen verläuft.

ÄCHTLER: Abschließende Frage: Was macht mehr Spaß, das Schreiben für Jugendliche oder das Schreiben für Erwachsene?

MAYER: Beides! Ich schreibe Jugend- und Erwachsenenliteratur ja bewusst im Wechsel. Da entstehen schöne Wechselbeziehungen, die sich auch fruchtbar ergänzen. Ich mache beides wirklich sehr gerne.

„Spröde, sperrig, kompliziert."
Ein Gespräch über Möglichkeiten und Grenzen
literarischer Gestaltung von historischer Erfahrung.

KIRSTEN BOIE / NORMAN ÄCHTLER / MONIKA ROX-HELMER

MONIKA ROX-HELMER: Frau Boie, die Internet-Präsenz des Oetinger-Verlags stellt Sie mit folgenden Worten vor: „Zwei Dinge sind Kirsten Boie beim Schreiben besonders wichtig: Zum einen, dass Literatur für Kinder immer auch Literatur sein sollte; zum anderen, dass darüber nicht vergessen wird, an wen sie sich richtet, dass sie also Literatur für Kinder ist." Dem folgt ein Ausspruch von Ihnen: „Bei dem Spagat zwischen beiden Anforderungen rutsche ich sicherlich einmal manchmal mehr zur einen, einmal zur anderen Seite hin aus. Aber hier die richtige Balance zu suchen ist es gerade, was das Schreiben für Kinder für mich so aufregend macht." Wie schaffen Sie den Spagat, der hier angesprochen ist?

KIRSTEN BOIE: Ich verlasse mich auf meine praktischen Erfahrungen, die ich im Lauf der Jahre mit Kindern verschiedener Entwicklungsstufen sammeln konnte, und verbinde diese mit meinen literarischen Erfahrungen und Kenntnissen. Die Verarbeitung des Materials, das ich recherchiert habe, zu einer Erzählung wird im Arbeitsprozess aber doch auch entscheidend vom Unterbewusstsein beeinflusst.

ROX-HELMER: Bei Historischen Jugendromanen kommt noch eine weitere Schwierigkeit dazu, nämlich der Anspruch, historisch authentisch erzählen zu wollen. Wie schätzen sie diese spezifische Schwierigkeit beim historischen Erzählen für Kinder und Jugendliche ein?

BOIE: Es macht einen Unterschied, über welche Zeit man schreibt. Tatsächlich scheint mir die jüngere Vergangenheit schwieriger zu vermitteln, als lange zurückliegende Epochen. Einer meiner Historischen Jugendromane, *Alhambra* von 2007, spielt 1492. Einen solchen Text zu verfassen, ist für mich als Autorin ein völlig anderes Unternehmen als ein zeitgeschichtliches Thema zu behandeln. Wenn ich über 1492 schreibe, dann schreibe ich ja nur über Dinge, die ich überhaupt nicht erlebt habe und über die es keine zeitgenössischen Filme oder Tondokumente gibt. Da muss man zunächst einmal ordentlich recherchieren, dann aber auch die eigene Phantasie kräftig spielen lassen. Ein solches Buch schreibe ich völlig anders, als eine Geschichte, die zur Zeit meiner eigenen Kindheit spielt. Bei Letzterem tauchen bei mir sofort Fotografien, Fernsehbilder, Liedtexte, Sprachfetzen, Gerüche und andere im Gedächtnis gespeicherte Eindrücke auf. Diese Dinge im Kopf wirbeln beim Schreiben dann oft durcheinander und wenn beim Schreibprozess eigene Erinnerungen und Erfahrungen hinzukommen, wirkt sich das wiederum auf die Form aus.

NORMAN ÄCHTLER: Wie haben wir uns das bei *Ringel, Rangel, Rosen* vorzustellen?

BOIE: Ich bin einerseits ziemlich diszipliniert, was Recherche und Konzeption eines Romans anbelangt. Andererseits bin ich überzeugt, dass das, was im Schreibprozess passiert, nicht vollständig vorgeplant sein sollte. Es ist für einen Erzähltext schon entscheidend, dass da spontan noch eine ganze Menge passiert und die Dinge mich selbst überraschen. Ich glaube, all das, was an Unbewusstem zu Tage gefördert wird, ist es, was einen Roman erst lebendig macht. Bei *Ringel, Rangel, Rosen* zeigt sich das Wechselspiel von subjektiven Erinnerungen und literarischer Form z.B. an der Makrostruktur. Der Roman besteht aus drei Teilen, die jeweils unterschiedlich geschrieben sind. Der erste Teil, „Das Paradies", beschreibt die kleinbürgerliche Idylle, in der die Hauptfigur Karin vor der Flutkatastrophe aufwächst, in chronologischer Ordnung und sprachlich klar. Der zweite Teil „Die Vertreibung" fokussiert die Ereignisse während der Sturmflut. Dem sollte die Form entsprechen, deshalb werden Karins Erfahrungen in permanentem Wechsel der Erzählebenen vermittelt, Erinnerungsfetzten gehen mit der Erzählzeit im Auffanglager hier durcheinander. Unterstrichen wird ihre innere Aufwallung durch unvollständige Sätze und ähnliche sprachliche Merkmale. Der dritte Teil wird nochmal anders erzählt. Er setzt nach einem Zeitsprung an. Karin memoriert hier während des Beerdigungsgottesdienstes für Oma Domischkat in längeren Rückblenden das vergangene Jahr seit der Flut. Der Ton ist gegenüber dem ersten Teil viel pessimistischer. In dem Buch gibt es also keinen einheitlichen Ton, weil alle drei Abschnitte inhaltlich und vom geistigen Miterleben her für mich so unterschiedlich waren.

ROX-HELMER: Interessant ist, was Sie für ein Bild von den 1960er Jahren im Roman entwerfen und wie Sie das ausgestalten. Dies geschieht über viele kleine historische Andeutungen, die aber nicht weiter erläutert werden. Ein Beispiel wäre die Anspielung auf die sonntägliche Fernsehsendung *Der Internationale Frühschoppen* mit Werner Höfer. Karin sitzt mit ihrem Vater im Wohnzimmer und der Vater repariert ein Bügeleisen, während im Fernsehen über den Mauerbau diskutiert wird. *Der Internationale Frühschoppen* war lange Zeit eine allgemein bekannte Gesprächsrunde von Journalisten, die heutigen Jugendlichen aber sicherlich kein Begriff mehr ist. Warum belassen sie es an solchen Stellen meist bei Anspielungen?

BOIE: Vieles, was an historischen Details in den Roman eingeflossen ist, ergab sich beim Schreiben. *Der Internationale Frühschoppen* wurde damals, als es nur ein Fernsehprogramm gab, eben bei vielen geguckt. Das ist ein wichtiger Bestandteil der Zeit, den ich persönlich erinnere. Deshalb wollte ich die Sendung drin haben. Aber ob man das nun nennt oder nicht, das fand ich nicht so wichtig.

ÄCHTLER: Wobei man schon sagen kann, dass Sie Ihren jugendlichen Lesern mit *Ringel, Rangel, Rosen* einiges zumuten. Einerseits vermitteln Sie etwas von der Stimmung, von der Lebenswelt der 1960er Jahre, andererseits – und das wäre einer der großen Unterschiede zu *Monis Jahr*, wo es noch erläuternde Annotationen gibt – kommen die Realia, die die Romanwelt konstituieren, ohne jede Erklärung aus. Darüber hinaus werden diese aus der kindlichen Perspektive der Protagonistin und damit in einer nochmals gebrochenen Form weitergegeben. Ist diese Indirektheit der historischen Vermittlung bewusst intendiert?

BOIE: Wie gesagt: Viele zeitspezifische Details sind zunächst einmal subjektive Erinnerungsschnipsel, die mir unmittelbar beim Schreiben gekommen sind. Alles in allem ist es mir bei *Ringel, Rangel, Rosen* gar nicht so wichtig gewesen, konkret historisches Wissen zu vermitteln. Das hätte ich anders gemacht, dann hätte ich sehr viel konventioneller erzählt. Viele Dinge, die nicht selbsterklärend sind, müssten dann in der Tat richtig ausführlich behandelt werden, man muss mit Fußnoten oder mit einem Anhang arbeiten. Anders geht das nicht. Bei *Ringel, Rangel, Rosen* ist es mir sehr viel weniger um die konkreten historischen Ereignisse des Jahres 1961 gegangen als um die Atmosphäre der Zeit, um das Bewusstsein der Jugendlichen dieser Zeit und darum, wie dieses Bewusstsein durch die Entdeckung der bis dahin verschwiegenen Verstrickung der Elterngeneration in Nationalsozialismus und Holocaust geprägt wurde.

ROX-HELMER: Damit spielen sie auf eine Schlüsselerfahrung ihrer Generation an.

BOIE: Genau diese Kernerfahrung wollte ich vermitteln. Jugendliche von heute sind immer wieder überrascht, wenn ich ihnen erzähle, dass bis weit in die 1960er Jahre hinein das Sprechen über die deutschen Verbrechen ein gesellschaftliches Tabu war. Die sagen dann: „Das kann doch gar nicht sein, dass die Hauptfigur mit Dreizehn überhaupt noch nie davon gehört hat. Wir wären dankbar, wenn wir in der Schule nicht so viel davon hören müssten." Aber so war es natürlich. Als ich in dem Alter war, in dem sich meine Protagonistin Karin befindet, hatte ich praktisch noch nichts vom Holocaust gehört. Die 1950er Jahre waren die Zeit des Wirtschaftswunders. Wenn die Menschen sich mit dem Krieg auseinandergesetzt haben, dann mit den eigenen Leidenserfahrungen, mit den Bomben auf die Städte. Die Shoa konnte auch deshalb nicht thematisiert werden, weil das die Menschen enorm belastet hätte, die mit dem Wiederaufbau beschäftigt waren. Deshalb haben sie das soweit verdrängt, wie sie konnten. Außerdem saßen in vielen Bereichen von Wirtschaft und Politik

Leute auf Spitzenpositionen, die schon während des Nationalsozialismus hohe Funktionen bekleideten. Man konnte das Land ja nicht leer räumen. Das heißt es gab niemanden, der ein Interesse daran gehabt hätte, dieses Kapitel aufzuarbeiten.

ÄCHTLER: Die Aufarbeitung des Holocaust in Deutschland ist ja überhaupt erst mit dem Eichmann-Prozess in Jerusalem 1961 richtig ins Rollen gekommen, dem sie auch in Ihrem Roman eine wichtige Bedeutung beimessen.

BOIE: Der Eichmann-Prozess ist damals weltweit im Fernsehen übertragen worden. Dem konnte man sich in Deutschland nicht mehr verschließen. Zu der Zeit gab es bei uns bereits eine gewisse TV-Gerätedichte, aber eben nur ein Programm. Dadurch schwappte dieses Thema plötzlich über uns zusammen. Durch den Eichmann-Prozess haben viele aus meiner Generation zum ersten Mal vom Holocaust wirklich gehört. Man muss sich vorstellen, was das für uns Jugendliche bedeutet hat, als wir uns plötzlich damit konfrontiert sahen, dass unsere Eltern in so einer Zeit gelebt und nichts gegen die Verbrechen getan, womöglich sogar mitgemacht hatten. Diese Entdeckung war für Menschen meiner Generation unglaublich prägend. Man kann sich vieles aus der weiteren deutschen Geschichte daraus erklären; die spezifische Form, wie die 68er-Revolte bei uns abgelaufen ist, hat zum Beispiel ganz eng damit zu tun. Und genau darum geht es mir im Roman: diese Entdeckung zu vermitteln, dass die eigenen Eltern in irgendeiner Form in die Vorgänge zur Zeit des Nationalsozialismus verwickelt waren.

ROX-HELMER: Wobei es im Roman ja zu keinen wirklich schrecklichen Enthüllungen kommt. Karin kann ja aufgrund der kompromittierenden Unterschriften zu den fehlenden Kriegsbildern im Familienalbum nur Vermutungen anstellen. Und es geht ja offensichtlich um Episoden aus dem Partisanenkrieg...

BOIE: Es ging für viele von uns ja nicht um die Erkenntnis: „Oh Gott! Mein Vater hat ein KZ geleitet!" Deshalb habe ich auf eine Überdramatisierung verzichtet. Ich wollte das erzählen, was mehr oder weniger jeder erfahren hat, der so alt ist wie ich: „Meine Eltern haben in einem verbrecherischen System gelebt, sie haben nichts dagegen getan und das mit dem Krieg war vielleicht doch nicht immer so ganz harmlos. Die Väter haben eben nicht nur zurückgeschossen, weil der böse Ivan zuerst geschossen hat."

ÄCHTLER: Ein Motiv, das sich durch den Roman zieht, ist das Verweigern bzw. die Unfähigkeit zur Kommunikation. Zunächst und vor allem sind es die Eltern, die die Auseinandersetzung scheuen und über Karins Fragen einfach hinweggehen...

BOIE: Diese Art des Verschweigens ist es gewesen, die in den Familien das Thema bestimmt hat und zwar zum Teil über Jahrzehnte. Dabei ging es in den meisten Fällen, wie gesagt, nicht um dramatische Dinge. Auch Karins Eltern sind ja nicht extrem schuldig geworden. Aber trotzdem ist bei den Zeitzeugen ein Schuldgefühl da und führt zu der Unfähigkeit, über die eigenen Erfahrungen zu sprechen. Und das zieht sich durch die deutsche Gesellschaft. Selbst als dann überall öffentlich über den Holocaust gesprochen worden ist, also eben seit Beginn der 1960er Jahre bis zu einem ersten Höhepunkt in den 1970ern, hat das in den Familien nicht wirklich was aufgebrochen. Da ist das Schweigen weiter gegangen.

ÄCHTLER: Eine der für mich interessantesten Facetten des Romans ist dann Karins Unfähigkeit, über die eigene traumatische Erfahrung zu sprechen. Im dritten Teil verlangt die Mutter immer wieder von ihr, sie solle dem Vater erzählen, was sie während der Flutkatastrophe erlebt hat. Karin aber kann das nicht, sie sitzt da und schweigt. Plötzlich befindet sie sich in einer ganz ähnlichen Situation wie die Eltern: etwas Schreckliches mitgemacht zu haben, aber nicht darüber sprechen zu können.

BOIE: Wobei ihr selbst das natürlich nicht bewusst ist; es dient Karin deshalb auch an keiner Stelle als Entschuldigung für das Verhalten der älteren Generation. Aber dem Leser macht Karins psychische Verfassung die Verweigerungshaltung ihrer Eltern vielleicht ein bisschen verständlicher. Es geht nicht um Rechtfertigung, aber die Frage ist schon, wie die Generation des Dritten Reichs sich anders hätte verhalten sollen, gerade ihren Kindern gegenüber. Ich glaube, das war für diese Menschen eine äußerst schwierige Situation, als die Medien verstärkt begannen, den Nationalsozialismus aufzugreifen. Dadurch wurden sie gezwungen über all das nachzudenken, was sie fünfzehn Jahre lang verdrängt hatten. Und dann kamen auch noch die eigenen Kinder und begannen, Fragen zu stellen. Vor allem am Verhalten der Mutter, aber auch z.B. der Oma Domischkat, wird im Roman deutlich, dass vor allem Frauen und die Hitlerjugend-Generation sich selbst in erster Linie als Opfer des Kriegs empfunden haben. Ursachenforschung ist in so einer mentalen Lage ein komplexer gedanklicher Prozess, ebenso wie der Versuch, etwas zu erklären, was offenbar nicht vermittelbar ist. Immer wieder scheitert das Gespräch zwischen Karin und ihrer Mutter ja an der Aussage: „Das könnt ihr ja gar nicht verstehen, wie das war!" Eine Stigmatisierung meiner Elterngeneration war also gewiss nicht meine Intention, auch wenn die subjektive Erzählhaltung zu einer solchen Lesart einlädt.

ÄCHTLER: Im dritten Teil kommt noch ein weiteres Mal das Motiv des Schweigens bzw. Verschweigens ins Spiel. Karin lernt auf dem Gymnasium Sigrun kennen, deren Vater ‚Halbjude' ist. Nachdem Sigrun das Familiengeheimnis preisgegeben hat, kommt es zu einem Bruch zwischen den beiden Freundinnen, weil das Thema ‚Holocaust' im Raum steht, aber beide, so heißt es, nicht darüber reden dürfen bzw. können.

BOIE: Das Schweigen hat ja nicht nur bei den Deutschen vorgeherrscht, sondern auch bei den jüdischen Opfern. Das wird gerade jetzt, da die letzten Zeitzeugen verschwinden, immer deutlicher. Das ist inzwischen ein dominantes Thema in der jüdischen Gegenwartsliteratur. Auch bei den Opfern gab es die Sehnsucht nach Normalität, die zu einem Verdrängen und Verschweigen führte. „Wenn unsere Nachbarn erfahren, wer wir sind", sagt Sigrun, „dann kaufen die doch nicht mehr bei uns ein." Es gibt übrigens ein Vorbild für die Figur der Sigrun aus meiner eigenen Biographie. Die ‚reale' Sigrun hat sich mir allerdings erst offenbart, als wir beide fünfzig waren und zwar weil sie es selbst erst zu diesem Zeitpunkt von ihrer Mutter erfahren hatte. Auch in diesem authentischen Fall argumentierte die Mutter: „Ich wollte dir nicht dein Leben zerstören, du solltest nicht immer damit belastet sein. Ich wollte, dass du dich ganz normal fühlen kannst." Wenn Dinge passieren, die derartig furchtbar sind wie die Judenverfolgung, dann belasten sie noch Generationen hinterher.

ROX-HELMER: Reichen die autobiographischen Elemente, die in den Roman eingeflossen sind, dazu aus, *Ringel, Rangel, Rosen* als autobiographisch fundiert zu bezeichnen?

BOIE: Autobiographisch ist nur die Zeiterfahrung, die ich vermitteln möchte. Die Familienkonstellation des Romans spiegelt die Auseinandersetzung zwischen meiner Generation und ihren Eltern in typischer Weise wider. Damit sind die persönlichen Bezüge weitgehend erschöpft. Mit der Hamburger Sturmflut wurde ich nur indirekt konfrontiert. Wir hatten Verwandte in Wilhelmsburg. Ich habe mit meinem Vater damals Kleidung und Wolldecken in Auffanglager für die Betroffenen gebracht. Ein Jahr später ist über uns eine Familie mit vier Kindern eingezogen, die die Sturmnacht auf dem Dach verbracht hatte. Die Handlung ist also völlig fiktiv, ich habe nichts von alldem selbst erlebt.

ROX-HELMER: Was hat Sie dazu veranlasst, die verweigerte Aufarbeitung des Nationalsozialismus in der frühen Bundesrepublik mit der Hamburger Sturmflut zu kombinieren?

BOIE: Das hat mir einfach die historische Wirklichkeit vorgegeben. Der Eichmann-Prozess als Auslöser für eine verstärkte Kommunikation über die NS-Verbrechen fällt zeitlich mit der Hamburger Flut zusammen, ich habe die Ereignisse selbst mitbekommen. Da war die Möglichkeit, beides zu verknüpfen, naheliegend. Natürlich ist damit auch eine symbolische Verbindung intendiert. Dem Text wurde verschiedentlich vorgeworfen, es sei metaphorisch ein bisschen dick aufgetragen, Karins Entdeckung mit einer sintflutartigen Vertreibung aus dem Paradies gleichzusetzen. Dieser Vorwurf trägt aufgrund der zeitlichen Parallelität der Ereignisse meines Erachtens aber nur sehr bedingt.

ÄCHTLER: Wäre das spezifisch Historische dieses Jugendromans weniger in den geschichtlichen Fakten zu suchen, als vielmehr im Versuch, eine inzwischen historisch gewordene Mentalitätslage einzufangen, Mentalitätsgeschichte zu schreiben?

BOIE: Diese Formulierung übernehme ich sofort. Ich denke, das trifft den Kern meines Anliegens. Sonst hätte ich die Geschichte ganz anders erzählt. Was zu dieser mentalitätsgeschichtlichen Ebene allerdings noch dazukommt, ist die Alltagsgeschichtliche. Ich habe gleichzeitig versucht, für Jugendliche den Alltag um 1960 darzustellen mit allem, was so vollkommen anders war als heute. Ich versuchte, mich zu erinnern: Was war denn damals der Alltag eines dreizehnjährigen Mädchens? Welche Konflikte trug man mit seinen Eltern aus? Was war der Medienbestand? Wie sah das Leben des Kleinbürgertums aus? Es ging dabei aber nicht nur um die Unterschiede des materiellen Lebens, sondern eben auch darum, was zwischen den Menschen damals passiert ist.

ÄCHTLER: Entbindet ein mentalitätsgeschichtlicher Ansatz, noch dazu im Romanformat, bis zu einem gewissen Grad von der Pflicht zur historischen Korrektheit bzw. Faktentreue?

BOIE: Keinesfalls. Ich denke, wenn man sich schon auf so ein Genre einlässt, dann sollte man auch historisch so korrekt arbeiten, wie es einem möglich ist. Das ist mein Anspruch, auch wenn ich diesen niemals hundertprozentig einzulösen vermag. Fehler können sich immer einschleichen, auch bezüglich einer Zeit, die ich selbst erlebt habe. Historische Romane prägen doch sehr das Bild einer Zeit, gerade bei Kindern und Jugendlichen. Das ist später schwer wieder korrigierbar. Ich weiß das von mir selbst: Mein Bild von der französischen Revolution und der Zeit danach war z.B. stark geprägt von Annemarie Selinkos Roman *Désirée* über die Geliebte Napoleons, die später zur Frau des schwedischen Königs wurde. Deren Geschichte fanden meine Freundinnen und ich toll. Mit vierzehn haben wir den Roman leidenschaftlich gelesen. Ob das alles in jeder Hinsicht historisch korrekt geschildert ist, habe ich nie nachgeprüft, aber es ist als geschichtliches Wissen hängen geblieben. Was wir in der Schule gelernt haben, war dagegen schnell wieder vergessen. Deshalb denke ich, man hat als Autorin auch eine gewisse Verantwortung.

Rox-Helmer: Was ist es ihrer Erfahrung nach, was Historische Romane Sachbüchern voraushaben? Gerade mit Blick auf die Schule gibt es inzwischen ja auch spannend geschriebene Sachbücher für Jugendliche.

Boie: Erzählende Literatur kann bestimmte Aspekte von Geschichte vermitteln, die sich der Sachliteratur weitgehend entziehen. Die Schilderung des Alltagslebens zum Beispiel oder eben das, was sie ‚Mentalitätsgeschichte' genannt haben. Das funktioniert vor allem auch dadurch, dass literarische Texte ein Lesen zwischen den Zeilen möglich machen.

Rox-Helmer: Zeitspezifisch ist sicherlich auch der Verlauf von Karins Adoleszenz. Das macht den Roman interessant mit Blick auf die Adressaten. Meistens ist es in der Jugendliteratur ja so, dass die Protagonisten ein, zwei Jahre älter sind als ihre Zielgruppe, um sie attraktiv zu machen. Bei *Alhambra* kommt das auch ganz gut hin, die Hauptfigur Boston ist vierzehn Jahre alt. Bei *Ringel, Rangel, Rosen* wie bereits bei *Monis Jahr* haben Sie sich aber für Protagonistinnen entschieden, die deutlich jünger sind als die potentiellen Leser.

Boie: Bei Karin ist das nicht wirklich der Fall. Sie ist zu Beginn des Romans dreizehn und am Ende fünfzehn. Nur wirkt sie aus heutiger Perspektive eben sehr jung für dreizehn.

Rox-Helmer: Dieser Eindruck wird u.a. durch Karins noch sehr kindlichen Wortschatz erweckt, etwa dadurch, dass sie von ihren Eltern ständig als von „Vati" und „Mutti" spricht, was dem heutigen Sprachgebrauch eher fremd ist.

Boie: Gerade über diesen Punkt gab es auch mit meiner Lektorin Diskussionen. Auch diese hat argumentiert, dass dieser Wortgebrauch die Protagonistin im Bewusstsein heutiger Leser jünger macht, als sie ist. Nur: Wenn man die 1960er Jahre so zeigen will, wie sie waren, dann muss eine Dreizehnjährige eben auch „Mutti" und „Vati" sagen, damals hat man nun einmal so geredet. In der Tat ist es so, dass Karin einem für heutige Verhältnisse extrem kindlich vorkommt. Kinder werden heute einfach sehr viel schneller sehr viel reifer. Eine heutige und eine damalige Dreizehnjährige könnten wahrscheinlich gar nichts miteinander anfangen. Aber wenn Literatur von anderen Zeiten handelt, dann muss sie diese Zeiten und ihre Gestalten auch so darstellen, wie sie waren. Dass es deshalb zu Identifikationsproblemen von Seiten der Leser kommen kann, ist dann der Preis, den ich für diese Haltung zahle.

Rox-Helmer: Was war denn ihrer Meinung nach – abgesehen von dem langsameren Reifungsprozess – das Spezifische von Adoleszenz um 1960?

BOIE: Ein notwendiger Aspekt von Adoleszenz ist ja bis heute, die Eltern vom Sockel zu holen. Aber dieser Ablöseprozess verläuft inzwischen nicht mehr so dramatisch, weil das Eltern-Kind-Verhältnis ein anderes geworden ist. Was damals stattgefunden hat, war dagegen eine totale Zertrümmerung des Elternbilds. Es handelte sich um eine Extremform jenes moralischen Rigorismus, zu dem man in diesem Alter ohnehin neigt.

ÄCHTLER: Was sich bei Karin gerade im Zusammenhang mit dem von ihnen angesprochenen moralischen Rigorismus äußert, sind die sogenannten Größen- und Allmachtsphantasien, die typisch für die Adoleszenz sind.

BOIE: Gerade im Alter von Karin neigt man zur Selbstüberschätzung. Man glaubt, man könnte die Welt retten. Selbstverständlich hätte Karin alle Juden gerettet, wenn sie selbst im Dritten Reich gelebt hätte. Da äußert sie in der Tat typische Pubertäts-Phantasien. Aber dass die Eltern den eigenen moralischen Ansprüchen, die man selber entwickelt hatte, in keiner Weise mehr genügten und damit auch die Notwendigkeit verschwand, sie zu respektieren, dieser scharfe Bruch ist eine ganz spezifische Erfahrung aus der Adoleszenzphase meiner Generation. Das zu vermitteln, darum ist es mir eben auch gegangen. Dieser Bruch steht im dritten Romanteil im Mittelpunkt.

ROX-HELMER: Mit dem scharfen Bruch, den sie in *Ringel, Rangel, Rosen* beschreiben, hatten die Schülerinnen, mit denen wir uns über den Text austauschten, große Probleme. Die konnten mit der sprunghaften Wandlung, die Karin zwischen dem zweiten und dem dritten Romanteil durchlaufen hat, nichts anfangen. Deshalb haben sie Karin auch nicht als Identifikationsfigur wahrgenommen, sondern sich deutlich von ihr distanziert. Eine Schülerbefragung zu ihrem Roman, die ich kürzlich ausgewertet habe, hat diese Rezeptionshaltung bestätigt. Aber ich glaube, beim Lesen muss man derart zwiespältige Charaktere aushalten. Das kann ab einem bestimmten Alter viele Lernprozesse auslösen, vielleicht auch unterstützt durch schulische Vermittlung.

BOIE: Der radikale Bruch mit der Elterngeneration ist eine Erfahrungsdimension, die Jugendliche heute eben nicht mehr haben. Da fällt es ihnen natürlich schwer, das nachzuvollziehen. Da wäre schulische Textvermittlung sicherlich von Vorteil. Im Gegensatz zu vielen Kollegen habe ich auch gar nichts dagegen, wenn meine Bücher in der Schule gelesen werden. Ich bin aber der Meinung, dass solche Lernprozesse schon allein auf Grund einer fortgeschrittenen Leseerfahrung vollzogen werden können. *Ringel, Rangel, Rosen* ist ohnehin ein Buch, das nur für solche Leser zur Privatlektüre geeignet ist, die bereits intensive Leseerfahrung gesammelt, Spaß am Lesen auch von schwierigeren Texten und am Entdecken von neuen Erzählformen haben. Bewusst oder unbewusst kann man dabei viel mitnehmen. Es setzt aber natürlich viel voraus. Das ist in mancher Hinsicht gewiss auch ein Problem des Romans. Er ist spröde, sperrig und kompliziert geschrieben, aber ich wollte ihn so haben. Was ich zeigen wollte, hätte ich nicht vermitteln können, wenn ich es einfacher geschrieben hätte.

Rox-Helmer: Die Leserschichten von Jugendliteratur sind ja auch weit gespreizt. Die guten Leser, die sich auf das Buch einlassen, erkennen, dass es sich bei dem behandelten Zeitraum um einen historischen Ausschnitt handelt und deshalb fremd erscheint; sie können sich aber trotzdem in die Epoche und die Charaktere hineindenken. Das bringen aber nicht alle jungen Rezipienten von vornherein mit. Und besonders schwierig wird es sein, sich mit fremden historischen Kontexten und ihren Protagonisten auseinanderzusetzen, wenn die Protagonisten keine Identifikation bieten.

Boie: Das ist ein Schritt über die ganz konventionell geschriebene Jugendliteratur hinaus, die ja direkt auf die Leser zugeschnitten ist. In konventioneller Jugendliteratur ist das menschliche Bewusstsein immer völlig gleich. Egal in welchem Jahrtausend, in welchem Kulturkreis, auf welchem Erdteil die Texte spielen, die Charaktere denken und fühlen wie mitteleuropäische Jugendliche der Gegenwart. Das erleichtert zwar die Identifikation mit solchen Figuren, setzt dem, was ich an literarischer Erfahrung machen kann, aber eine ganz enge Grenze. Diese Grenze kann ich nur überschreiten, wenn ich versuche, auch ‚mentalitätsgeschichtlich' so authentisch wie möglich zu bleiben, auch wenn das den Lesern zunächst einmal Schwierigkeiten bereiten sollte. Dass ich auf Lesungen oftmals sehr positive Rückmeldungen von Lesern und Leserinnen bekommen habe, die gerade einmal um die zehn Jahre alt sind, bestärkt mich in dieser Einstellung.

Ächtler: Verdrängung des Holocaust und Eichmann-Prozess, Alltagsgeschichte des Kleinbürgertums und Hamburger Sturmflut, all dies verbunden mit Problemen des Erwachsenwerdens der Protagonistin – die Süddeutsche Zeitung monierte gegenüber *Ringel, Rangel, Rosen*, der Roman sei überfrachtet mit zu vielen Themen. Wie stellen sie sich zu dieser Kritik?

Boie: Gerade gegenüber der Jugendliteratur gibt es so eine Tendenz zu verlangen, Thema für Thema separat zu behandeln. Das sähe dann so aus: Zuerst schreibt man ein Buch über den Holocaust, dann schreibt man eins darüber, wie Jugendliche in den 1960er Jahren mit diesem Problem umgegangen sind, und zu guter Letzt schreibt man eins über die Hamburger Sturmflut. Das erscheint mir aber lebensfremd. Im Leben kommen die Dinge doch auch zusammen. In der spezifischen Situation um 1960 konnte es eben durchaus passieren, dass junge Menschen, die gerade in der Pubertät waren und ohnehin Schwierigkeiten mit ihren Eltern hatten, zusätzlich durch die aufbrechende Vergangenheitsproblematik aufgewühlt wurden. Und wenn diese Krise von einem Hamburger Mädchen im Jahr 1961 durchlaufen wurde, kam die Flut als Naturereignis eben noch oben drauf. Das ist in meinen Augen keine Überfrachtung, sondern ein realistischer Querschnitt durch ein bestimmtes Jahr. Und ich denke, solange sich diese Ereignisse und Problemfelder in der Romangeschichte nicht im Wege stehen, sondern sich gegenseitig beleuchten und intensivieren, das eine dazu beiträgt, das andere voranzutreiben, dann kann man das machen.

ÄCHTLER: Mit *Monis Jahr* hatten sie bereits einen Roman vorgelegt, der die Zeit ihrer Kindheit behandelt, es geht um das Jahr 1955. *Monis Jahr* ist aber weit weniger komplex geschrieben als *Ringel, Rangel, Rosen*. Was hat Sie denn zu dieser – wie Sie selbst sagen – womöglich problematischen Ausreizung auch der poetologischen Grenzen des Jugendromans veranlasst? Im Vergleich kann es ja nicht nur der Ansturm von unbewusst abgespeichertem Selbsterlebten gewesen sein, wie sie vorhin meinten. Den muss es ja bereits bei *Monis Jahr* gegeben haben. Warum also z.B. die vielen Zeitebenenwechsel im Mittelteil, die für jugendliche Leser kognitiv noch nicht unbedingt zu fassen sind?

BOIE: Ich gehe insofern mit, als es in der Tat einen literarischen Zusammenhang zwischen den Texten gibt. Allerdings – auch wenn die Erzählzeit nur sechs Jahre früher angesiedelt ist – behandelt *Monis Jahr* eine historisch völlig andere Situation und eine ganz andere Thematik. Zur Form: Die Form sollte immer dem Thema entsprechen, so wie es auch in der Belletristik für Erwachsene gehandhabt wird. Gleichzeitig muss man als Autorin immer die Grenzen der jeweiligen Leserschaft im Blick haben. Das Schreiben für Kinder und Jugendliche ist deshalb stets ein Balanceakt. Es gibt sicher eine Reihe von Büchern, bei denen ich die Themen ziemlich schwer verpackt habe. Manchmal habe ich dann einen Text hinterhergeschoben, der eine ähnliche Thematik konsumierbarer vermittelt. Aber zunächst gehe ich davon aus, dass Jugendliche grundsätzlich die Fähigkeiten haben, auch schwierige Texte zu verstehen. Insofern ist es ein weiterer Schritt auf dem Weg des literarischen Lernens, ein Gefühl für den Bezug zwischen Inhalt und Form zu entwickeln, dafür dass Literatur ihre Themen immer auch über bestimmte literarische Mittel aufbereitet. Deshalb dürfen Bücher wie *Ringel, Rangel, Rosen* ab und zu mal sein. Ich bin mir dessen aber bewusst, dass ich es Lesern oftmals schwer mache und manche Texte nicht allen zugänglich sind. Bei Texten für Jugendliche besteht ja immer noch die Hoffnung, dass die Erwachsenen mitlesen.

ÄCHTLER: Bei der Geschichte, die *Monis Jahr* erzählt, sahen sie also keine Veranlassung ähnlich stark von konventionellen Schreibweisen abzuweichen?

Boie: Moni ist ja erst zehn Jahre alt, ihr Blick auf die Welt ist ein vollkommen anderer als der von Karin. Mit den aufwühlenden Fragen, die Karin beschäftigen, muss Moni sich überhaupt nicht auseinandersetzen, dafür ist sie noch zu jung. Das tut auch keine andere Romanfigur, immerhin befinden wir uns 1955 noch in der Aufbauphase der Bundesrepublik, in der das Aufbrechen der Verdrängungshaltung der Deutschen noch weit entfernt war. Der Krieg und der Nationalsozialismus spielen nur eine Rolle als determinierendes Element für die persönliche Situation der Protagonistin. Auch gibt es keine traumatischen Ereignisse, die einer bestimmten literarischen Vermittlung bedürfen. Der Roman erzählt ein ganzes Jahr, das für die Geschichte der Bundesrepublik einige wichtige Ereignisse gebracht hat, allen voran die Rückholung der letzten Kriegsgefangenen aus der Sowjetunion durch die Adenauer-Regierung. Es ist das Problem der abwesenden, vermissten oder gefallenen Soldatenväter, das die Familienkonstellation des Romans prägt. Es ist jedoch nicht Moni, die ihren Vater gar nicht gekannt hat, die innerlich erregt ist. Die Auseinandersetzung findet zwischen ihrer Mutter, die ein neues Leben beginnen möchte, und der Oma statt, die nach wie vor darauf hofft, dass ihr im Krieg gebliebener Sohn noch zurückkommt. Monis kindlicher Blick dient eher dazu, eine neutrale Perspektive auf diese Problematik zu werfen. Moni selbst ist zwar hin und her gerissen zwischen Mutti und Großmutter, sie erlebt in dem Jahr ganz viel und verändert sich auch enorm, aber das geschieht noch ohne die innere Zerrissenheit und Radikalität der Jugendlichen aus den 1960er Jahren, für die Karin steht. Deshalb ließ sich die Geschichte auch geradliniger erzählen.

Rox-Helmer: Inwieweit muss man denn zumindest bei *Ringel, Rangel, Rosen* von einer Doppel- oder sogar Mehrfachadressiertheit sprechen? Immerhin scheint der Text ja von einem Leserspektrum rezipiert zu werden, das von Viertklässlern bis weit ins Erwachsenenalter reicht.

Boie: Also an Kinder habe ich wirklich nicht gedacht, schon aus den genannten formalen Gründen. Kinder können beispielsweise die vielen Rückblenden formal noch gar nicht fassen. Zehnjährige, wenn sie den Roman mit Gewinn lesen wollen, müssen bereits über eine gehörige Leseerfahrung verfügen. Was Jugendliche und Erwachsene betrifft, halte ich eine Menge von Doppeladressierung. Als Jugendbuchautorin muss ich mich bei der Gestaltung eines Texts aber auf die primäre Zielgruppe ausrichten. Ihren kognitiven Fähigkeiten und Wissensbeständen sollte ein Text schon entsprechen – soweit man da die Grenze dehnen möchte –, sonst ist das eine Mogelpackung. Ich habe überhaupt nichts dagegen, wenn Erwachsene meine Jugendromane und Kinderbücher lesen! Schaut man derzeit in die Erwachsenenbelletristik, dann boomt da im Augenblick die Erinnerungsliteratur zu Kindheit und Jugend. Da passt sich ein Text wie *Ringel, Rangel, Rosen* gut rein.

Rox-Helmer: Haben Sie sich jemals überlegt, auch für Erwachsene zu schreiben? Dann müssten sie sich mit Fragen der Lesekompetenz gar nicht aufhalten.

Boie: Lange Zeit überhaupt nicht. Das hat auch ganz banale Gründe. Wenn man in einer literarischen Szene erst mal eingearbeitet ist, wird das in gewisser Weise zum Selbstläufer. Es kommen einem immer neue Ideen für Themen, die man für die jeweilige Zielgruppe literarisch aufbereiten möchte. Hinzu kommt, dass ich der Überzeugung bin, dass sich fast jedes Thema für Kinder oder Jugendliche erzählen lässt. Es hängt weitgehend davon ab, auf welche Weise man das macht. Manchmal korrigiert einen zwar die Wirklichkeit und ein Text verschwindet schnell aus den Bücherregalen, weil er keine Leser findet oder die Leseerfahrungen nur negativ sind. Deshalb stellt sich bei jeder Idee zunächst die Frage: Ist das Thema für Jugendliche überhaupt interessant oder schreibe ich aus Eigeninteresse? An diesem Punkt kann es dann schon mal sein, dass ich mir überlege, ein Buch für Erwachsene zu verfassen. Aber das ist ein Schritt, der ja auch ein Schritt über klar getrennte Spartengrenzen ist, den ich bislang noch nicht gegangen bin.

Ächtler: Dass sie sich aber schon bis zu einem gewissen Grad auf der Grenze zwischen den belletristischen Literatursystemen bewegen, darauf weisen die Taschenbuchausgaben hin. Im Februar hat Oetinger *Ringel, Rangel, Rosen* zum 60. Jahrestag der Hamburger Sturmflut als Taschenbuch herausgebracht, *Monis Jahr* ist dagegen bei dtv erschienen. Das heißt, dass der schwierigere Text nur in der Jugendbuchabteilung zu finden sein wird, während *Monis Jahr* aufgrund des Verlags von vornherein für Erwachsene gekennzeichnet ist.

Boie: Das ist schon ein wenig paradox, nicht? Tatsächlich bekomme ich zu beiden Büchern mehr Rückmeldungen von Erwachsenen. Das mag, wie gesagt, zum Teil daran liegen, dass dieser Leserkreis die Zeit selbst erlebt hat. *Monis Jahr* und *Ringel, Rangel, Rosen* im sogenannten All-Age-Bereich zu verorten, sträube ich mich aber ein wenig. Primär geschrieben habe ich die Romane für Jugendliche.

Rox-Helmer: Karin liest ja auch einen Historischen Roman, *Sternkinder* von Clara Asscher-Pinkhof. Durch diese Lektüre wird sie wesentlich dazu angeregt, sich mit der Judenverfolgung im Nationalsozialismus zu beschäftigen. Ist dies gewissermaßen als ein selbstreflexiver Fingerzeig gedacht? Aus geschichtsdidaktischer Perspektive liest es sich fast wie eine unterschwellige Hinführung zur Historischen Jugendliteratur, weil Sie Karins Bewusstseinsentwicklung u.a. an die Lektüre dieses Romans binden.

BOIE: Das wäre ein schöner Effekt, oder? Natürlich macht Karins Lektüreerlebnis deutlich, dass durch Literatur Geschichte erfahren werden kann. Aber ich würde lügen, wenn ich dem bewusst einen didaktischen Zweck unterlegt hätte. Es ist vielmehr wie mit der Verbindung zwischen Eichmann-Prozess und Sturmflut: Clara Asscher-Pinkhof hatte *Sternkinder* bereits 1946 auf Niederländisch verfasst, auf Deutsch ist der Roman aber erst 1961 erschienen. Das Erscheinungsdatum ist für mich ebenso wenig ein Zufall wie die Tatsache, dass der Roman noch im selben Jahr den deutschen Jugendliteraturpreis gewonnen hat. Dadurch hat *Sternkinder* sicherlich vielen Jugendlichen einen Zugang zum Thema Holocaust eröffnet, wie es bei Karin der Fall ist. Ein weiteres Beispiel dafür, wie symptomatisch das Jahr 1961 für den Wandel in der Aufarbeitung des Nationalsozialismus in Deutschland war.

IV. Fazit

Die anderen lesen anders! – Ein Experiment

VADIM OSWALT

Als ein Psychiater bei seiner Verabschiedung in den Ruhestand gefragt wurde, was denn sein Resümee sei, antwortete er schlicht: „Die anderen denken anders". Dieser etwas anekdotisch anmutende Moment, bei dem sich offensichtlich das Erfahrungswissen eines ganzen Berufslebens in einem Satz verdichtet, lässt sich in etwas abgewandelter Form auf das Experiment der Arbeitsgruppe ‚Medien und Didaktik' beim Zentrum für Medien und Interaktivität der Justus-Liebig-Universität Gießen anwenden: „Die anderen lesen anders!"

Wissenschaftler entwickeln tagtäglich Lesarten von Texten und haben dafür gute methodische Gründe und hermeneutische Verfahren. Die Formen wissenschaftlicher Interpretation werden durch disziplinäre Sichtweisen begründet, durch etwas, das die Wissenssoziologie den ‚konjunktiven Erfahrungsraum' (Karl Mannheim) nennt, der eine Übereinstimmung von Rezipienten innerhalb einer bestimmten Gruppe sicherstellt. Im wissenschaftlichen Kontext kann man auch von Absicherung sprechen. Werden die unterschiedlichen disziplinären Lesarten von Texten bereits selten untereinander abgeglichen, so treten sie eigentlich nie unmittelbar in Austausch mit außerwissenschaftlichen Formen der Rezeption. Zu sehr scheinen diese alltagsweltlichen Lesarten durch präreflexive Erfahrungsanteile, atheoretische Herangehensweisen und stereotypisierte Vorstellungen gesteuert zu sein.

Diese Vorüberlegungen machen den Charakter des Experiments des vorliegenden Bandes deutlich: Vertreter unterschiedlicher Disziplinen stellen sich gegenseitig ihre Lesarten zweier exemplarischer Historischer Jugendromane zur Zeitgeschichte vor und treffen sich gleich im Anschluss mit Schülerinnen, die die gleichen Bücher gelesen haben, um mit ihnen intensiv über diese Werke zu diskutieren. Es geht also nicht um empirische Rezeptionsforschung, sondern um ein dialogisches Experiment, das immer wieder um die Frage kreist, wie die anderen den Text lesen, wie sie ihn verstehen. Dies wird auch in den kurzen Statements deutlich, die die beteiligten Kollegen zu dem Protokoll des Gesprächs verfasst haben.

So zeigt der Band zunächst, dass die Romane unter sehr unterschiedlichen Perspektiven, begründet in disziplinären Interessen, gelesen werden können. Für die Literaturwissenschaft kreisen die Fragen um die Definition bestimmter Gattungsspezifika (NORMAN ÄCHTLER), die auf langen Zeitachsen der Gattungsentwicklung auflagern (CARSTEN GANSEL). Die notwendige Differenzierung von Typologien, die Klassifizierung von Fiktionalisierungsstrategien im Umgang mit dem Historischen, erlauben es, die Komposition einzelner Romane zu interpretieren. Das interessiert auch die Historikerin (JEANNETTE VAN LAAK), allerdings wird hier die Brille der Diachronie der Betrachtungsweise von Geschichte zum entscheidenden Differenzmerkmal: Der Roman wird zu einer Form medialer

Refiguration historischen Wissens aus der Perspektive der Gegenwart, der sich aus den unterschiedlichsten sektoralen Formen von Geschichtsschreibung (Alltags- und Sozialgeschichte, Kulturgeschichte, politische Geschichte etc.) speist und zur Vermittlung dieser Erkenntnisse für eine weitere Gruppe von Rezipienten dient. In geschichtsdidaktischer Sicht setzt sich diese Frage nach dem spezifischen Wechselverhältnis von Vergangenheitsdeutung und Gegenwartserfahrung auf einer anderen Ebene fort, in der Frage nach der Einbettung der Romanlektüre in spezifische Operationen historischer Sinnbildungsprozesse heutiger Schülerinnen und Schüler (MONIKA ROX-HELMER). Gewissermaßen metonymisch dringt die Sprachwissenschaft (KATRIN LEHNEN/LISA SCHÜLER) in die Tiefenschichten an einem signifikanten Motiv, dem ‚beredten Schweigen' als Ausdruck der Verdrängung, vor. Die pädagogische Lesart der Romane (LUDWIG DUNCKER) interessiert hingegen Prozesse der Sozialisation und beschreibt so ihr Eintrittsbillet in die Welt jugendlicher Imagination und Identifikation. Das Spannende an diesen Lesarten bleibt, dass sie sich nicht nur auf eine Gattung, sondern auf die gleichen Beispiele beziehen. Sie zirkulieren um ähnliche Fragen von Fiktionalisierung, von Perspektivität und Identifikation und bleiben gleichzeitig in ihrer Spezifik auf ihre methodischen Grundannahmen bezogen. Bei diesem Abgleich wird deutlich: Die anderen lesen anders, aber es lohnt sich ihre Sichtweisen zu kennen. Denn es ergeben sich durchaus komplementäre Perspektiven, da sie Aspekte wechselseitig vertiefen und erweitern: Spricht die Literaturwissenschaft vom Adoleszenzroman, so kann die Pädagogik dieser Charakteristik ihre spezifische innere Logik verleihen. Markiert die Geschichtswissenschaft das Verschweigen als eines der dominanten Muster der Vergangenheitsbewältigung in der Bundesrepublik bis in die 1960er Jahre, kann die Sprachwissenschaft die kunstvolle Übersetzung dieses mentalitätsgeschichtlichen Phänomens in einen Roman der Gegenwart, gewissermaßen als Versprachlichung des Nonverbalen, plastisch machen. Und schließlich wird der didaktische Impetus im literaturwissenschaftlichen Verständnis des Historischen Jugendromans durch die Geschichtsdidaktik auf seine fachspezifischen Intentionen historischer Sinnbildung mit seinem inneren Zusammenhang von Vergangenheit, Gegenwart und Zukunft bezogen.

Im Gespräch mit den Jugendlichen verändert sich das Bild der Lesarten: Es tauchen nun sprungartig andere, lebensweltliche Muster des Lesens auf, die quer zu wissenschaftlich-methodischen Herangehensweisen liegen: das Lesen von Romanen zur Zeitgeschichte wird unmittelbar verknüpft mit dem Gespräch zwischen den Generationen und hat offensichtlich sowohl mit dem Kommunizierten als auch dem nicht Kommunizierten im eigenen Generationengespräch zu tun. Es stellt Vergleiche zu anderen Formen historischer Vermittlung an, hier vor allem der Schule und zwar sowohl kompensatorisch als auch ergänzend, kann sich also auf das richten, von dem man schon viel oder noch nichts oder fast nichts weiß, was prompt zur Enttäuschung über den historischen Informationsgehalt eines Romans führen kann. Dies führt zu einem weiteren Punkt: Die jugendlichen Leserinnen lesen durchaus eigensinnig, denn was ihnen im Roman nicht plausibel war, das lassen sie sich auch argumentativ nicht plausibel machen.

Dass die Autorinnen erst am Ende dieses Bandes zu ihren Romanen zu Wort kommen, dreht die Reihenfolge gewissermaßen um, schaffen sie doch diese Werke, bevor die anderen sie lesen können. Hier zeigt sich, dass viele Aspekte, die die Autorinnen im Schreibprozess bewegt haben, Gemeinsamkeiten mit dem ‚konjunktiven Erfahrungsraum' der wissenschaftlichen wie der jugendlichen Leserinnen und Leser aufweisen. So markiert Kirsten Boie das Schweigen zu den Verbrechen des Nationalsozialismus, das auch in den wissenschaftlichen Lesarten des Romans eine prominente Rolle spielt, als eigene markante biographische Erfahrung. Im Gespräch mit Gina Mayer wird hingegen ihr besonderer Anspruch an Authentizität deutlich, der die Schülerinnen intensiv angesprochen hat. Die Stellung der Interviews am Ende des Bandes soll allerdings auch deutlich machen, dass dort, wo sich Differenzen zu der Auffassung der Autorinnen auftun, dies die möglichen Lesarten der Bücher nicht in Frage stellt, denn lesen tun ihre Romane nun die anderen. Und die lesen ja bekanntlich anders!

BEITRÄGERVERZEICHNIS

Die Beiträgerinnen und Beiträger zu diesem Band sind Lehrende der Justus-Liebig-Universität Gießen und dort Mitglieder des Zentrums für Medien und Interaktivität (ZMI) in der Sektion ‚Medien und Didaktik'.

NORMAN ÄCHTLER ist wissenschaftlicher Mitarbeiter am Lehrstuhl für Germanistische Literatur- und Mediendidaktik des Instituts für Germanistik.

LUDWIG DUNCKER ist Professor für Erziehungswissenschaft mit Schwerpunkt Pädagogik des Primar- und Sekundarbereichs am Institut für Schulpädagogik und Didaktik der Sozialwissenschaften.

CARSTEN GANSEL ist Professor für Germanistische Literatur- und Mediendidaktik am Institut für Germanistik.

KATRIN LEHNEN ist Professorin für Germanistische Sprach- und Mediendidaktik am Institut für Germanistik.

VADIM OSWALT ist Professor für Didaktik der Geschichte am Historischen Institut.

MONIKA ROX-HELMER ist Studienrätin im Hochschuldienst am Lehrstuhl für Didaktik der Geschichte des Historischen Instituts.

LISA SCHÜLER ist wissenschaftliche Mitarbeiterin am Lehrstuhl für Germanistische Sprach- und Mediendidaktik des Instituts für Germanistik.

JEANNETTE VAN LAAK ist wissenschaftliche Mitarbeiterin am Lehrstuhl für Neuere Geschichte des Historischen Instituts.

Literarisches Leben heute

Herausgegeben von Kai Bremer

Band 1   Kai Bremer (Hrsg.): „Ich gründe eine Akademie für Selbstachtung." Moritz-Rinke-Arbeitsbuch. 2010.

Band 2   Stefan Elit (Hrsg.): „... notwendig und schön zu wissen, auf welchem Boden man geht". Arbeitsbuch Uwe Kolbe. 2012.

Band 3   Norman Ächtler / Monika Rox-Helmer (Hrsg.): Zwischen Schweigen und Schreiben. Interdisziplinäre Perspektiven auf zeitgeschichtliche Jugendromane von Kirsten Boie und Gina Mayer. 2013.

www.peterlang.de